"慧雅"数学
教学建构与实践

罗锐 付祥 / 著

北京燕山出版社
BEIJING YANSHAN PRESS

图书在版编目（CIP）数据

"慧雅"数学教学建构与实践 / 罗锐，付祥著 . —— 北京：北京燕山出版社，2019.12
ISBN 978-7-5402-5567-1

Ⅰ.①慧… Ⅱ.①罗… ②付… Ⅲ.①小学数学课—教学研究 Ⅳ.①G623.502

中国版本图书馆CIP数据核字（2020）第008245号

"慧雅"数学教学建构与实践

著 者	罗 锐 付 祥	
责任编辑	满 懿	
出版发行	北京燕山出版社	
地 址	北京市丰台区东铁营苇子坑138号C座	
电 话	010-65240430	
邮 编	100079	
印 刷	北京政采印刷服务有限公司	
经 销	新华书店	
开 本	170mm×240mm 16 开	
字 数	320千字	
印 张	17.75	
版 次	2022年6月第1版	
印 次	2022年6月第1次印刷	
定 价	45.00元	

　　1988年8月，我从淮阴师范普师班毕业，同年9月在灌南县大圈乡中心小学工作，1991年调动到县实验小学，2011年担任新建学校长江路小学首任校长，2019年到县教师发展中心担任数学教研员，从工作第一年算起，一直从事小学数学学科的教学和研究，对小学数学教学有着深厚的"爱意"，深刻的"理解"，从怎么上课到怎么上好课，再到怎么上好有效课，优质课，高质课，有内涵的课，直至怎样上有文化品质的数学课。我探索了30多年，思索了30多年，实践了30多年，改进了30多年……于是便把数学教学的文化定位在"慧雅"上，慧雅数学，说的直接一点就是把数学内容的智慧特质挖掘出来，通过智慧数学的学习，获得思维的灵动、深刻和理性；内在的机灵、智慧和聪颖，行为的雅智、雅致和雅质。慧雅数学，就是通过数学的"慧"获得人的"雅"的素养和品性的发展。

一、基于课堂教学的实践探索，怎样上出有质量的课

　　怎样上课？怎样上出有质量的课？"台上一分钟，台下十年功"上课的功夫在课外，教学的精彩在课堂。

　　第一，研读教材，教什么内容？怎么教给学生？练习哪些数学题？这就是我对上课应该做的一些功课的认识，从整体上获得了小学数学教学内容体系、知识结构、编排特点、编写意图等教材内涵与教学目标任务的深度认知。看教材、看教学参考书、做前辈流传下来的教学讲义和考试卷。

　　第二，关注学法指导，要研究学生学习的年龄特征和知识基础是什么？后来还增加到学生的能力基础和生活经验如何，但更多的还是教育心理学的理论，注重学生学习新知的最近发展区，利用迁移同化顺应辨析求异创新等在学习方法上的指导；也关注学生数学学习的兴趣和态度，学生学习数学的兴趣和

状态是在有意无意间培养和焕发的。我曾教过一名学生，她的歌唱得特别好，经常参加各种比赛获奖，可数学却学得不怎么样。可她十分渴望能把数学学好，为此，我和她做了两个对比：一是数学和音乐都是用数字和符号表达规则的；二是请她教我唱歌（我唱的声音很不好听），然后告诉他："我唱得虽然不好，但我能识曲懂音乐，因为我坚信一点，那就是只要我们学会一件事，就能学会其他事。你用对音乐的感觉和练习唱歌的方法去攻克学习数学的心理障碍和理解堡垒，相信自己，一定能行！"这是我有意教育的一个案例。

第三，课堂教学过程围绕知识内容点、面结合与板块融合式教案的设计、教学结构程序化和数学问题解决思维模式化的实践过程。主要通过两个渠道学习怎么上好课：一是阅读教学杂志上的教学设计，并借己所用；二是听老教师的课，模仿着上。后来有机会参加县级教研活动，学习县内骨干教师的公开课，套过来上。然后就是自己主动地上学校教研组的研究课、全校公开课，直至能独立参加县、市优质课和基本功比赛，还能获奖，在这个持续时间大约十多年的过程中，我慢慢提升了对课堂的认识和课堂教学的自我设计以及组织把控能力。我把这种提高上课的过程叫作"mo课"，即：摸课（自己摸索着上课）、模课（自觉模仿着上课）、磨课（长者助力打磨着上课）、魔课（有魅力和魔力地上课），最后形成有特色、有效果，为了学生，适合学生的有引力的课堂教学"模式"。

二、基于课堂教学的课题研究，怎样上出优质量的课

课堂教学怎样走出灌输、填鸭、重负担、低效益的唯"应试教育"的课堂包围圈，真正进入落实"立德树人"根本任务的素质教育主阵地，上出优质量的课？基于教学的教育科研课题研究是解决这一问题的科学途径。我从1996年开始接触教育科研，从参与到主持，大约探索研究了二十几项教育科研课题，这些课题研究都聚焦课堂，指向教学；聚焦质量，指向学生；聚焦效能，指向有效教学；聚焦内涵，指向教学品质。积累的思考和经验为慧雅数学教学主张的形成积累了坚实的基础。

三、基于课堂教学的文化建构，怎样上出有内涵的课

2013年，我早就结识的年轻付祥调到我学校担任教务处主任，我和他共

同研讨，制定出慧雅文化小学数学特色文化与课堂融合的数学学科建设思路。2015年成功创建江苏省慧雅文化小学数学课程基地。2017年提炼出慧雅数学教学主张，设计的慧雅数学课堂教学实践和慧雅数学课程构建分别获省教研室和省教科院立项，我把课题研究的内容在全县几所学校进行对比性实践，不断完善和优化小学数学课堂教学。

　　构建追求课堂教学生命化慧雅品质，就是要充分调动学生生命要素、机体机能、感觉器官和神经系统进入学习过程，并在学习知识的过程中厚积底蕴、发展思维、锻炼能力、丰富思想、滋润生命。

　　在当前知识和技能日新月异飞速发展的现实中，任何一种学习方式方法都不是万能的，也不是唯一可行的，适合的才是最对的，而我更推崇的方法是在交流过程中学习。当然，我们要从理论上认识学习方式方法的内涵，慧雅数学教学就是追求适合的教育的一种尝试。

罗锐

2019年10月8日

第一章 "慧雅"数学课程纲要

第二章 "慧雅"数学研修方案

第三章 "慧雅"数学教学主张

第四章 "慧雅"数学教学策略

第五章 "慧雅"数学教学设计

数学教学应该在课改理念的指导下，遵循国家课程标准的教学规则，更应根据学生实际，结合学校文化特色和校本需求，探寻个性化、特色化的数学教学模式。两位笔者在灌南县（江苏省连云港市）长江路小学任校长和副校长，主张学校数学教学要有文化追求，提出"慧雅"数学教学主张，并与教师们共同编写了《"慧雅"数学课程纲要》，用以指导数学课程建设和课堂教学改革，促进学生数学素养的丰富与提升。

第一章

『慧雅』数学课程纲要

第一节　课程理念

　　数学是研究数量关系和空间形式的科学。数学与人类发展和社会进步息息相关。随着现代信息技术的飞速发展，数学被更加广泛地应用于社会生产和日常生活的各个方面。数学作为对于客观现象的抽象概括，其逐渐形成的科学语言与工具，不仅是自然科学和技术科学的基础，而且在人文科学与社会科学中发挥着越来越大的作用。

一、课程性质

　　"慧雅"数学是追溯古今数学教育教学前贤，汲取现代数学教育教学理念精髓，以当前数学课程标准理念为具体指导，客观分析当前数学教学现状与长江路小学数学教学理念，提炼出的求真、善思与创新的数学精神文化核心。

　　"慧雅"数学的科学思维旨在培养具有"慧心、慧智、慧思"特质、思维灵动的学生，注重提升学生的思维水平、探究能力以及实践操作能力。以优化的数学课堂学习，整合的数学教材资源，拓展数学学习形式，丰富数学学习活动，强化数学学习体验，开展数学实践活动，创造数学应用机会，建设体验数学、实践数学的乐园；以激发兴趣，提高思维，培养能力，提升素养为价值追求，为具有不同潜质与个性的学生发展奠定基础，让校园文化富含"数学体验、数学思维、数学发现、数学应用、数学创新"等数学元素与文化特色，从而进一步丰富与积淀学校"慧雅"特色文化内涵。

二、课程理念

　　"慧雅"数学课程的开发与实施基于以下基本理念。

1. 营造"慧雅"数学文化氛围，让学生在感受中学习数学

　　长江路小学在校园文化建设中有机地融入"数学元素"，追求"书香数韵"的文化意蕴。校园文化场景建设把富含"数学元素"作为主要内容进行开

发，建成"一室一角一中心"，营造生动有趣的数学文化氛围，让学生在数学文化的熏陶中体验数学的魅力。

2. 开发"慧雅"数学课程资源，让学生在丰富的资源中学习数学

在数学课程的开发方面，学校注重学科思维能力的培养，以教育教学目的为导向，整合、优化各种数学教育资源。在保证课程的基础性和统一性的前提下，开发适合数学学习的校本课程，形成实践数学的校园文化特色。让数学学习凸显"数学发现"，开发"生本""师本"和"校本"数学课程，让学生在数学概念的形成、数学思想方法的获得、问题解决模型的建立、思维能力的提升以及数学实践中经历数学发现。

3. 建设"慧雅"数学应用学习场所，让学生在实践中学习数学

"做思共生"，把数学与生活、数学与活动、数学与娱乐结合起来，搭建开放的学习平台，让学生在学习数学知识的过程中将数学用于生活与娱乐，在实践过程中积极主动地提升数学思维。

4. 开展"慧雅"数学创新实践活动，让学生在研究中学习数学

"学创"共融。数学学习是一个探索发现、构建创新的过程。"慧雅"文化数学课程注重对学生日常数学学习能力及再创造能力的培养，注重对学生问题解决能力的培养，注重对学生数学实践能力的培养，更注重提升学生学习数学的内驱力。

三、课程特点

1. 雅致性与自主性

本课程从"和乐'文雅'的生命体验""和美'博雅'的内涵修行"与"和真'慧雅'的科学思维"三个维度打造学校文化，开发校本课程，探索教学方式，建构教学模式，培养具有广博知识、聪颖智慧和优雅气质的学生。本课程是发展学生思维的重要学科，我们聚焦"慧雅"数学，采用合适的教学方式，让学生在自由、自主和自觉的本真教育状态下，通过动眼观察、动手实验、动脑思考等方式学习数学，提升学生的数学思维水平，提升学生的数学探究能力。

2. 探究性与实践性

本课程以数学活动为载体，以培养学生的实践能力和探索精神为首要目标。一方面，要求学生积极参与到课堂中去，对数学现象进行大胆猜想，小心求证，从而发现规律，掌握策略；培养学生坚持实事求是的数学精神，点燃学生科学探索的欲望，激发学生追求真理的勇气和信心。另一方面，要求教师具有严谨、求真、科学、缜密的教学态度；在教学实践中开发学生创造的潜能，培养学生勤于探索、敢于实践的能力，在师生共度的生命历程中实现自己的人生价值，享受实践过程带来的欢乐。

3. 体验性与多样性

本课程营造学生感兴趣的文化氛围，让学生在体验中发展认知能力。小学数学知识虽抽象但极富可视性，这是数学学习过程中体验的资源。在校园里设置富含数学元素的体验场景，营造生动有趣的数学文化氛围，可以让学生在数学文化的熏陶中体验数学的魅力，在不经意间收获更多的数学知识。数学知识的理解路径是多样的，本课程还要探索适合发展学生数学能力、更利于学生的数学理解力提升的"'慧雅'课堂"学习范式——课前自由预习、课内自主探索、课后自觉实践，让学生在课堂上获得更多知识，并能在更广阔的空间进行多样化的应用。

4. 趣味性与多元性

本课程注重挖掘数学知识的趣味性、应用性和多元性，整合数学的数、图、式等元素，并将它们融入数学游戏，建成"神奇的数""美丽的图""聪明的式"等数学主题园和数学游艺广角，让学生在课余时间随时徜徉在数学的海洋里，掌握更多的课外知识。本课程还充分挖掘教师"慧雅"的课程资源，探索数学学科学习方式的本质，修炼教师把握教材的"慧眼"、设计教学的"高雅"、驾驭课堂的"雅智"、组织教学的"雅趣"，让教师掌握教学的"慧雅"技艺；同时本课程还改进了传统数学教学中枯燥的计算与机械的解题训练模式，倡导开发与组织多元化的数学教学方式，让学生通过数学实验、数学实践、数学体验、数学应用、数学阅读、数学游艺等多种形式，学习数学知识，发展数学思维，实现数学教学"求真、善思、创生"的"慧雅"价值追求。

第二节 课程目标

一、总目标

为了促进学生数学综合素质的形成与提高，我们把"和""雅""慧"作为"慧雅"教育的生长点，将数学作为发展学生"和真'慧雅'的科学思维"的重要学科，倡导探索数学学科本质，挖掘数学教材"慧雅"特质，开发具有"慧雅"特色的教学，让学生在自由、自主和自觉的和谐本真的状态下，修炼"慧雅"气质。

数学学习是发展人们客观分析能力和理性思维的有效过程。"慧雅"数学就是从教与学两个方面来追求智慧与雅致的价值，探索数学教学学科本质，挖掘数学教材"慧雅"特质，探寻数学学科教学价值，培养学生"慧雅"气质的。

1. 学生方面

（1）着重培养学生数学思维方法，帮助学生积累数学活动经验，让学生主动思考问题、积极探索问题，引导学生自由预习、自主探究、自觉实践。

（2）让学生在"自由、自主和自觉"的本真教育状态下学习数学，提升数学思维水平，提升探究能力、问题解决能力和实践应用能力。

（3）培养学生坚持实事求是的数学精神，提升学生乐于探索、追求真理的勇气和信心。

2. 教师方面

（1）探寻小学数学教学使人聪明与智慧的价值，构建小学数学教学适合规范、美好雅致的方法，追求数学教学的品质与品位。

（2）提出"慧雅"数学教学主张，从数学本质出发，掌握"慧雅"特质，开发特色的"慧雅"教学，让教师在自由、自主和自觉的和谐本真状态下修炼儒雅气质。

（3）提高教师的数学素养与教学素养，使教师养成用数学视角看世界、用

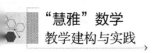
数学思维分析问题、用数学理性研究问题的教学习惯；改进小学数学教与学的"唯解题、训技能"的现状，注重对学生数学素养的培养与积淀。

二、学段目标

第一学段（1～3年级）

1. 知识与能力

（1）让学生经历从日常生活中抽象出数的过程，理解万以内的数的意义，初步认识分数和小数；理解常见的量，并能熟记数学体验场域里常见的图、式、符号、公式、数量；体会四则运算的意义，掌握必要的运算技能；在具体情境中，能进行简单的估算。

（2）经历从实际物体中抽象出简单几何体和平面图形的过程，了解简单几何体和常见的平面图形；感受平移、旋转、轴对称现象；认识物体的相对位置；掌握初步的测量、识图和画图的技能。

（3）经历简单的数据收集、整理、分析的过程，了解简单的数据处理方法。

2. 过程与方法

（1）营造"慧雅"数学文化氛围，让学生在数学文化的熏陶中体验数学的魅力。创设体验的班级数学场域，让学生在直观体验中提升数学认知力。

（2）在认识现实生活中的简单现象，以及对运算结果进行估计的过程中，发展学生的数感；在从物体中抽象出几何图形、想象图形的运动和位置的过程中，发展学生的空间观念。

（3）学生通过对调查过程中获得的简单数据进行归类，能分辨数据中蕴含着的信息；并在观察、操作等活动中，能试着独立思考问题，提出一些简单的猜想，表达自己的想法。

3. 问题与解决

（1）能在教师的指导下，从日常生活中发现和提出简单的数学问题，并尝试解决。

（2）了解分析问题和解决问题的基本方法，知道同一个问题可以有不同的解决方法。

（3）体验与他人合作交流、解决问题的过程。

（4）回顾解决问题的过程。

4. 情感与态度

（1）对身边与数学有关的事物有好奇心，能参与数学活动。

（2）在他人帮助下，能尝试克服困难，感受数学活动中的成功。

（3）了解数学可以描述生活中的一些现象，感受数学与生活的密切联系。

（4）能倾听他人的意见，尝试对他人的想法提出建议，懂得尊重客观事实。

第二学段（4～6年级）

1. 知识与能力

（1）通过创设适时体验的班级数学场域，让学生从具体情境中抽象出数的过程，认识万以上的数；理解分数、小数、百分数的意义，了解负数；掌握必要的运算技能；理解估算的意义；能用方程表示简单的数量关系，能解简单的方程。

（2）创建富含数学元素的校园文化场景，让学生在几何图形的海洋里探索图形的形状、大小和位置关系，了解几何体和平面图形的基本特征，体验简单图形的运动过程；课堂上学生能在方格纸上画出简单图形运动后的轨迹，了解确定物体位置的基本方法，掌握测量、识图和画图的基本方法。

（3）通过课前预习，让学生提前经历数据的收集和整理的过程，再到课堂进行分析；学生能掌握简单的数据处理技能，体验事件发生的可能性。

（4）让学生学会课后独立思考，体会数学的基本思想，并运用知识自觉实践；能借助计算器、书籍等辅助工具解决简单的实际应用问题。

2. 过程与方法

（1）在数学馆里再现数学实验场景，使学生亲身经历、动手操作教材中的数学实验，让学生在"探中思"；展示数学成就、分享学生数学才能，让学生在"用中创"。

（2）通过网络平台，利用"我爱数学"专题网、数学QQ群、"优酷"视频网站，上传数学学习微视频，拓展学生数学认知、体验与实践的时空，实现师生间的网上答疑与交流，让数学学习烙上信息化、现代化的印记，增强数学学习行为的趣味性与雅致性。

（3）通过课内外学习共同体、课外兴趣小组和数学社团等，把兴趣一致、能力相当的学生组织起来，优化数学探究建模活动，提高数学学习效率。

3. 问题解决

（1）学生能独立思考，能从日常生活中发现和提出简单的数学问题，并能解决和体会数学的基本思想。

（2）能探索、分析和解决简单的问题，了解解决问题方法的多样性。

（3）在日常的生活和学习中体验与他人合作交流解决问题的过程。

（4）能在回顾解决问题的过程中，初步判断结果的合理性；发展合情推理能力，能进行有条理的思考，能比较清楚地表达自己的思考过程与结果。

4. 情感态度

（1）愿意了解社会生活中与数学相关的信息，主动参与数学学习活动。初步养成乐于思考、勇于质疑、实事求是的良好品质。

（2）在运用数学知识和方法解决问题的过程中，认识数学的价值。在他人的鼓励和引导下，体验克服困难解决问题的过程，相信自己能够学好数学。

（3）在对数学内容的认知、探究、建模的过程中，发掘自己内在的"慧雅"潜能，相信自己心灵手巧、思维灵动、睿智理性，从而思辨求真，相信自己将来会成为具有"慧思""慧心""慧质"和"慧雅"气质的人。

第三节　课程内容

第一学段（1～3年级）

1. 实验与操作

（1）能正确数出堆积的小立方体的总个数。通过对隐藏图形的探究，发展学生良好的空间想象能力、认真的好习惯和较强的观察分析能力。

（2）通过扑克牌的游戏，感受数的顺序、大小，扑克牌的分类、排列规律，并能熟练地计算10以内的加减法。在活动中，培养学生对数学的兴趣和求知欲。通过活动，培养学生的合作交流能力和发散思维。

（3）经历给数字、图形等排队的活动，从中体验排队方法的多样性，培养发散思维。进一步巩固和运用"基数""序数"等概念，解决相关的实际问

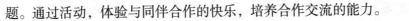

题。通过活动，体验与同伴合作的快乐，培养合作交流的能力。

（4）通过踩数实验巩固20以内的加减法，提高口算的速度和正确率。培养辨别左右的能力，提高团队意识和竞争意识。

（5）学生通过剪一剪、拼一拼、画一画，进一步巩固各种平面图形的形状、名称和特点等知识，能正确辨认和区分这几种图形，加深对图形的平移和旋转的认识。通过观察图形的形成过程，探索剪纸的方法，培养空间概念与抽象思维能力；充分发挥想象力和创造力，初步培养创新意识，感受数学的美。

（6）认识七巧板中每个块板的形状，会用七巧板拼出各种图形。培养学生对图形的观察能力、想象能力、动手操作能力。通过创作表述活动，培养学生的求异思维和审美情趣。

（7）通过做角、数角，能发现几个角拼成的图形里角的总个数，并能用算式来表示。经历观察、操作、归纳等数学学习的过程，感受数学思考过程的合理性，培养学生的空间想象能力，渗透数形结合的思想。

（8）会对身边的事物进行准确的测量，如自己的身高和跳远成绩。通过估计、测量，培养学生的数感与动手操作能力，体会数学与生活的紧密联系，体会数学的实用性。

（9）通过用火柴棒摆数字、摆图形、巧移火柴棒等活动，培养学生的动手能力、想象能力。培养学生勤于实践、勇于发现、乐于创新的学习品质。

2. 思维与探索

（1）在让学生找相同与不同的过程中，进一步巩固学生分类的知识，渗透集合意识，培养学生的观察能力和分类能力。在丰富的实践活动中，培养学生对数学的兴趣，体验数学的应用价值。

（2）让学生在学习简单推理的过程中，通过运用排除法、画图法等方法，初步学会推理。训练学生有根据、有条理地思考问题的能力。

（3）通过让学生了解算式中各数之间的关系并进行简单的计算与推理，培养学生的推理能力，使学生养成刻苦钻研、勇于探索的良好品质。

（4）在学习"鸡兔同笼"问题的过程中，学生会利用画图的方法解决简单的鸡兔同笼问题。培养学生分析问题的能力，渗透数形结合的思想。

（5）在观察数列的过程中，学生能发现等差数列的特征。在数列求和的过程中，学生能探究求和的简便方法及各部分的紧密联系。在解决问题的过程中，培养学生的探究精神，提高思维的灵活性。

（6）在发现图形规律的过程中，建构各个余数和图形之间的联系，探究余数的妙用，并利用余数巧妙解决实际问题。学生通过动手操作与观察，培养形象思维与初步的推理能力，培养数形结合思想，提高解决问题的能力。学生通过同桌合作学习，养成团队合作学习的精神。

（7）在数图形的过程中，寻找合理的方法，并逐渐掌握分类数的方法。培养举一反三的能力，使学生能用分类数的方法数各类图形。在分类数的过程中，激发学生学习数学的兴趣。

（8）通过观察组合图形，发现各段边长之间的规律，并能根据规律巧妙求出周长。在观察的过程中，培养学生的观察能力、迁移能力；在解决问题的过程中，体验成功的乐趣，激发探究的积极性。

（9）在探究解决"和倍"问题的过程中，掌握分析数量关系和解决问题的方法。通过画线段图，渗透化繁为简、数形结合等思想方法。建构"和倍"问题的模式，使学生体验解决问题策略的多样化，并能自觉优化过程。

（10）通过"和倍"问题的知识迁移，掌握解决"差倍"问题的基本方法。在小组合作中，能选择用简便的方法解决"差倍"问题。在解决问题的过程中，提高举一反三的能力。

（11）通过自主探究"和差"问题的结构模式，掌握解决"和差"问题的方法，并能辨别各部分之间的联系。在解决问题的过程中，培养学生多角度思考问题的能力，寻找多样化解题策略的能力，并能对各种方法进行沟通。让学生体验数学与生活的密切联系，在解决实际问题的过程中，培养学生的数学探索精神。

（12）通过探究数字规律，发现数阵图的奇妙，并掌握填数阵图的基本方法。在填数阵图的过程中，能灵活找出重叠数，并利用重叠数解决问题，感受数学的奇妙，提高学习数学的兴趣。

3. 趣味与研究

（1）通过了解数学历史、数学名人，拓宽学生的数学知识面，激发学生学习数学的热情。

（2）通过读数学儿歌、猜数学谜语、玩数学游戏，激发学生学习数学的兴趣，培养学生初步猜测的能力。

（3）以故事的形式呈现数学知识，调动学生学习数学的积极性，激发学生学习数学的欲望。通过解决故事中的问题，培养学生的数学思维能力和勇于克服困难的精神。

（4）通过学习阿拉伯数字的产生、时间的来历、长度的来历、21世纪从哪开始以及计数法和计时工具的产生等"数学小知识"，深入了解各类数学符号的起源，感受数学的无穷魅力，增强学生学习数学的求知欲。

（5）通过解决数学趣题，激发学生学习数学的乐趣，进一步培养学生综合应用所学知识、技能和思想方法解决问题的能力。

4. 生活与实践

（1）通过对跳远数据的测量、记录、分析的过程，培养学生收集、整理、分析数据的能力，培养学生研究与解决实际问题的能力，使学生体会数学的实用性。

（2）学生通过抽象出点、线的过程，初步学会根据奇数点和偶数点的个数判断能否一笔画出图形。通过探究"一笔画"规律的活动，锻炼克服困难的意志及勇于发表自己见解的勇气。

（3）初步掌握列代数式表示简单事物之间数量关系的方法。在探究具体事物的数量关系和变化规律的基础上，能用符号进行一般化的表示，培养符号感，使学生经历观察、实验、猜想、验证等数学活动，发展思维能力。

（4）让学生初步体会建模思想，领悟探索规律的步骤与方法，提高学生观察、分析、归纳、猜想、探索、发现和创新能力。培养学生敢于面对挑战和勇于克服困难的意志，鼓励学生大胆尝试，从中获得成功的体验，激发学生的学习热情。

（5）让学生通过"旅游中的数学"的活动，感受生活中处处有数学。在解决如何合理"租车"的活动中，渗透列表解决问题的策略。通过设计"旅游计划"，提高学生收集数据与处理数据的能力，培养学生的优化意识。

（6）让学生通过玩"二十四点"游戏，掌握游戏的基本技巧；通过计算得数，进一步提高综合计算能力。在游戏的过程中，激发学生学习数学的兴趣，并提高思维的敏捷性。

（7）让学生综合应用所学的统计知识对本班同学的身高、体重、年龄等情况进行统计，提高学生运用统计知识解决实际问题的能力，使学生进一步体会数学在生活中的应用，增强其学习数学的积极情感；进一步养成关心他人、关心集体以及与他人合作的精神和态度。

（8）通过解决生活中的买票问题，提高学生解决实际问题的能力；使学生在比较各种方案的过程中，学会选择最优的方法，感受数学与生活的密切联系，培养学生对数学的亲切感。

（9）在"猜一猜生日"的活动中，进一步巩固年、月、日的知识。通过制作统计表，培养学生综合应用知识解决问题的能力。在设计"庆生"活动中，渗透亲情教育。

（10）通过调查家庭生活变化，提高学生用数学知识解决实际问题的能力；提高学生的调查实践能力、综合分析能力、比较能力等；使学生在比较的过程中，深刻体会幸福生活的意义。

第二学段（4～6年级）

1. 实验与操作

（1）让学生通过折纸活动，感受生活中数学的学问（倍增、倍减问题），并形成运用所学知识解决实际问题的意识。

（2）学生通过画一画、做一做、想一想等活动，知道什么是"省刻度尺"，发展动手操作能力和实践能力。

（3）通过动手操作、探究规律等活动，学会解决简单的立方体涂色问题，进一步培养解决问题的能力。

（4）通过动手操作、观察、比较，发现概括"条数"与"最多点数"之间的规律，建立数学模型并会解释应用。

（5）能根据图形特点合理选择估算面积的方法，体现策略的优越性。

（6）通过探究长方体的表面积和体积的关系，培养动手操作能力和数学思维能力。

（7）通过剪一剪、算一算、比一比等活动，发现容积最大的规律，培养空间概念。

（8）在操作、计算中发现数的奇偶性规律，并能用这一规律解决简单的生活问题。

（9）进一步了解钟面知识，知道时针和分针之间的三种关系；会求时针和分针何时重合、何时垂直、何时成一条直线。

（10）学生通过逐个设计养鸡场的方案，了解解决问题的相关策略，激发学习兴趣，开拓数学思维。

2. 思维与探索

（1）学会运用"倒过来推想"的策略寻找解决问题的思路，并能根据问题的具体情况确定合理的解题步骤。

（2）理解二人年龄的差保持不变的年龄问题。二人年龄的倍数关系会随着年龄的增长而发生变化，年龄增大，倍数变小。

（3）引导学生探索发现"相遇问题"的数量关系，掌握解题思路和解答方法，并能正确解答路程的实际问题。

（4）能充分利用行程中的速度、路程、时间之间的关系解决有关的问题。

（5）通过"8"字横式的计算，学会用多种方法解决问题，培养思维的灵活性。

（6）通过实践活动，初步获得一些数学活动的经验，养成从数学角度思考问题的习惯；了解平均数在日常生活中的简单应用。

（7）通过合作探讨，初步掌握利用列表法解决逻辑推理的方法。

（8）经历"亏盈问题"的探究过程，初步了解"亏盈问题"，会用"亏盈问题"解决简单的实际问题。

（9）通过生活实例初步体会"消去法"在解决问题中的作用。

（10）理解"定义新运算"的含义，能遵循新定义的关系式把问题转化为一般的四则运算问题，并能进行正确解答。

（11）经历"页码问题"的探究过程，初步了解"页码问题"，会用"页码问题"解决简单的实际问题。

（12）经历"孙子问题"的探究过程，初步了解"孙子问题"，会用逐步约束法解决简单的"孙子问题"。

3. 趣味与研究

（1）经历探索乘法中回文式的特点及其内部规律的过程，培养学生的观察、分析、概括能力和主动探究、综合实践、合作创新等综合能力。

（2）在模拟周末活动情境中，会运用所学的数学知识和方法解决活动中的简单问题，从而感悟数学的价值，激发学习数学的兴趣和热爱科学的情感。

（3）通过游戏活动，知道游戏的规则，掌握用倒推法取胜的策略。

（4）学习数学格言，体会数学的"哲理美"，培养良好的思想品质。

（5）通过学习数学诗，感受数学与语文的联系，体会数学的工具性。

（6）通过猜数学谜语，培养思维能力。通过进一步理解数学名词，加深对数学术语的理解。

（7）通过学习"数学小知识"，全方位了解数学，感受并探索多姿多彩的数学世界。

（8）教师以故事的形式呈现数学知识，使学生主动学习、热爱学习数学。通过让学生解决数学问题，使学生的数学思维清晰，勇于面对并克服困难。

（9）让学生体会人体的比例美，激励学生进一步探索人体与数学的关系。

（10）通过了解国外数学家的故事，树立学好数学的自信心和决心，激发学习数学的兴趣。

4. 生活与实践

（1）通过调查，了解家庭用水的情况，初步渗透统计思想和方法。通过对生活实际的分析，认识节能的重要性，唤起学生环保意识和可持续发展意识。

（2）设计旅游方案，培养学生的合作意识和经济意识，提高学生的组织能力和实践能力。

（3）了解人类需要哪些营养及营养的来源，懂得人类摄入营养全面合理的重要性。学习用分类的方法认识身边熟悉的食物，培养分类的能力。能够用简单的图表进行统计，初步锻炼学生整理资料和评价结果的能力。培养学生科学的饮食习惯，激发学生对食物的兴趣，增强学生健康的意识。

（4）学生通过合理选择手机套餐，感受数学与生活的联系，体会数学的实用价值。

（5）通过学校的体育比赛得分情况，推算某小队的得分，培养运用多种策略解决问题的能力。

（6）弄清进货价、成本、售出价、零售价、打折、损耗、利润、利润率等的含义及它们之间的等量关系。

（7）理解浓度、溶质、溶剂、溶液的含义。学会分析浓度问题，会用方程去解决浓度问题。

（8）能综合运用统计、比、按比例分配、平均数等相关知识解决一些简单的实际问题，了解数学与生活的广泛联系。

（9）通过"测量旗杆的高度"等实践活动，灵活运用比例知识，解决简单的实际问题，提高学生动手操作能力、合作能力。

（10）经历"购房方案"数学问题的解决过程，培养学生最优化思想和良好的思维。

第四节　实施建议

一、教学建议

"慧雅"数学教学活动是师生积极参与、交往互动、共同发展的过程。

在"慧雅"数学教学活动中，教师要把"慧雅"数学的基本理念转化为自己的教学行为，处理好教师讲授与学生自主学习的关系，激发学生的学习潜能，鼓励学生大胆创新与实践；要创造性地使用教材，积极开发、利用各种教学资源，为学生提供丰富多彩的学习素材；要关注学生的个体差异，有效地实施差异化教学，使每个学生都能得到充分的发展；要合理地运用现代信息技术，提高教学效率。

"慧雅"数学教学应根据具体的教学内容，使学生在获得间接经验的同时能够有机会获得直接经验，即从学生实际出发，创设有助于学生自主学习的问题情境，引导学生通过实践、思考、探索、交流等，获得数学的基础知识、基本技能、基本思想、基本活动经验，促使学生主动地学习，不断提高学生发现问题、提出问题、分析问题和解决问题的能力。

1. 把握"慧雅"数学课程中教与学的关系

"慧雅"数学是从以下三个方面追求智慧与雅致的价值的。从教师教的方面考量，教师要能改变传统的、枯燥的、机械的数学方法，组织开发多元化的数学教学方式。从学生学的方面来说，既要考量学生的学习过程，也要关注他们的学习结果。从"慧雅"数学课堂来看，要考量师生在课堂数学中"慧雅"教学的基本范式。

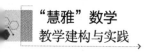
2. 注重"慧雅"数学课程目标的整体实现

"慧雅"数学教学活动，要有"慧雅"的数学教学目标。教师通过数学学习内容的认知、探究、建模等过程，要能发掘学生内在的"慧雅"潜能，培养学生理性求真的数学精神，提升学生探究创新的数学能力，使学生形成雅致善思的数学气质。

"慧雅"数学课程目标的整体实现，需要长期坚持。在日常的教学活动中，教师应努力挖掘教学内容中可能蕴含的与"慧雅"数学目标有关的教育价值，通过长期的教学过程，逐渐实现"慧雅"课程的整体目标。因此，教师无论是设计、实施课堂教学方案还是组织各类教学活动，不仅要重视学生获得知识、技能，而且要重视激发学生的学习兴趣，使学生通过独立思考或者合作交流感悟"慧雅"数学的基本思想，引导学生在参与数学活动的过程中积累基本经验，帮助学生形成认真勤奋、独立思考、合作交流、反思质疑等良好的学习习惯。

3. 感悟"慧雅"数学思想，积累数学活动经验

数学思想蕴含在数学知识形成、发展和应用的过程中，是数学知识和方法在更高层次上的抽象与概括，如抽象、分类、归纳、演绎、模型等。学生在积极参与教学活动的过程中，要能通过独立思考、合作交流，逐步感悟数学思想。

数学活动经验的积累是提高学生数学素养的重要方法。数学活动经验既是在"做"和"思考"过程中的积淀，也是在数学学习活动过程中逐步积累的。

"慧雅"数学要着重培养学生的数学思维与方法，积累数学活动经验，让学生能自觉地发现问题、主动地思考问题、积极地探索问题、努力地解决问题。教师要引导学生自由预习，自主探究，获得自我认识，展开丰富的交流与展示；要引导学生进行思辨性思维、自觉实践，让学生在解题、生活应用等活动中运用数学，锻炼能力。"慧雅"数学要求教师善于思考"慧雅"数学教学的本质和策略，善于发现"慧雅"数学教学中出现的问题，研究并解决教学实践中存在的问题。

二、评价建议

"慧雅"数学评价的主要目的是全面了解学生数学学习的过程和结果，激励学生学习和改进教师教学方法。评价应以"慧雅"数学课程目标和内容标准为依据，体现"慧雅"数学课程的基本理念，全面评价学生在知识技能、数学思考、问题解决和情感态度等方面的表现。

1. 体现评价主体的多元化和评价方式的多样化

"慧雅"课程评价有利于师生之间、学生之间的交流与沟通；有利于教师对自身教学活动的审视、调整；有利于保护学生的自尊心和自信心，促进学生在知识与技能、过程与方法、情感与价值观方面的和谐发展。在实施"慧雅"数学课程评价时应做到评价主体多元化，评价内容全面化，评价方法多样化，评价时机全程化。通过科学合理的课程评价，一方面可以帮助学生了解自己的进步程度，增强学习的信心和动力；另一方面也可以促进课程教学质量的不断提高。例如，开发数学达人秀、智慧闯关、游艺升级等数学表达与应用活动，可以让学生在更广阔的空间中学习数学；采用数学达人积分、数学特长认定等评价方式，可以让学生体会数学学习的快乐，增强学习数学的信心与动力。"慧雅"课程以促进学生数学发展为宗旨，构建多元化的数学学习评价体系；采用智慧闯关、考核升级的方法，根据学生数学能力水平，按年级评选六级"数学智慧星""数学小博士""数学小院士"，让学生在快乐展示与闯关中提高数学素养。

2. 注意评价目标的全面性

对学生的评价是"慧雅"数学课程评价的主要方面，应以"慧雅"数学课程内容为基本依据，全面考查课程内容所涉及的知识与技能、过程与方法、情感态度与价值观三个维度的要求。评价内容主要包括以下几点。

（1）学习态度。学习态度包括学生在学习过程中主动参与和完成学习任务的态度。

（2）学习能力。学习能力包括学生在学习中观察、探究、思考、表达问题的能力，收集、整理、分析资料的能力，以及与他人合作完成学习任务的能力，等等。

（3）学习结果。学习结果包括学生完成学习任务的质量和在一段时间内的进步程度。

评价教师的教学行为主要考查其是否能够落实教学目标，能恰当地运用教学方法激励每一名学生参与学习，并有所进步。

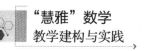

3. 注重对学生数学学习过程的评价

学生在数学学习的过程中，知识技能、数学思考、问题解决和情感态度等方面的表现不是孤立的，这些方面的发展综合体现在数学学习的过程中。在评价学生每一个方面表现的同时，要注重对学生学习过程的整体评价，分析学生在不同阶段的发展变化。

"慧雅"数学，慧是方法，是能力，是素养；雅是意蕴，是特质，是品质。"慧雅"数学唤醒的是探究潜能，激活的是灵动思维，培养的是求真精神，形成的是高雅气质。"慧雅"数学牢牢把握"教会学生思考"的重要目标，注重学生的思维训练、关注学生的思辨思维、培养学生的思维品质。在传承数学知识的过程中，教师要优化整合"慧雅"数学课程资源，探索建构"慧雅"数学教学方法，组织开展"慧雅"数学实践活动。"慧雅"数学能激活学生"慧雅"数学素养，培养学生的思维能力，发展学生的智力水平，让学生智慧地观察生活、智慧地应用知识、智慧地解决问题。"慧雅"数学探索是一种正在从只关注"数学知识"的教学向既关注"数学知识"，又关注过程方法，更关注结果的"数学智慧"的现代数学教学转变的评价体系。

三、课程编写建议

"慧雅"课程用"恰当的文化理念引领教育；用多元的课程体系引领教学；用合适的教学方式引领学习"。"慧雅"课程从"引领学生个性发展""促进教师专业发展""推进学校特色形成"三个维度打造学校文化，开发校本课程，探索教学方式，建构教学模式，发挥数学学科在培养学生动手动脑能力、自主创新能力、合作探究能力、逻辑思维能力等方面的重要作用，以适应未来学习、生活的需要。学校应在广泛研讨的基础上，结合当前数学教学新理念，把数学作为发展学生"和真'慧雅'的科学思维"的重要学科，提出"'慧雅'数学"教学主张，倡导探索数学学科内容本质，挖掘数学教材"慧雅"特质，开发具有"慧雅"特色的教学模式。

数学是发展学生思维的重要学科，我们聚焦"慧雅"数学，就是想通过合适的、科学有效的教学方式，让学生在自由、自主和自觉的本真状态下学习数学，提升数学思维水平、探究能力、问题解决能力和实践应用能力。为实现这个目标，我们还注重提高教师的数学素养与教学素养，让教师养成用数学视角看世界、用数学思维分析问题、用数理理性研究和解决问题的教学习惯。将数学的抽象性与简洁美、多元性与融合美、概括性与形象美、结构性与对称美、过程性与动态美作为数学课程的更高追求，改进小学数学教与学的"唯解题、重训练"的现状，注重学生数学素养的培养与积淀。我们积极接轨最近提出的高中生数学核心素养，认真解读其主要组成部分——数学抽象、数学建模、数学运算、直观想象、逻辑推理和数据分析等的教学要义。比照小学数学教学，我们认为，小学生数学核心素养应聚焦数学思维水平，在数学活动中应着力培养学生的数学综合能力，即数学认知力、数学理解力、数学感悟力、数学探究力、数学分析力、数学推理力、数学表达力、数学思考力、数学应用力、数学创新力等。近年来，我们一直关注学生数学学习的体验、应用、实践、思考，开展"慧雅"数学课程建设，从文化氛围的营造、课堂模式的建构、课程资源的开发、学习平台的搭建、实践活动的开展五个方面，进行积极有效的探索与实践。

四、课程资源开发与利用

课程资源的开发包括两部分：一是基础课程（教材内容）的有效实施，主要通过课堂教学实现。在课堂教学过程中既要充分发挥教师的课程开发能力，也要充分调动学生潜在的课程生成资源，通过具有预设性的"师本"课程和生成性的"生本"课程的有效融合让课堂学习多元化。二是结合教师特长、学生特点、学校特色，在保证课程的基础性和统一性的前提下，开发校本数学课程，补充数学课堂学习，让学生体验数学阅读、数学交流、数学制作、数学解题等内容不同、形式多样的拓展课程。

1. 课程资源开发的类型

（1）注重"师本"课程的思想引领，开设"慧雅"数学讲坛，让教师在交流中提升数学思想力。开发教师的数学课程资源，在课堂教学中利用数学素养、教学艺术和风格，把教师对数学、对教学的理解融入课程开发教学设计和教学组织中，让数学教学具有个性与特色。我们在各年级面向学生开设教师的"慧雅"数学专题讲坛，针对每一阶段的学习，从数学内容、学习方法、趣味练习等方面向学生介绍数学史、数学故事和数学文化，让学生在与教师的交流中提升数学思想。

（2）激活"生本"课程的创生源泉，开展"慧雅"学生数学论坛，在展示中提升学生的数学表达力。激活学生的数学课程潜能，让数学学习充满生成与创新。长江路小学探索出了适合发展学生数学能力的"慧雅"课堂学习范式。课前让学生自由预习、课内让学生自主探索、课后让学生自觉实践是"慧雅"数学教学的课堂理念。课前，让学生通过阅读教材、操作学具、尝试练习、查阅资料等方式初步感知要学习的新知，形成自己的理解和认识；通过图画、计算等方式形成文字介绍，提前在教室的"数学早知道"栏目中展示，与大家交流。课堂上教师利用"精彩2分钟"时间，让学生在教师讲解前以"我自己的数学认识"向大家呈现自学的成果。在新知学习过程中更是要求每节课有"合作5分钟"的形式。学生先在小组内进行"我来告诉你"的活动，让学得快的学生教学得慢的学生，再由小组代表在全班展示交流。师生间进行广泛的交流，互相启迪，思考完善，在研究探索中领悟数学知识的真谛。课后开展"慧雅"学生数学论坛，以"今天的数学知识介绍""我出题你来做""讲数学故事""数学游戏推介""数学题的巧妙解法""我的数学学习方法"等为主题，以演讲、数学日记、数学小论文、数学手抄报的形式进行展示，丰富学生数学学习方式，提升学生的数学表达能力。

（3）做好校本课程的拓展延伸，开发"慧雅"数学校本教材，在应用中提升学生的数学分析力。长江路小学制订"慧雅"数学课程纲要，构建校本数学课程体系，开发了"慧雅"数学校本课程，以数学阅读和数学操作为主要内容，进行以下五个方面的尝试：一是实验类。我们根据数学的直观操作性特征，把实验引入数学学习，在用好省教研室提供的数学实验手册的基础上，每册教材自主研发10个数学实验，让学生经历研究的过程，积累数学活动与思维的经验。二是趣味类。数学在抽象的同时也富有趣味性，我们深度挖掘数学的趣味因素，从传统数学游戏中筛选出适合不同年级学生的数学游戏，并编印成对应各个年级的数学游戏手册，让学生在玩中学数学，活跃数学思维。三是思维类。为适应不同发展水平学生的需要，让思维水平高、学有余力的学生有更广阔的思维空间，我们还编印了各年级数学思维提炼手册，拓展数学课本学习，让学生有更多机会进行数学建构活动，提升思维品质。四是生活类。我们把数学与其他学科及日常生活有机融合，开发出音乐中的数学、美术中的数学、文学中的数学、建筑中的数学、交通中的数学、购物中的数学等综合实践类的数学活动，让学生从身边发现数学、观察数学、应用数学、感受数学。五是制作类。我们认真研究数学知识的特点，发现很多数学知识是可视的、直观的、可操作的、可制作与可再现的。由此，我们成立了数学创客室，专门指导学生进行数学小制作、数学小发明等项目的研发，如学具制作、数学模型制作、数学游戏材料的设计等等。

2. 课程资源开发与利用的原则

（1）多元化原则

学生的内在发展需求是多样的，存在明显的差异性。因此，教师要依据实际情况，尽量多角度、多思路地开发课程资源，力求开发出多姿多彩的课程形态。

（2）开放性原则

课程资源的开发与利用要以开放的心态对待人类创造的一切文明成果，尽可能开发与利用有益于教育教学活动的一切的可能的课程资源。这种开放性包括类型的开放性、空间的开放性和途径的开放性。

（3）针对性原则

课程资源的开发要针对学生实际发展的需要和学校、教师所能提供的最优质教育资源。开发出的课程是否具有较强的适应性，主要看是否贴近学生，是否能照顾到学生个性发展的需要，是否能为课程的顺利实施提供必要的保障。

课堂教学行为的改革，需要科学规范的理论研究和系统翔实的实践探究。从2010年长江路小学办学开始，作者就根据《小学数学开放式教学研究》和《小学数学有效教学策略研究》两项课题成果，进一步深化"三自五步"教学模式的研究，并在2015年深化形成了"慧雅"文化数学课程的实践框架，提出"'慧雅'文化小学数学课程基地建设"，荣获省小学特色文化立项。在课程基地建设过程中，我们从课程氛围、课程内容、课程学习、课程场所的建设及课程活动的组织等方面进行实践。在实践过程中，我们于2016年提出数学教学主张，进一步深化数学教学方面的改革，让学生数学学习更丰富、更灵动、更智慧、更有趣味，也更有美感。本章提供两个研修方案。

第二章 『慧雅』数学研修方案

第一节 "慧雅"文化数学课程基地建设方案

为深化基础教育课程教学改革，全面实施素质教育，推动学校特色文化发展，加强"'慧雅'文化数学课程基地"建设，培养求真善思、实践创新的社会主义建设者和接班人，长江路小学按照省教育厅和市教育局关于课程基地建设的相关要求，结合学校实际情况，特制订本实施方案。

一、指导思想

推进学校特色文化建设工程是办有文化、有特色、有品位的小学教育的必然要求。根据《国家中长期教育改革和发展规划纲要（2010—2020年）》文件精神，学校树立以提高教学质量为核心的教育发展观，注重发展教育内涵，坚持特色办学。学校重点打造"和乐'文雅'"的学生文化特色，培养学生的科学思维，旨在通过"慧雅"文化数学课程基地建设，创设开放性小学数学学习情境，探索适合社会发展、适合学生发展的学习方式，提升学生的数学学习效能，发掘学生的潜能特长，促进学生素质全面提高，让学生成为具有"慧心、慧智、慧思"特质的、思维灵动的现代少年。

二、建设目标

通过"慧雅"文化数学课程基地建设，全面加强学校环境文化建设、课程开发和数学实践活动，进一步深化素质教育；以促进学生全面发展为目标，以提高课程实施水平为抓手，着力建设良好的育人环境，提升学校形象，创新教学方法，提高教学质量，建设美丽校园。

1. 以"慧雅"文化数学课程基地建设为载体，培植"和雅"文化体系，构建特色鲜明的学校发展模式

学校在连云港市小学数学课程基地建设的基础上，注重在让学生学好教材的前提下，开展实践、体验、探究、合作等学习活动，借助各级各类的活动场馆，发展学生的创新能力、自主探究能力、合作学习能力，不断完善学校课堂教学改革主模式——"三自五步"学习范式，形成具有鲜明特色的学校发展模式。

2. 以"慧雅"文化数学课程基地建设为载体，培育"文雅"学生群体，构建个性张扬的学生成长模式

学校通过"慧雅"文化数学课程基地建设，把数学特色文化融入学校特色与课程体系中，推动优质资源的重新整合，形成丰富的课程资源和人文发展环境。学生可以借助校园的数学文化熏染、数学体验馆和实验室的动手实践、数学文化墙（长廊）和数学专题学习网的成果展示等，张扬个性、发展特长、培育品质，全面构建新的成长模式。

3. 以"慧雅"文化数学课程基地建设为载体，培养"儒雅"教师队伍，构建眼界开阔的教师提升模式

学校以"慧雅"文化数学课程基地为载体，将课程基地、特级教师工作室建成培养名师的摇篮，借助江苏省《小学数学报》数学文化传播基地学校、南京市长江路小学联盟学校、连云港市师专共建学校等优质平台，做实教师的培训工作，做强教师专业化发展，做优教师的培养机制，构建眼界开阔的教师提升模式。

三、理论依据

1. 弗赖登塔尔的"再创造"教学理论

著名的数学教育权威——荷兰学者弗赖登塔尔认为，数学方法的核心是学生的"再创造"，数学是现实世界的抽象反映和人类经验的总结，数学教育应该源于现实、用于现实，应该通过具体的问题来教抽象的数学内容，应该从学习者所经历、所接触的客观实际中提出问题。"'慧雅'文化"数学课程基地建设的目的正是通过实践中的数学活动，将抽象的数学知识转化为具体的生活问题，使学生通过对具体问题的感知、理解、内化，进而完成再创造的学习过程。

2. 建构主义学习理论

建构主义学习理论认为："学习的过程是学习者主动构建知识的过程，学习是建构内在心理表征的过程，学习者并不是把知识从外界搬到记忆中，而是以原有的经验为基础，通过与外界相互作用来建构新的理解。"当前，建构主义学习观更强调具体情境对意义建构的作用，是学习者在与外界环境相互作用中进行意义建构的过程。在学习过程中，学习者是一个处于中心地位的主动者，主动与所处情境（社会文化背景）发生交互作用，主动取得教师与协作伙伴的指导和帮助，主动根据自己先前的认知结构选取学习资源、学习方法。"'慧雅'文化数学课程基地"通过创设"数学学具""数学模型""数学体验馆"等丰富生动的数学情境，让学生在数学情境的作用下，主动进行数学知识的建构，从而完成主动学习的过程。

四、项目基础

作为一所新建学校，学校结合当前教育改革的形势，传承与创新"立德树人、立学培智"的教育理念，努力培养"德美人和"、思维灵动的现代人。在数学学科教学方面，全面落实新课标提出的"四基"教学目标，在引导学生学好数学基础知识的过程中，重视数学思维能力的提高、实践能力的提高和数学素养的提升，为培养智慧型人才奠基。长江路小学的数学教师年龄小、学历高，60%为县级以上骨干教师。他们善于钻研、勤于思考、乐于实践。在省特级教师的指导下，学校开展了50多个省、市、县级数学教育教学课题研究，并构建了适合学生的"三自"教学范式。目前，长江路小学是连云港市"小学课改领航学校"项目培育对象，是江苏省珠心算实验学校、《小学生数学报》数学文化传播基地学校、市小学数学课程基地学校，这些都为"'慧雅'文化"数学特色课程基地建设奠定了基础。

1. 初步开发了数学课程资源

（1）在建设市数学课程基地的过程中，长江路小学以省特级教师罗锐的"数学名师工作室"为载体，常态化、校本化地开展了"'慧雅'文化"的探索与研究，完成了数学课程资源开发的"一本一群一网站"工作，即编印了《数学探索与发现》一书（见图2-1-1），创建了五六年级数学学习QQ群（见图2-1-2），建设了"我爱数学"专题网站（见图2-1-3），有效地开发和整合了数学学习资源，补充和拓展了数学课堂学习。

图2-1-1

图2-1-2

图2-1-3

（2）长江路小学师资条件优越，所有数学教师都是全县优秀骨干且都是通过考核选拔的，有省数学特级教师1人、市名师1人、市小学数学学科带头人1人、市骨干教师10人，为课程资源的深度开发和实施提供了人才保障。

2. 初步营造了数学文化氛围

我们重视数学课程文化的外显与体验功能，已建有"一室一角一中心"，即一个珠心算实验室（见图2-1-4），一个数学广角（见图2-1-5），一个校园数学体验中心（见图2-1-6）。校园还建有让学生进行长度体验的路面，方位体验的路牌，高度体验的墙；教室里还有让学生体验时间的钟和体验重量的秤以及200平方米的数学文化体验馆（见图2-1-7），让学生的数学学习内容更丰富，体验更真切，应用更广泛。

图2-1-4

图2-1-5

图2-1-6

图2-1-7

3. 具有良好的发展基础

（1）共建学校

灌南县实验小学秉承"悦纳"的文化主张，在"悦纳课程"设置、课程评价、人才标准构建等方面进行多元化建设，为长江路小学"'慧雅'文化数学课程基地"项目的实施在师资、教研、设备、场所等方面提供了强有力的软硬件支持。

（2）顾问单位

学校已聘请省《小学生数学报》和连云港师专数学系作为长江路小学"'慧雅'文化数学课程基地"建设的顾问单位，请他们为项目的实施提供理念、实践方面的帮助以及项目实施方面的理论保障。

五、建设思路

"'慧雅'文化数学课程基地"建设立足于市小学数学课程基地的建设，以具有少儿数学研究特色的校园文化建设为载体，增加课程资源，优化课程结构，让学生有更好的数学学习体验，培养学生解决问题能力，应用、实践、创新能力和学习数学的兴趣，为不同潜质与个性的学生发展奠定基础，让校园文化富含"数学元素、数学思维、数学发现、数学应用"等特色因子，丰富学校"慧雅"文化内涵。

主要创意包括如下内容。

（1）探究"自主实践、体验感悟、探索发现"等学习方式的校本化策略，提高数学课堂教学水平。

（2）开发《教材学习导引》《数学课外读本》等校本课程，组建少儿数学院等社团，丰富数学实践，丰富学生数学学习路径，满足不同学生的不同需求。

（3）开辟读数学、看数学、用数学的校园数学课程文化体验区、展示区；提高学生的学习兴趣，丰富学生的数学学习内容。

（4）构建数学实践墙、网上数学乐园等综合性学习场所，通过"珠心算""数学实验""数学综合与应用"等项目的学习，给学生提供数学应用与实践机会，提升学生数学学习能力。

本项目建设的出发点与落脚点都是为了学生的发展。通过特色文化建设，不断激发学生对数学课堂的兴趣，提升学生的思维水平，培养学生数学探索与建模、数学思考与分析的能力以及数学阅读的良好习惯，全面提升学生的数学素养。

六、建设内容

"'慧雅'文化数学课程基地"以优化数学课堂学习，整合数学教材资源，增加教学方法、学习活动、学习体验为目的，开展数学应用与实践，建设体验数学、实践数学的乐园；以激发学生的学习兴趣，提高学生的思维能力，培养学生的学习能力，提升学生的素养为价值，倡导通过学科学习，提升学生的思维能力。

1. 营造侧重"数学体验"的"慧雅"文化氛围，让学生在感受中学习数学

长江路小学在建成的"一室一角一中心"的基础上，将进一步营造富含数学元素的校园文化场景。

（1）加强教室体验区建设，打造适时体验的班级数学文化特色

在每个教室设置"数学园地"和"思维演练场"，在教室的外墙壁上开辟

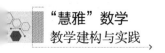
"数学文化墙"和"学习成果展",拓宽学生数学学习空间,营造"爱数学,乐实践"的浓厚的学习氛围。

（2）挖掘数学文化内涵,营造富含数学元素的校园文化场景

在充分利用已建成的体验路、体验墙等的基础上,拟建数学文化体验主题园（见图2-1-8）,设有"神秘的数""神奇的式""多彩的符号""美丽的图形""严谨的数量"和"悬而未解的名题"等主题,引领学生体验数学的奇妙和神秘。

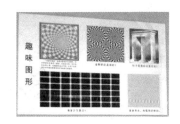
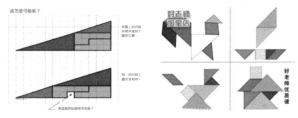

图2-1-8

（3）激活数学广角应用性,增设体现数学成就的数学文化长廊

我们计划在教学楼前建两个60米长的数学文化长廊（见图2-1-9）,让学生在课堂学习之余能随时徜徉在数学的海洋里,体验数学探索的乐趣,品味数学应用的价值,享受数学实践与成功解决问题时的快乐时光。

图2-1-9

2. 开发侧重"数学发现""慧雅"课程资源,让学生在丰富的课程资源中学习数学

（1）打造"慧雅"数学师资团队,开发教师的数学课程资源

长江路小学以连云港市数学名师工作室为载体,充分利用江苏省特级教师的资源,组建数学教师成长共同体,打造一个有思考力与实践力的数学教

师团队。

（2）实践"慧雅"教学范式，开发课堂的数学课程资源

长江路小学构建自然本真的课堂教学方式，探索适合发展学生数学思维的"三自"教学范式——课前自由预习、课内自主探究、课后自觉练习，学生数学知识的探索、核心内容的建模与数学思想的形成都在其体验操作、研究探索中完成，从而使学生领悟数学知识的真谛。"慧雅"教学范式，如图2-1-10所示。

图2-1-10

（3）优化整合教材内容，开发拓展数学课程资源

根据不同学段学生的特点，学校将数学学习与学生的生活实践相结合，设计安排不同层次的课程内容。

一是开发数学类校本课程。低年级注重对学生数学学习兴趣的培养，开发编写"一个都不能少""神秘的数字""二十四点攻略"等启蒙数学课程。中年级注重学生实践体验与文化熏陶，开发编写"趣谈数学""数学其实很好玩""实战魔方""数学迷宫""数学思维超市"等娱乐数学课程，让学生在快乐游戏中领略数学的魅力。高年级注重探究与综合应用能力的提升，开发编写"数学教材学法导引""走进数学家的世界""数学营养餐"等探究数学课程，让学生在体验实践中提升探究能力和综合应用能力。

二是开发社区数学课程资源。学校与社区的菜市场、商店、银行等单位及场所密切配合，挖掘它们蕴含的数学元素，组织学生开展数学的生活应用与综合实践活动，让学生在活动中升华数学学习，提升数学应用能力。

3. 建设侧重"数学应用"的"慧雅"学习场所，让学生在实践中学习数学

把数学与生活、活动、娱乐结合起来。我们计划搭建开放的学习平台，

使学生将枯燥的数学知识学习过程融入生活与娱乐，积极、主动地参与实践活动，进而提升数学思维能力。

（1）增建"一馆一室"

学校以发现、思维、运用数学为主要内容，在已建成的数学广角与体验中心的基础上，再建"一馆一室"（数学实验馆、数学展示室），服务学生的数学学习，让学生的数学学习充满快乐体验。

数学实验馆：建设一个"做数学"的数学实验馆，丰富学生对课本知识理解的宽度与深度。呈现数学史上众多数学发现的探究过程，再现数学实验场景，让学生操作教材中的数学实验，全程经历数学发现之旅。

数学展示室：建设一个展示数学成就、分享学生数学才能的数学展示室。展示室分"用数学"的数学生活馆、"玩数学"的数学游艺宫。定期呈现学生数学知识学习的笔记与手抄报、数学实验过程记录、数学制作、数学综合实践活动等学习成果，搭建学生实践创新的有效载体，全面提高学生数学综合素养。学生在教室展示室的活动如图2-1-11所示。

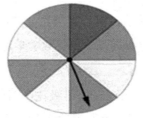

图2-1-11

（2）搭建互动式网络平台

学校开展"E"学习方式的实践，建设了一个专门用于数学学习的电子教室，在已建成的"我爱数学"专题网站上，开辟"数学指南""在线测试""小小数学迷"栏目，创建各年级数学QQ群；利用"我酷"视频，上传数学学习微视频等，实现人机互动的数学学习，拓展学生体验数学与实践学习的时空。

4. 开展侧重"数学思维"的"慧雅"实践活动，让学生在研究中学习数学

（1）成立少儿数学分院

学校依据数学的核心内容，成立"尺规画图"体验分院、"数学学具"

制作分院、"数学模型"创作分院以及"奥数起航"分院、"珠心算"分院等等，开设趣味性、知识性、逻辑性和思维性相结合的实践活动，开展专题性学习活动，挖掘学生的数学思维，发展学生的动手实践能力。学生在少儿数学分院的活动如图2-1-12所示。

图2-1-12

（2）组建数学学习团体

学校分三个层面组建学习团体，即班级的数学学习共同体（见图2-1-13）、年级的数学兴趣小组和校级的数学文化社团。分别成立数学实践学习小组（见图2-1-14）、数学体验学习小组、数学研究学习小组等，组织学生进行社会调查，搜集常用数据，了解数学知识在实践生活中的应用，同时利用生产、生活中的数学知识来激发学生的求知欲，培养学生的创新精神和实践能力。

图2-1-13   图2-1-14

（3）开展智慧型数学活动

学校定期开展数学日记、数学手抄报、数学故事、数学名家鉴赏、数学小论文等展评活动，引领学生掌握数学课本知识；利用每日的数学快餐、每周的数学超市（见图2-1-15）、每月的数学达人秀，开展数学思维闯关系列活动

（见图2-1-16），提升学生的数学思维；每年开展两次"数学文化节"，创造更多的数学应用与思维展示的机会，激发学生进行数学探究的热情。

图2-1-15　　　　　　　　　　图2-1-16

（4）优化数学评价体系

学校将构建有利于促进学生数学发展的评价体系，根据学生数学能力水平，每学期评选"'慧雅'数学小博士"和"'慧雅'数学小院士"（见图2-1-17），让学生在快乐的体验中提高数学素养。

图2-1-17

七、推进时序

1. 筹划准备阶段（2015年3月—2015年6月）

（1）2015年3月，邀请市教研室的马建明、顾长明、王伊菊、周海青等诸位老师和师专的冯伯虎、刘秀梅两位教授以及县教育局党委领导与各分管处室领导等开展前期论证，以更好地将小学数学特色文化建设融入校本化的实施发展体系，确定建设方向和目标内容。

（2）2015年4月，成立"'慧雅'文化数学课程基地"建设领导小组、实施小组，成立下设办公室，确定成员、明确分工、拟定规划，进而完成筹划准备阶段的工作。

2. 具体实施阶段（2015年7月—2016年10月）

拟聘请南京师范大学的郑毓信、省教育报刊总社的游建华、《小学生数学报》的沈本领作为长江路小学"慧雅"文化数学课程基地建设的专家指导团。

（1）显性文化和内涵文化同步建设

① 2015年5月—2015年6月，借助共建学校示范引领作用，做好结对帮扶的交接工作，完善两校共建的实施体系；规划建设校园数学体验文化，做到路面有长度目测标准线，墙面有身高标尺，室内有体重测量仪、时间标钟等。

② 2015年7月—2015年10月，规划筹建数学实验馆、数学展示馆。

③ 2015年11月—2015年12月，规划筹建数学长廊、数学学习电子教室。

④ 2015年5月—2016年3月，对各班级的文化进行甄选，重新调整规划、增添新的项目，让教室的每一面墙壁都充盈着浓浓的数学味道。

（2）课程资源整合和课程创新同步建设

① 2015年5月—2016年10月，创新性地实施校本化的"三自五步"学习范式，凸显数学文化课程的深层次发展。

② 2015年5月—2015年6月，研发数学体验校本课程。

③ 2015年7月—2016年6月，研发实施数学特色课程体系，整合课程，实现各课程的互通，实施同步创新。

④ 2015年7月—2016年10月，建设数学课程资源库，依托校园网站、云盘等网络途径，让学校、教师、学生、家长实现资源共享。

（3）教师专业化发展和学生素养提升同步建设

① 2015年4月—2016年10月，充分利用两所学校优质的师资资源和名师工作室、特级教师工作室及承办大型活动，以自主研修为主，推动师生发展同步提升。

② 2015年4月—2016年10月，高层次、多领域地安排教师外出参加培训；将优质资源引进来，辐射本校数学文化的建设。

③ 2015年5月—2015年10月，购置大量的书籍及数学文化的读本，作为师训的重要载体，提升师生的发展底蕴。

④ 2015年6月—2016年6月，邀请省、市、县课程及文化建设实施专家，开展渗透式专家引领活动。

⑤ 2015年5月—2016年10月，以主持连云港市三百工程、承办连云港市"青蓝课程"活动为契机，打磨教师，完善课程实施、课堂教学范式，提升区域内的数学文化影响力。

（4）互动探究范式和成果展示平台同步建设

① 2015年3月—2015年5月，丰富"我们爱数学"专题网站的栏目与内容。

② 2015年6月—2015年12月，筹建数学主题园和数学文化广角。

③ 2015年4月—2016年10月，筹办两届数学文化节，展示数学研究成果。

④ 2016年7月—2016年8月，举办南京市灌南县长江路小学学生数学文化夏令营活动。

⑤ 2015年10月—2016年10月，开展以低年级珠心算、中年级数学体验、高年级数学实验为专题的家长开放日活动，呈现发展成果。

3. 总结提升阶段（2016年11月—2016年12月）

做好特色项目建设的总结工作，收集、整理过程性材料，做好项目实施的提炼工作，完成总结报告，等等。

（1）2016年11月，编辑出版学校及师生成果集锦及相关理论书籍。

（2）2016年12月，总结"'慧雅'文化数学课程基地"建设的经验，推广成果。

八、共建计划

1. 学校概况

灌南县实验小学始建于1960年2月，是一所省级实验小学，坐落于美丽的灌河沿岸。灌河入海、海河成潮的自然景观积淀了学校"悦纳如海，勇进如潮"的文化内涵。在"悦纳"教育理念的引领下，学校注重特色文化建设，在校内形成了以科技、书法教育为特色的品牌文化。传承学校历史发展的内涵，学校自"十五"规划期间的开放式教育，到"十一五"规划期间的小学生多元化发展与和谐教育，直至"十二五"规划期间的"悦纳"教育，在培养学生数学素养、发散学生的数学思维、创生学生数学学习的文化内涵方面均走在了全县的前列。学校构建了比较完备的数学学习环境、人文内涵、师资建设、课程研发、课堂实施等系列化的培育体系，有着坚实的数学学科的文化内涵。以此为基础，在"悦纳教育"文化的带动下，帮助长江路小学建设以"'慧雅'

文化"数学实践课程为特色的主线校园文化，并为长江路小学提供校园环境建设、师资队伍培养、课程资源开发、活动课程设计提供支持，共同推动了"'慧雅'文化"数学实践课程建设。

2. 共建项目

（1）营造博纳共生的数学文化

实验小学以"悦纳文化"为基础，携手长江路小学的"和雅文化"，通过校园环境的建设与改造，融入数学元素，共同建设"'慧雅'文化"数学实践课程，在校内开辟数学文化教室、专用教室、数学创新室，帮助长江路小学完善数学体验馆的建设，让数学文化融入学校的主题文化氛围，让校园成为学生实践数学、展示数学的平台。

（2）搭建勇于进取的师资平台

实验小学以优质的师资，与长江路小学携手共建数学教师培训平台。依托两校现有的名师团队，进一步建设数学名师工作室，让校内的数学特级教师、数学学科带头人、数学骨干教师融入其中，广泛开展双向牵手交流的互动活动，通过主题教研、课题研究的共同设计、协力研究，实现教育资源充分共享。组织学科教师结成"一对一"或"一对多"的帮扶组合，采取线上、线下交流等多种形式，提高数学学科的师资水平。

（3）研发妙趣横生的数学课程

在学校原有的"数学探索"校本课程的基础上，进一步丰富数学学科的课程。两校联手研发"数学教材学法导引""走进数学家的世界""数学开心词典""魔术师的秘密""变脸大王""数学营养餐"等特色课程，开展丰富多彩的数学活动，让学生在体验实践中提升数学探究意识和综合应用能力。

（4）开展富有特色的数学活动

以"'慧雅'文化数学课程基地"为平台，以数学教育为主体，结合学生的兴趣爱好特长，成立数学探究、数学创新、数学实践、数学文化等学科社团，定时开展社团活动，不断培养学生的数学兴趣，发展学生的特长。通过校际合作，共同举办数学节等活动，利用灌南县实验小学的优质教育资源，与长江路小学共同打造属于两校的数学品牌，让学生在数学王国中提升能力，锻炼品性，和谐发展，以此培养出胸怀宽广、外圆内方、勇于进取的学生。

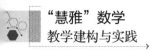
第二节　基于"适合教育"视域的"慧雅"数学课程建构与实施研究

一、课题的核心概念及其界定

1. "适合教育"

"适合教育"就是以学生为本，让每个学生都能接受公平的、有质量的、适合自己的教育。让教育适合学生，就是要发现差异、尊重差异，引导学生找到适合自己的成长成才之路。"适合教育"坚持以学生为中心推进教育教学改革，致力于培养学生的创新、实践能力和社会责任感。适合的教育才能激发出每一个独特个体内心的智能，包括兴趣、热情，包括信念、坚守，包括善良、责任，包括上进心、平常心、羞耻心，然后加以养成和锤炼，继而才能开花结果、成长成才。

2. "慧雅"数学

"慧"，是指灵活、充满智慧的科学思维品质，即"慧质"，集中体现在慧思上，包括慧口、慧眼、慧脑、慧手；"雅"，是指规范、美好、高雅的人文修行品质，即"雅品"，聚焦于雅致，包括雅趣、雅行、雅智、雅性。"慧雅"数学，是指智慧与雅致深度融合，包括"慧眼雅识""慧脑雅智""慧手雅行""慧口雅言"的数学素养，"慧心雅性""慧质雅品""慧思雅行"的数学气质。

3. 课程建构与实施

课程，从广义上说，是指学生在学校获得的全部经验；从狭义来说，是指学校为了实现培养目标而开设的学科及其目的、内容、范围、活动、进程等的总和。课程是实现教育目标的基本途径和载体，是培养人才的具体体现。合理的课程设置对促进学生身心发展起着决定性的作用。课程的建构与实施就是在落实国家课程计划的基础上，构建适合学校的课程实施体系，从而发展学校，发展教师，最终促进学生的全面发展和个性发展。

4. "适合教育"的"慧雅"数学课程建构与实施研究

"适合教育"的"慧雅"数学课程建构与实施研究就是在全面贯彻落实"适合教育"的视域下，以《小学数学课程标准》为纲要，建构"慧雅"数学课程实施体系，以"慧"与"雅"为生长点，坚持小学数学教学主张，建构"慧思雅行"的教学范式，塑造"慧质雅致"的教师，培养"慧心雅性"的学生。

二、国内外同一研究领域的现状与研究价值

我们经过大量的文献研究与思考概括，得出以下几个方面的认识。

1. 研究现状

（1）课程校本化的研究

课程校本化的实施不只是研究课程计划的落实程度，也是一个动态的过程，即研究一个预期的课程在实际中是如何运用的。课程实施研究的问题应包括课程实施的程度、课程实施的主要因素等一系列的具体问题。徐玉珍教授认为，"校本化课程实施"的含义为学校、教师在实施国家课程标准的过程中，依据学生的学习需求、学校的性质和特点及可开发和利用的学习资源，对由学校外部专家提供的科目学习内容进行选择、补充、修正、改编、整合等一系列的课程改进活动。姬升果教授认为，"课程校本化实施"是指对由既定的教学大纲或课程标准规定了特定价值取向和课程目标，并给出了课程内容选择范围的国家课程的具体化过程，即构建具有学校特色的国家课程具体形态的动态过程。

（2）小学课程校本化的研究

刘晓玫教授在《国家数学课程的校本化实施》（2006年）一文中提出了"国家数学课程校本化实施"这一术语，认为国家小学课程的校本化实施是校本课程的隐性模式。两位学者认为，从课程政策的思路来说，与校本课程开发不同，国家课程校本化实施同样可以增加课程的适应性，即鼓励国家课程的校本化实施。

（3）小学数学课程校本化的研究

随着新课改的逐步开展和校本课程开发概念的逐渐深入，人们逐渐认识到数学校本课程开发是国家课程的必要补充，推行数学校本课程是必要的，也是

必须的，因此也逐渐出现了一些关于数学校本课程的研究。但通过检索，教师对高中数学、初中数学课程校本化研究较多，对小学数学课程校本化研究几乎没有，即使一些少有的具体案例也多是一些生源较好学校的教师根据自己的实践经验对校本教材进行的开发、探索，且多以介绍数学思想方法、提高学生的应用能力等为主题。由此可见，小学数学校本课程开发的理论和具体实施过程尚未形成统一的模式，还未能淋漓尽致地体现校本课程的"学校本位"理念。

（4）"慧雅"数学教学同类别课程校本化建构与实施的相关研究

教学主张是教学风格的内核。教育主张植根于教育思想，是教育理念的深化与聚焦。邱学华老师的"尝试教学法"主张，"学生能尝试，尝试能成功，成功能创新"（特征是"先试后导、先练后讲"）；金陵汇文学校的高丛林坚信，"没有爱就没有教育"，逐步形成"顺其自然教数学"的教学风格；"源本数学"主张，从生命本源、知识起源和教学启源的视角理解学生、数学与教学；苏式数学教学课堂提出"为思维发展而教"的主张。对这些同类别的数学教学实践的研究，为"慧雅"数学课程校本化的实施提供了理论支撑。

2. 研究价值

（1）"慧雅"数学教学实践研究聚焦学生学习过程的智慧灵动与学习结果的雅致丰厚，重在开发"慧雅"数学课程资源、建构"慧雅"数学课程体系、探索"慧雅"数学教学方法，促进"慧雅"数学教与学的"慧"元素与"雅"品质适度切合，进而实现"求真、善思、创生"的"慧雅"价值。

（2）本课题聚焦"慧雅"数学课程建构与实施，在"慧雅"数学文化氛围在学校初步成形的基础上，让学生在自由、自主和自觉的教育状态下，通过学习数学，提升数学思维能力，提升对数学探究的兴趣，提升解决问题和实践应用能力。

（3）通过本课题的研究，提炼"慧雅"数学课程规划纲要、建构"慧雅"数学课堂范式、涵养具有"慧雅"品质的和雅教师及培养具有"慧雅"特质的和雅学生。

三、研究的目标、内容（或子课题设计）与重点

1. 研究目标

（1）通过对文献的搜集整理与深度学习，提炼"慧雅"数学课程校本化的

理论框架。

（2）提炼"慧雅"数学课程校本化的基本内容。

（3）建构"慧雅"数学课程校本化的课程目标、课程内容、课程实施和课程评价等体系。

（4）探索"慧雅"数学课程校本化的实施途径与实施策略。

2. 研究内容

研究内容的拟定主要从学校、学科、教师、学生等角度入手进行尝试与实践。

（1）从学校角度，促进"慧雅"数学内涵宏观融合的研究

让校园富有"书香数韵"的数学意蕴，在校园里增设有关数学元素的体验场景，营造直观可视的数学文化氛围，让学生在数学艺术的熏陶中体验数学的魅力。

① 创设"慧雅"数学班级场景的研究。创设"数学学习角"：在教室里设立"数学早知道"和"思维演练场"；在教室外开辟"数学小常识"和"数学成果展"，营造"爱数学，勤体验"的浓厚学习氛围。

② 创建"慧雅"数学学校场域的研究。创建"数学体验场"：把数学中的数、量、图、式、符号等按长度、重量、时间、公式、数量关系等内容做成标牌，安置在路面上、镶嵌在路牌中、张贴在廊柱上、悬挂在楼道里。让学生在行走中体验距离，在观察中感受时间。

③ 创立"慧雅"数学游艺平台的研究。搭建"数学活动场"：挖掘数学知识的趣味性、应用性，整合数学的数、图、式等内容，做成数学展板，开发数学游戏，建有"神奇的数""美丽的图""聪明的式"等数学主题园，让学生在课堂学习之余能随时徜徉在数学的海洋里，在玩耍中体验探究数学的乐趣。

图2-2-1是"慧雅"教学的课程形式。

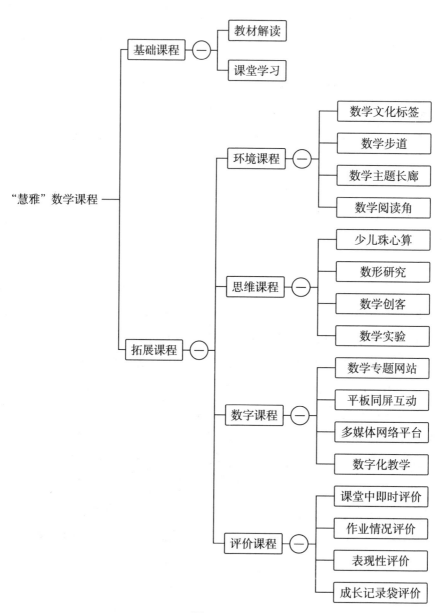

图2-2-1

图2-2-2则是"慧雅"教学的课程内容。

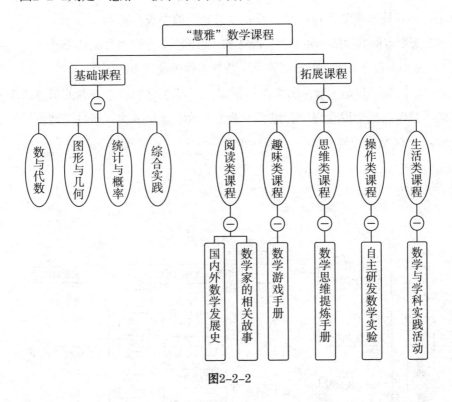

图2-2-2

④ 激活"慧雅"数学评价功能的研究。充分发挥评价的导向性与激励性功能，主要采用三种方式：a. 赏识性评价，是指教师在教学过程中找寻学生的优点和进步，发放"'慧雅'之星"积分卡，及时给予肯定与表扬；b. 展示性评价，是以班级为单位，开展优秀作业、优秀作品展览、班级演讲与事迹展评，让学生在展示与欣赏中共同进步；c.炫耀性评价，是以年级为单位开展"'慧雅'小博士"活动，让学生在展示素质特长中分享成功的快乐。

（2）从学科角度，强化"慧雅"数学价值整体落实的研究

① 建立"慧雅"数学课程资源的研究。课程资源的开发主要包括三方面：一是基础课程，即教材内容的有效实施，主要通过课堂教学得以实现。二是开发校本数学课程，增加教学方法、内容及不同形式的拓展课程，培养学生数学阅读、交流、制作、解题等能力。三是建设网络平台；开展"E"学习方式的实践；建有专门用于数学学习的电子教室；在学校自建的"我爱数学"网上，开辟数学指南、在线测试、小小数学迷栏目，等等。

② 开展"慧雅"数学课程建设的研究。编制《"慧雅"数学课程纲要》,构建校本数学课程体系,开发"慧雅"数学校本课程"慧雅"之智。主要进行五个方面的尝试:实验类、趣味类、思维类、生活类和阅读类。

（3）从教师角度,突出"慧雅"数学实践微观贯通的研究

① 探索"慧雅"数学教学范式的研究。基于学生核心素养的培养需求,探索"慧雅"数学课堂理论,建构"慧雅"数学教学范式,通过"慧雅"课堂的展示、探究、理解、内化、应用等学习活动,培养思维灵动、行为雅致的学生。

"慧雅"课堂教学范式,如图2-2-3所示。

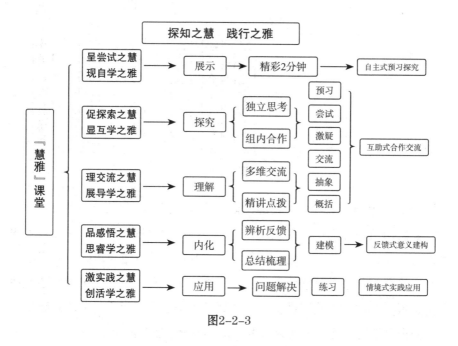

图2-2-3

② 掌握"慧雅"数学教学技艺的研究。"慧雅"数学要求教师在教学实践中生成智慧。结合具体的教学内容,充分利用学生已有的知识背景和生活经验创设情境,从数学的角度提出问题,从而激发学生的学习兴趣,增强学生学好数学的信心,提高"慧雅"课堂教学的实效性。

（4）从学生角度,实现"慧雅"数学思维全面提升的研究

① 探索"慧雅"数学学习方法的研究。通过"精彩2分钟"呈现自学的成果,在新知学习过程中,通过"合作5分钟",先在小组内进行合作探究,由

小组优秀学生带领小组组员开展探究活动，再由小组的优秀代表向全班汇报交流。教师适时适当地参与交流，在交流中启迪学生，完善学生的思考内容和方法。这样学生会在生与生、师与生的探究交流中逐渐领悟数学知识的内涵和本质。

② 参加"慧雅"数学实践活动的研究。开发"数学小超市""计算大比拼""智多星评选""趣味游戏"等实践活动，增强学生学习的趣味与动力，提升学生的实践活动能力，让学生在快乐展示和游戏闯关中提高核心素养。

3. 研究重点

（1）制订"慧雅"数学课程校本化的计划体系

建构"慧雅"数学课程校本化的课程目标、课程内容、课程实施和课程评价等体系。

（2）探索"慧雅"数学课程校本化的实施途径与实施策略

① 学校角度。对营造"慧雅"数学文化氛围的研究；对制订"慧雅"数学课程纲要的研究；对建构"慧雅"数学课程体系的研究；对开发"慧雅"数学课程模块的研究；对构建"慧雅"数学评价体系的研究。

② 学科角度。对建立"慧雅"数学资源库的研究；对开展"慧雅"数学课程建设的研究；对搭建"慧雅"数学实践平台的研究；对开展"慧雅"数学教学研讨的研究。

③ 教师角度。对探索"慧雅"数学教学范式与变式的研究；对挖掘"慧雅"数学课程资源的研究；对掌握"慧雅"数学教学技艺的研究；对探索"慧雅"数学教学方法的研究；对设计"慧雅"数学实践活动的研究。

④ 学生角度。对探索"慧雅"数学学习方法的研究；对参加"慧雅"数学实践活动的研究；对形成"慧雅"数学气质与思维品质的研究。

四、研究的思路、过程与方法

1. 研究思路及过程

本课题研究过程初步计划为3年（2018年1月—2020年12月）

（1）准备阶段（2018年1月—2018年6月）

① 通过把数学作为发展学生"和真'慧雅'的科学思维"的重要学科，提出"慧雅"数学教学主张，提出"慧雅"数学文化下的数学课程和课堂研究

方向，成立课题组，制订课题研究方案（初稿）。

②　搜集国内有关信息，进行理论学习；通过观看光碟、外出观摩学习，汲取先进经验。

③　组织教师开展"慧雅"数学的学习、"慧雅"数学课程的研发和"慧雅"数学课堂范式的研究。

④　提交课题研究方案，申请课题立项。

（2）实施阶段（2018年7月—2019年7月）

①　完善课题方案，制订课题研究实施方案及阶段性工作计划。

②　组织理论培训，主要研究人员就课题研究内容开展研究，定期组织研讨交流。

③　形成长江路小学"慧雅"数学教学实践研究的研究方案。

④　构建"慧雅"数学课堂教学模式基本框架及有效实施的操作流程。

⑤　制订"慧雅"数学课堂教学范式的课堂评价方案和学生学习能力评价方案。

⑥　通过"慧雅"数学的实践、探索、总结、提炼等形式，撰写研究论文、实践案例。

⑦　寻求相关教育科研部门的理论指导。

（3）验证深化阶段（2019年8月—2020年2月）

①　在数学实践中应用并验证在实施阶段形成的各项方案。

②　修改并完善课题实施规划。

③　收集、整理课题研究中各项过程资料。

④　提炼"慧雅"数学教学实践研究的教学范式。

（4）总结阶段（2020年2月—2020年12月）

①　收集、整理研究过程中的相关资料，汇编课题成果。

②　整理分析研究资料和数据，撰写研究报告、工作报告。

③　准备课题结题工作，撰写结题报告。

④　拟做好课题成果的推荐工作。

2. 研究方法

（1）文献资料法

通过对文献资料的搜集、学习、分析和使用，了解国内关于"慧雅"数学构建的数学文化和课程研发的最新进展和实际状况，掌握关于开展"慧雅"数学课程和课堂教学的先进理论和方法，为长江路小学"'慧雅'数学教学的构建和研究"教学模式的研究和发展提供理论支持和方法指导。

（2）理论论证法

通过理论学习和调查研究，制订"慧雅"数学教学范式的应用与评价的有效方案，不断进行总结论证；在理论上认为具有切实可行的操作性后，进行实践验证。

（3）行动研究法

将经过理论论证的实施方案运用到数学教学实践中，打造数学文化，开发校本课程、探索教学方式、建构教学模式，不断探索、修改，总结、提高，最终形成完善、可行的"慧雅"课程。

五、主要观点与可能的创新之处

1. 主要观点

（1）"慧雅"数学教学在合乎教育规律、顺应成长规律、把握学科本质的基础上，探寻小学数学教学使人聪明与智慧的价值，使学生在解决问题时，不但思路清晰，格式规范，还能培养良好的审美能力和更好的品质品位。

（2）"慧雅"数学旨在通过以学生为主，让学生自由提问、自主解决、自觉学习数学问题的教学方式，使学生在学习数学与解决问题时，思维清晰，自主探究，进而使之在面对问题时能冷静判断、思考。

（3）注重教师的数学素养与教学素养的提升。从教师方面出发，教师要用数学的视角看问题，改掉传统小学数学教学的"唯解题、训技能"的习惯套路，养成教学思路清晰、理性教学的新路径，注重学生理解、积累数学知识。

2. 创新之处

（1）聚焦"慧雅"数学教学适合的理论与教学策略，为开发"慧雅"数学课程资源、建构"慧雅"数学课程体系、探索"慧雅"数学教学方法提供理论支持，促进"慧雅"数学教与学过程中"慧"元素与"雅"品质的适度契合，实现"求真、善思、创生"的"慧雅"价值。

（2）聚焦数学思维水平，培养小学生数学核心素养。在数学活动中应培养学生数学的综合能力，即数学认知力、数学理解力、数学感悟力、数学探究力、数学推理力、数学表达力、数学思考力、数学应用力、数学创新力、数学思想力等。

（3）关注学生数学学习的体验、应用、实践、思考，全方位开展"慧雅"数学课程建设。在教学实践中生成智慧，在教学实践中创生教学资源，在教学实践中创生数学课程，在教学实践中创生数学知识，在教学实践中创生数学智慧；在教学实践中开发学生创造的潜能，培养学生勤于探索、勇于创新的学习品质。

（4）将数学的抽象性与简洁美、多元性与融合美、概括性与形象美、结构性与对称美作为数学课程的更高追求。

六、预期研究成果

在系列数学课改中，我们预期的研究成果如下（见表2-2-1）：

表2-2-1

	成果名称	成果形式	完成时间
阶段成果 （限5项）	课题研究学习培训资料集	资料汇编	2018年12月
	课题研究论文集、案例集	资料汇编	2019年8月
	合集编印6本"慧雅"数学校本课程	出版专著	2018年6月
	完成"慧雅"数学课程规划纲要的汇编、"慧雅"数学课堂范式的制订	资料汇编	2018年12月
	《课题研究实施方案》《中期研究报告》及阶段性课题成果汇编	资料汇编	2018年10月
最终成果 （限3项）	完成结题报告《"慧雅"数学教学实践研究》	结题材料	2020年5月
	录制专题片《"慧雅"数学教学实践研究》	音像资料	2019年12月
	出版专著《"慧雅"数学教学主建构与实践研究》	出版专著	2018年12月

七、完成研究任务的可行性分析

研究任务的可行性分析包括：①主持人除外的课题组核心成员的学术或学科背景、研究经历、研究能力、研究成果；②研究基础，包括围绕本课题所开展的文献搜集、调研和相关论文等；③完成研究任务的保障条件，包括研究资料的获得、研究经费的筹措、研究时间的保障等。

1. 组织形式的保障

本课题研究由校长为主持人总体负责，由分管教学的副校长具体负责，由学校教科室、教务处组织实施研究，为课题研究的顺利开展提供有力的组织保障和良好的研究氛围。

第一主持人罗锐，是江苏省数学特级教师、连云港市名师、市小学数学名师工作室主持人、省小学数学乡村教师培育站站长、市兼职教科员，曾获市"十二五"教科研成果特别奖、市"十二五"教科研优秀个人、市重大课题调研成果二等奖，主持多个省市级课题并结题；第二主持人付祥，是连云港市小学数学骨干教师、市教学工作先进个人、市师训工作先进个人、灌南县小学数学学科带头人，曾主持3次市级课题结题。

本课题共有7名核心成员，均是连云港市学科带头人及骨干教师，有多年的课堂实践与课题研究经验，为课题顺利实施提供了必要条件。

2. 课题例会制度的保障

课题组全体研究成员每两周进行一次研究学习交流、课例分析、课堂沙龙等系列活动，每月进行一次总结性汇报。主要内容包括以下几项。

（1）汇报各组研究进度和实践情况。

（2）交流研究心得和学习体会，互通信息。

（3）提出实施过程中遇到的疑难问题。

（4）探讨、研究、解决疑难问题。

（5）安排布置和协调下一阶段的工作。

3. 经费投入的保障

为了确保本课题的顺利开展和圆满成功，学校特制订经费投入保障制度。

（1）由学校提供课题研究的全部经费，保障课题研究的顺利进行。

（2）课题经费主要用于保证研究的物质条件，如理论书籍和研究资料的购买，研究人员的学习培训等等，并对在研究过程中取得突出成绩的教师给予奖励。

（3）课题经费由专人管理，计划和开支做好记录，学校相关部门予以监督。

"慧雅"数学教学主张是在省"'慧雅'文化小学数学课程基地"建设过程中形成的，作者认为数学教学的现状依然有着讲练的痕迹，学生对数学的学习还有着抽象、枯燥、畏惧的情绪，那么如何让学生学好数学、喜欢数学呢？这就要对数学学习有一种新的认识。我们认为数学知识本身具有规范美，充盈着智慧的光芒；知识学习的过程具有探究美，充满理性的雅致；数学知识的呈现与应用具有生成美，充满创造的生机。我们的"慧雅"数学围绕"求真、善思、创生"三个核心要素，倡导大家做"慧质雅趣"的数学教师，着力建构"慧思雅行"的教学方式，努力培养"慧心雅性"的智慧学生。

第三章 『慧雅』数学教学主张

第一节 "慧雅"数学教学的内涵及意义

数学是培养学生思维、发展学生能力、提高学生综合素质的基础学科，是人们分析问题、解决问题和实践创新的重要工具。因此，在广泛研讨的基础上，结合《义务教育数学课程标准（2011年版）》（以下简称《2011版课标》）的要求，我们把数学学科作为培养学生科学思维的重要平台，以"慧雅"数学为理念，探索数学知识"慧雅"的本质，挖掘数学教材"慧雅"的特质，建构数学教学"慧雅"的特色，让学生在自由、自主和自觉的和谐本真状态下，掌握数学知识，积累数学活动经验，领悟数学思想方法，培养数学能力，修炼"慧雅"气质。

一、"慧雅"数学的内涵及意义

1. 内涵解读

"慧雅"数学主要体现在"慧"与"雅"两个方面，这在前面第二章第二节已经阐述过，这里不再赘述。

2. 理论基础

"慧雅"数学的提出，有其深刻的理论基础。

（1）教育基础理论

① 布鲁纳的"发现学习"理论。让学生去发现事物的规律，发现新问题、新事物，为学生的"聪慧"提供依据。

② 布鲁姆的"掌握学习"理论。给予足够的实践和恰当的教学，学生都可以达到掌握学习内容的程度。

③ 建构主义的"情境性教学"理论。要为学生的学习创设情境，为解决真实的问题做好准备。

④ 弗赖登塔尔的"再创造"学习理论。学生学习数学的过程属于再创造过程，每个学生应充分享有"再创造"的自由，教师要为学生提供"再创造"

的机会，为学生的创新能力培养提供支撑。

⑤ 陶行知的"教学做合一"思想："千教万教教人求真，千学万学学做真人""做中学""做中思""做中行"，学会做人，学会生活，学会做事。这为"慧雅"数学的"求真"提供了支撑。

（2）现代教学理论

① 上海市长宁区数学教改实验组的"活动式教学"经验。采用外显性的认知活动，诱导学生积极参与，实现内化的认知，调动手、眼、脑，为学生实现"慧雅"学习提供支撑。

② 课程改革理论。《2011版课标》指出："义务阶段的数学课程内容要反映社会的需要、数学的特点，要符合学生的认知规律。它不仅包括数学的结果，也包括数学结果的形成过程和蕴涵的数学思想方法。"

以上理论都聚焦学生学习过程的智慧灵动与学习结果的雅致丰厚，为我们开发"慧雅"数学课程资源、建构"慧雅"数学课程体系、探索"慧雅"数学教学方法提供了理论支持和实践基础。

3. 核心要素

在追溯古今数学教育教学前贤，吸取现代数学教育教学理念精髓，以课标理念为具体指导，客观分析当前数学教育现状与长江路小学数学教育理念基础上，我们提炼出求真、善思、创生的数学核心文化精神。

（1）求真

数学是强调严谨的学科，求真是数学学科的特质。"慧雅"数学注重指导学生对现实中数、量、形等数学现象进行大胆猜想、小心求证，从而发现数学规律，探寻数学本质。数学结论是唯一的又是多元化的，通过学习数学，可以培养学生实事求是的科学精神，点燃学生科学探索的欲望，激发学生追求真理的勇气和信心。"慧雅"数学要求教师具有严谨、求真、科学、缜密的教学态度，以及自然、本真、规范、灵动的教学方法。

（2）善思

"学起于思，思源于疑。""慧雅"数学注重培养学生的思维能力，帮助学生积累数学活动经验，引导学生自觉地发现问题、主动地思考问题、积极地探索问题、努力地解决问题。自由预习，获得自我认识，为课堂学习选择思维起点；自主探究，开展丰富的交流与展示，启发思辨性思维；自觉实践，在解题、生活应用等活动中提升数学素养。这要求教师善于思考"慧雅"数学教学的本质和策略，善于发现"慧雅"数学教学中出现的问题，善于研究并解决教学实践中存在的问题。

（3）创生

数学学习是学生利用一定的数学素材、已有的知识基础、熟悉的生活经验，凭借自己的思维和经验，重组和再建认知结构的过程。在这个过程中，处处有创造，时时有生成。"慧雅"数学要求教师在教学实践中生成智慧，创生教学资源，创生数学课程，创生数学智慧；同时，努力挖掘学生的创造潜能，培养学生勤于探索、勇于创新的学习品质。

4. 实践原则

学校首先从高年级开始，培植典型，示范引领，然后按高、中、低年级逐步全面推开。在实施过程中，主要坚持以下几个原则。

（1）量力性原则

"慧雅"数学的教学任务、教材内容、教学方法和组织形式是学生可接受的，与学生发展水平相适应。

（2）科学性原则

"慧雅"数学主张以"轻负担、高质量"为基本准则开展教学活动，以科学、高效为导向，坚持因材施教，面向全体学生，优化课堂与课程的设计开发，依据不同的教学对象以及不同的教学内容，自觉坚持"慧雅"数学教学内容与方法的科学性。

（3）趣味性原则

以激发学生学习兴趣、培养学生学习志趣、发展学生学习情趣为目标，强调兴趣培养、知识学习、能力提升的有机统一，为学生终身学习奠基。

二、"慧雅"数学的价值追求

"慧雅"数学从教与学的两个方面追求"智慧"与"雅致"的价值。

1. "慧质雅趣"：教师的价值追求

从教师教的方面考量，"慧雅"数学就是充分发掘"慧雅"数学的课程资源，探索数学学习的本质，修炼数学教学的"慧雅"技艺。"慧质雅趣"的教师，能够摒弃传统数学教学中存在的枯燥计算与机械训练，开发与组织多元化的数学教学方式，让学生通过数学实验、数学实践、数学体验、数学应用、数学阅读、数学思辨、数学游艺等多种形式学习数学知识，发展学生的数学思维能力，实现"慧雅"数学"求真、善思、创生"的价值追求。

2. "慧心雅性"：学生的价值追求

从学生学的方面，既要考量学生的学习过程，也要关注学生的学习结果。过程包括做与思两个方面，体现的是思维方式和思维能力；结果包括知与能两个方面，体现的是数学素养和学习品格。"慧雅"数学就是通过认知、探究、建模等过程，发掘学生内在的"慧雅"潜能。"慧心雅性"的学生，能够汇聚理性求真的科学精神，形成具有雅致善思的"慧雅"气质——心灵手巧、思维灵动、睿智理性、思辨求真。

3. "慧思雅行"：师生的课堂追求

从"慧雅"数学课堂来看，师生在课堂教学中要能够寻求"慧雅"数学的教学基本范式，能够真正从"展示——呈尝试之慧，现自学之雅；合作——促探索之慧，显互学之雅；理解——理交流之慧，展导学之雅；内化——品感悟之慧，思睿学之雅；应用——激实践之慧，创活学之雅"五大要素来完善"慧雅"课堂。学生要能够真正理解"慧雅"课堂的核心追寻，真正在课堂上做到展示、合作、理解、内化与应用。

三、"慧雅"数学的实施目标

打造"慧雅"数学，要把"慧雅"数学作为小学数学教育的价值取向，并与《2011版课标》的理念及培养目标，与数学学科的特点是一致的。"慧雅"数学的目标达成，应从学校、学科、教师三个角度来设计。

1. 从学校角度，实现"慧雅"数学内涵的宏观融合

（1）营造"慧雅"数学文化氛围

新一轮数学课程改革提倡构建可持续发展的课程。这种课程的模式应具有开放性、不确定性，强调师生互动、以人为本、个性化发展。因此，营造"慧雅"数学文化氛围非常必要。

（2）编制"慧雅"数学课程纲要

"慧雅"数学课程纲要以《2011版课标》理念为指南，溯源古今数学教育家的数学思想，汲取现代数学教育的精髓，紧紧围绕"慧雅"数学的核心要素而制定，具有较强的学科理论引领价值。

（3）建构"慧雅"数学课程体系

课程体系的构建是"慧雅"数学的重要方面。"慧雅"数学课程体系的建立，是一个由课堂学习到课外活动，由硬环境到软环境，由国家教材到校本教材，自上而下与自下而上相结合，不断完善的过程。

（4）开发"慧雅"数学课程模块

学生的数学学习过程是一个极具创新意义的过程。"慧雅"数学关注学生自主建构的关键要素——感知、感悟、升华、操练，积极开发"慧雅"数学课程模块，帮助学生实现对数学知识建构的再发现、对数学规律探索的再创造、对数学结论应用的再实践。

2. 从学科角度，强化"慧雅"数学价值的整体落实

（1）建立"慧雅"数学课程资源

课程资源的开发包括两部分：一是基础课程即教材内容的有效实施，通过具有预设性的师本课程和生成性的生本课程的有效融合，让课堂学习资源更加多元化。二是开发校本课程，即促进学生的数学阅读、数学交流、数学制作、数学解题等内容不同、形式多样的拓展课程，有效补充学生的数学课堂学习。

（2）开展"慧雅"数学教材建设

校本教材是实施校本课程的必要载体。"慧雅"数学教材建设以数学阅读和数学操作为主，包括五个方面的内容：一是实验类；二是趣味类；三是思维类；四是生活类；五是制作类。

（3）搭建"慧雅"数学实践平台

"做思共生"，"慧雅"学生把数学与生活、数学与活动、数学与娱乐结合起来，搭建开放的学习平台，将数学用于生活与娱乐，在实践过程中积极主动地提升数学思维能力。

3. 从教师角度，突出"慧雅"数学实践的微观贯通

（1）探索"慧雅"数学教学范式

"慧雅"数学课堂寻求"慧雅"数学的教学基本范式，引导学生真正理解"慧雅"课堂的核心追求，真正做到展示、合作、理解、内化与应用。

（2）挖掘"慧雅"数学教学资源

通过校本培训的学习方式，引导教师了解最前沿的数学课程资源开发与运用信息，提高数学课程资源开发与运用水平。

（3）掌握"慧雅"数学教学技艺

在"慧雅"数学课堂上，要关注学生的学习状态，关注学生的课堂生成，关注学生的学习感知，关注学生的学习收获，充分挖掘学生在教学资源开发中的作用。

（4）设计"慧雅"数学实践活动

数学学习就是一个探索再发现、构建再创造的创新过程。"慧雅"数学注重数学实践活动的设计，注重激发学生学习数学的内驱力，注重学生日常学习数学的再创造能力、问题解决能力、数学实践能力的培养。

由此可见，"慧"是方法，是能力，是素养；"雅"是意蕴，是特质，是品质。"慧雅"数学唤醒的是探究潜能，激活的是灵动思维，培养的是求真精神。"慧雅"数学真正以学生为主体，所有的出发点和落脚点都是学生，志在培养具有"智慧"与"雅致"的数学气质的人。可以说，"慧雅"数学将为学生未来的生活、工作奠定良好的数学基础。

📖 **参考文献**

［1］刘金花.儿童发展心理学［M］.上海：华东师范大学出版社，1997.

［2］周玉仁，等.小学教学论（数学）［M］.北京：中国人民大学出版社，1998.

［3］杨九诠.义务教育数学课程标准（2011年版）案例式解读［M］.北京：教育科学出版社，2012.

第二节 "慧雅"数学教学的课程建构

课程改革的核心环节是课程实施，课程资源是课程实施不可缺少的基本要素。学校立足"慧雅"数学特色，精致化实施国家课程，丰富化实施校本课程，二者融合渗透，互相促进。

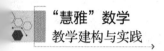

一、国家课程的精致化实施——凸显"慧雅"元素

长江路小学结合"慧雅"数学特色，围绕数学课程的四个领域精致化实施国家课程。

1. 强化运算

在"数与代数"领域，运算是一项重要内容。对该课程内容的实施，我们强调培养学生"求真"的"慧雅"特质。每节数学课设置"运算5分钟"训练环节，低年级突出口算，中年级强调竖式计算，高年级注重估算与简便计算。我们在每间教室设立"我是计算小能手"活动版面，版面内容由学生轮流设计，利用课间5～10分钟就可以完成；在教室门前设立高度体验墙，让学生感受成长的轨迹；在校园地面铺设长度体验路，让学生感受行走的历程。学校还专门建立珠算心算实验室，以提升学生的心算能力，培养学生的数感。

2. 突出体验

我们根据各年级数学教材内容，在国家课程设置计划内，每周开设一节数学体验课，培养学生"善思"的"慧雅"特质。

在"图形与几何"领域，我们将长方体、圆柱等几何教具，七巧板、魔方等数学游戏以及生活中的几何图形引入课堂。学校还打造了"多彩的符号""美丽的图形"等数学文化体验主题园。每个年级也都拥有属于自己的"文化柱"，上面有教师根据已经学习的几何图形设计的数学猜谜，引领学生体验几何图形的美妙和神奇。

在"统计与概率"领域，开设数学体验室，学生在体验室中可以进行"抛硬币""摸彩球""玩转盘"等活动，从而感受事件发生的随机性。"数学文化长廊"和"数学主题广角"，让学生在课堂学习之余能徜徉数学海洋，经历简单的数据收集和整理过程。

3. 重视应用

在"综合与实践"领域，培养学生"创生"的"慧雅"特质。学校每月开展一次数学综合实践活动，如一二年级开展"我是商店小老板"活动，让学生了解买卖过程中所蕴含的数学知识；三四年级开展"我的一天"活动，让学生记录一天所做事情的时刻以及所用的时间，发展数学分析观念；五六年级开展"我心中的长口小学"活动，让学生按照确定的比例和方位，绘制校园平面图。我们还将数学场馆建设作为创设数学实践场域的突破口,建立"做数学"数学实验室,让学生在动手实践操作中感知众多数学发现(如圆的面积、圆锥的体积等)。

二、校本课程的丰富化实施——润泽"慧雅"素养

我们在精致化实施国家课程的基础上,研发校本必修课程和选修课程。丰富的校本课程是"慧雅"数学课程体系的重要组成。

1. 校本必修课程

校本必修课程内容主要包含以下四类。

(1)实验类

我们根据数学的直观操作性特征,在用好省教研室提供的《数学实验手册》的基础上,将每个可以通过动手操作的教学内容设计成实验课,共自主研发了"猜猜1千克、1克有多重""简单的周期""不规则图形的面积""怎样围成的面积大"等10项实验内容。每周三上午的第三节课为数学实验课。课上,学生可以通过摆一摆、数一数、剪一剪、拼一拼、比一比等方法,经历研究过程,积累数学活动经验。

(2)趣味类

数学是抽象的,也是有趣的。我们深度挖掘数学智趣因素,从传统数学游戏中筛选出适合不同年级学生的游戏,编印各年级数学游戏手册。如四年级的"巧算24点"。先让学生通过"故事赏阅",明白什么是巧算24点;再让学生通过"数学24点游戏纸牌",用加减乘除计算24点。在这个游戏中,"故事赏阅"和纸牌的融入更好地调动了学生的积极性,提高了学生的投入度。此外,我们每月还会分年级开展一次"走出课堂,走进游戏"活动。如二年级利用学校地面上的标尺举行跳远比赛。比赛中,学生不仅能对线段的特征有进一步的认识,而且能对"米"和"厘米"之间的关系有深刻的理解。如此,学生便可以在趣味游戏中学数学,感受数学的魅力。

(3)生活类

我们把数学与其他学科、与日常生活有机融合,开发出数学与音乐、数学与美术、文学中的数学、建筑中的数学、交通中的数学、购物中的数学等生活类课程。每学期,我们会分年级举办"走进生活"的数学活动,开展丰富多

彩的数学实践活动，使学生有更多的机会接触生活和生产实践中的数学问题。例如，在"数学广角——烙饼"内容板块，组织学生到学校餐厅观察食堂阿姨烙饼。这样学生既容易学会知识，又增长了生活经验。让学生养成留心身边事物、有意识地用数学的思想去认识周围事物的习惯，并自觉地把所学习的知识与现实中的事物建立联系，提高学生应用数学知识的能力和增强学习的积极性。

（4）提优类

为适应不同发展水平学生的需要，让思维水平高、学有余力的学生有更广阔的思维空间，我们编印了各年级数学思维提优手册，拓展课本学习内容。例如，三年级分册"思维篇"里的"转化图形，求周长"，先通过让学生自主探究、画图尝试，把求"六边形草坪的周长"转化为求"长方形的周长"，再通过变式训练，让学生的思维能力得到提高。我们还通过每月一次的"数学思维能力擂台赛"，选出每期擂主，学期末再进行总决赛。对于擂台赛的内容和形式，我们打破传统的试题竞赛，采用现场抢答的方式，参赛者先对考官提出的问题进行分析，说出对问题的思考以及解答方法。这样，在培养学生思维能力的同时，也有助于提升学生的问题分析能力和语言组织表达能力。

2. 校本选修课程

校本选修课程的内容主要包含以下三类。

（1）数学探究建模活动类

我们通过课内外学习共同体、课外兴趣小组和数学社团，优化数学探究建模活动，旨在让学生亲身经历将实际问题抽象成数学模型并进行应用的过程，获得对数学核心概念的理解。其基本思路如下。

① 创设问题情境，发现提出问题——建立模型准备。

② 自主整理信息，探究解决问题——建立数学模型。

③ 解释应用拓展，体验数学价值——应用数学模型。

（2）数学体验实践活动类

学校成立少儿数学院和数学创客室，让学生在兼具趣味性和思维性的数学制作、数学图画等实践活动中，挖掘思维潜能，发展动手能力。例如，我们的数学创客室主要开设："尺规画图"数学体验室，在规范画图的同时让学生创作学过的图形；"数学学具"制作室，做好的学具用于平时的课堂中，让学生体验成功的喜悦。学期末，学校会组织一次各个体验室的比赛，评出"小小创作家"。

（3）数学智慧创新活动类

我们定期开展数学日记、数学手抄报、数学故事、数学名家鉴赏、数学小论文等展评活动，在巩固数学知识的同时提升学生的数学素养；利用每日的"数学快餐"、每周的"数学超市"、每月的"数学达人秀"，开展"数学思维闯关"系列活动，提升学生的数学思维；每年开展两次"数学文化节"，让学生能够更深刻地了解中外数学史，让学生有更多的机会展现自己的数学思维能力和创作能力，最终激发学生对数学探究的热情。

📖 参考文献

［1］张业泓.有效开发小学数学课程资源［M］.上海：华东师范大学出版社，1997.

［2］杨九诠.义务教育数学课程标准（2011年版）案例式解读［M］.北京：教育科学出版社，2012.

第三节　"慧雅"教学的课堂范式

学校围绕"和雅教育"的核心发展理念，致力于学生核心素养的培育，提出了"课前自由预习、课中自主探究、课后自觉复习"的"三自"学习理念，并将其作为"慧雅"数学课堂的内涵，提炼"慧雅"数学课堂的范式，以实现课堂从"学科教学"到"学科教育"、从"知识本位"到"素养引领"的转变。

"慧雅"数学的课堂范式包含展示、合作、理解、内化和应用五个环节，围绕"慧"和"雅"展开，分别聚焦"呈尝试之慧，现自学之雅""促探索之慧，显互学之雅""理交流之慧，展导学之雅""品感悟之慧，思睿学之雅""激实践之慧，创活学之雅"，以期"探知之慧，践行之雅"，达成"慧雅"合一。这五个环节既独立存在，又交融互促，对学生的要求层层推进、螺旋上升。本文以苏教版小学数学五年级上册《钉子板上的多边形》一课教学为

例，介绍"慧雅"数学课堂范式的具体实施。"慧雅"数学的课堂范式，如图
3-3-1所示。

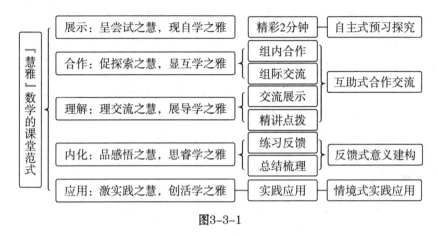

图3-3-1

一、展示：呈尝试之慧，现自学之雅

任何新知的学习都要以旧知为基础，利用旧知把学生引入学习的"最近发展区"，可以让学生有准备地学习新课。每一节新授课都会安排"精彩2分钟"活动，通过自主式预习探究让学生展示预习成果。这一项活动是课前预习与课堂学习的有效衔接。展示环节，学生轮流上台，在2分钟时间内用自己的方式表达对新学内容的理解，形式灵活。为充实展示内容，教师有时须调动家长资源，提倡家长根据自学提纲，和孩子一起搜集资料、制作PPT。

"钉子板上的多边形"一课教学是以学生已经学习了多边形的面积为基础的。在自学提纲上，教师要求学生课前复习与整理有关多边形面积的计算方法（包括公式计算、割补法和数方格法），学会在点子图上画多边形。"精彩2分钟"要求学生展示在点子图上画的多边形，讲述自己在尝试探索钉子板上的多边形面积时所用的方法、获得的结果及遇到的困惑。

二、合作：促探索之慧，显互学之雅

合作环节通过互助式合作交流展开，旨在把有限的课堂变为人人参与、个个思考的无限空间。这里的合作建立在自学提纲的基础上，进行组内合作和组际交流相结合。合作的主要过程是：首先，由组员个人自主尝试完成学习内容，对不能解决的问题提出组内互助；其次，由组长带领成员在组内探究并

解决问题，为课堂交流做准备。学生为了能在合作和交流的过程中表达得更清楚、透彻，必须对所学内容进行认真分析和理解，学习方式变成了"我要学"。这个过程中，学生之间还能互相学习、取长补短，共同经历探索学习的过程。

"钉子板上的多边形"一课的教学通过小组合作的形式推进，引导学生在类比中观察异同、引发猜想。具体包括以下三个环节。

（1）点子图与钉子板的比较

学生通过组内互助合作比较点子图和钉子板之间相同的地方，发现上面都有点，每两个点之间的距离是相等的，每四个相邻的点都能组成正方形，利用点作为多边形的顶点可以围出多边形。

（2）"眼力大比拼"

小组成员在点子图上分别画3个多边形，看看哪个图形和老师在钉子板上画的多边形完全相同；引导学生小组讨论，明确完全相同的多边形的特征（图形的大小相同，图形边上的钉子数相同，图形中间的钉子数也相同），进而引导学生观察、讨论：这三个多边形，你觉得与钉子板上多边形的面积有什么关系？

（3）学生在组内充分讨论的基础上开展组际交流，大胆猜想

多边形的面积与边上的钉子数以及中间的钉子数有没有关系，又有怎样的关系？

三、理解：理交流之慧，展导学之雅

理解环节也通过互助式合作交流展开，旨在让学生充分交流在自学与合作学习中获得的认识。其前提是组员自主尝试完成学习内容，提出不能解决的问题，组长带领组员探究，为课堂交流做准备。交流展示中，学生充分表达自己的感性认知，教师以适当的精讲、点拨进行导学。

"钉子板上的多边形"一课教学将动手操作与交流展示有机结合，引导学生探索钉子板上的多边形的面积求解规律。具体包括以下三个环节。

（1）探究研究问题的方法

首先小组内交流研究规律时碰到的问题，然后全班交流遇到的典型问题，并探索解决问题的办法——根据多边形中间钉子数的不同，由易到难，分类讨论。

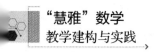

（2）探究中间钉子数为零的多边形

组内填写学习单，再交流从中获得的发现。教师根据学生的汇报，引导小结：在中间的钉子数是零的情况下，多边形的面积是边上的钉子数减2的差的一半。

（3）探究中间有钉子的多边形

采用对比实验的方法，在学生自主观察、比较数据、组内交流的基础上，小组推荐代表开展班级交流汇报。教师在学生交流的过程中加以点拨，引导学生发现：边上的钉子数减2的差的一半（0.5）后再加上中间的钉子数就等于多边形的面积；并指导学生用字母表示这个结论。

四、内化：品感悟之慧，思睿学之雅

在自主式预习探究和互助式合作交流之后，一部分学生已经获得了对所学知识的初步建构，教师可以安排练习反馈，让部分"先知"学生引导"后觉"学生，并对知识点做进一步总结梳理，通过反馈式意义的建构促进全体学生的知识内化。内化环节是在学习者已经具有知识经验和认知结构、获得动作技能、习得态度等基础上进行的，原有的知识结构对新的学习的影响就形成了知识的内化。然而，内化不是自动发生的，教师需要引导学生对问题进行深入分析、综合、比较、抽象、概括，帮助学生认识问题之间的关系，寻找新旧知识的共同特点，归纳知识经验的原理、法则、定理、规律的一般方法，发展学生分析问题和概括问题的能力。

在进行"钉子板上的多边形"一课教学时，为了使学生能够理解$S=(n-2)\times 0.5+a$这个规律的算理，教师还要进一步对发现的规律进行总结梳理。先是归纳多边形里面的钉子数为零的情况，通过课件的直观演示，理解边上的钉子数是如何带出多边形的面积的。接着，研究多边形里面有钉子的情况，这样就对比出多边形里面的钉子数每增加1颗，面积就增加1。同时利用课件让学生直观感受面积增加的过程，得出规律，并验证规律正确性。随后，进行一系列的变式练习，让学生计算边上钉子数和内部钉子数不同的多边形的面积，通过类比强化学生对规律的理解。

五、应用：激实践之慧，创活学之雅

应用环节主要是巩固学生对知识的理解和掌握，通过情境式实践应用激发学生灵活学习的智慧。实践应用是学生掌握知识、形成技能、发展智力的重要手段，主要是将数学问题生活化，通过对数学知识的运用，促进学生对数学知识更深层的理解。

"钉子板上的多边形"一课教学，在学生理解了钉子板上的多边形的面积求解规律后，教师引导学生回顾研究的过程，让学生说说哪些方法对自己的数学学习特别有帮助，为学生今后的科学探究建立"观察—比较—猜想—验证"的基本模型。最后，教师向学生介绍皮克定理，并结合图片介绍皮克定理的几个出人意料的应用案例，向学生推介《格点和面积》一书，激发学生探索数学奥秘的欲望。

众所周知，任何一项改革，为增强示范性和可操作性，首先都要有一个基本的范式作框架上的指引，"慧雅"数学课堂教学改革也同样遵循这个规律。我们积极构建范式却不唯范式，教师可根据不同的教学内容和学生需求，选取几个核心要素，重点实施。期待"慧雅"数学课堂能真正成为培育学生核心素养的坐标点和生长点。

本章内容是由罗锐、付祥老师的一些教学经验总结而成的。

"慧雅"数学教学不是一蹴而就的，而是作者对自己30年数学教学心路历程的回眸审视、回顾梳理、反思体验的阶段性结果。从1988年开始工作到2001年的这段时间里，作者从注重课堂教学质量到讲究教学方法，立足课堂，扎扎实实地践行从教育学、教学法中习得的教学理论知识，认真上好每一节数学课，并在各级教研平台上观摩、比对、反思、品味数学教学，渐渐地对数学教学有了更高的认识和更深的理解。2001年，作者发表了第一篇教学论文《善待学生的"错"》。从此，作者开始更多地关注教学技巧、教学策略、教学理念，开启了数学教学课堂行为实践与数学教学理论研习相结合的教改之路。从2001年起的十几年时间里，作者围绕小学数学"开放教学"和"有效教学策略"进行研究，直到2015年形成自己的教学主张——"慧雅"教学。本章呈现作者在教学与研究过程中撰写的一些论文，希望能表达一些"慧雅"数学教学策略的省思。

『慧雅』数学教学策略

第四章

第一节 "慧雅"文化小学数学课程基地的实践

灌南县长江路小学从2010年办学开始就提出"和雅教育"的办学理念，从"和雅的生命体验、博雅的内涵修行和'慧雅'的科学思维"三个维度打造学校文化和特色课程，把"和、雅、慧"作为学生核心素养的生长点，以课程的视角创新课堂教学、整合教学内容、开发课程资源、探索课程实施策略。"慧雅"的科学思维是实现"'慧雅'的学科思维"办学特色的主要教学载体。为此，长江路小学提出"实践—思维"的数学课程建设理念，让学生在数学学习过程中学会"求真、善思、创生"。我们遵循数学学科内容、知识结构等特点，尊重小学生数学学习规律，把数学课堂教学改革分项目进行：以实验、探究、发现、认知、思维与问题解决为关键要素，重点开展"以数与形的认知为主的数学探究式教学""以算学文化为主的珠心算教学实验""以思维能力提升为主的数学益智体验活动"和"以动手能力为主的数学实验"四类数学教学方式的改革与探索。

长江路小学根据江苏省《关于推进小学特色文化建设工程的意见》（以下简称《意见》），创建了省"'慧雅'文化小学数学课程基地"。以数学课程文化建设为载体，将数学体验、应用、实践与问题解决、创新等方面充分地与数学学习相结合，从而使课程资源得以充实、课程结构得以优化，进而让学生爱上数学，使不同能力、素质的学生都能在数学上得到一定的发展，使校园文化富含"数学体验、数学思维、数学发现、数学应用、数学创新"等数学元素与文化特色，从而激励学生参与数学学习过程，丰富学校"慧雅"特色文化内涵。我们的出发点与落脚点都是为了学生的数学学习，为了学生数学思维能力的提高，为了学生数学素养的积淀；通过数学特色文化打造与特色课程的开发实施，激发学生对数学学习的兴趣，促进学生的数学思维水平发展，培养学生数学探索与建模的能力、数学思考与分析的能力、数学问题发现与解决的能力、数学阅读与归纳的能力，促进学生数学素养的全面提高。

一、营造侧重"数学体验"的"慧雅"文化氛围

《意见》指出:"创设鲜明的教学环境,加强课程情境、教学实施载体建设,形成充分展现课程特色、具有浓厚课程文化氛围的教学环境。"长江路小学在校园文化建设中追求"书香数韵"的文化意蕴和课程功能,有机地融入数学元素,积极开发富含数学元素的校园文化场景,形成浓厚的数学文化氛围,让学生在潜移默化中得到数学文化的熏陶,感受数学独有的魅力。在做好每个班级教室数学文化氛围营造的基础上,为每个年级开辟一个以数学实验为主的数学专用教室;一个以数学游艺为主的数学广角;一组以数感、长度、方位、面积等直观体验为主的数学景观。

1. 注重数学直观体验

打造适合实践的教室数学文化特色,让学生在"做中学"。为每个年级建一个数学实验探究室,购置数学实验器材,开发数学操作与实验内容,引导师生制作学具与教具,让学生在探究中学习数学。长江路小学在每间教室布置"数学园地"和"思维演练场"两个板块,让学生结合教材的进度整理数学课本内容、交流学习心得,让学生自己收集数学思维题,张贴在思维演练场里,征集解答方法,激发学生自主学习数学的兴趣;在教室的外墙壁上开辟"数学文化墙"和"学习成果展",呈现数学小制作、数学知识小卡片摘抄、数学史话、数学美等形式与内容,让学生自己完成每个班级数学文化墙内容,定期开展数学概念介绍、计算速度竞赛、问题解决方法大聚会、数学手抄报等学习成果展示活动,促进学生数学学习空间的不断延展与拓宽,营造浓郁的"爱数学,乐实践"的学习氛围。

2. 挖掘数学文化内涵

营造富含数学元素的校园文化场景,让学生在"悟中学"。如何让课本上抽象的数学内容形象化、直观化和可视化,让静态的数学知识成为学生内在的素养呢?我们认为,体验是激发学生学习数学的兴趣、提高学习数学效率的有效途径。为此,我们在校园开发建设了数学体验景观,引领学生在数学王国畅游里,体验数学的奇妙和神秘。

3. 加强数学应用性实践

开辟数学游艺广角,让学生在"玩中学"。著名数学大师陈省身说过"数

学好玩"。为了激发学生学习数学的兴趣,我们除了在数学课堂教学中加强数学与生活的联系,还尽可能多地创造数学应用的机会、搭建数学实践的平台。我们在学校建有多个数学广角,开发数学游戏,把"玩"的元素引入数学学习的过程中。"巧算24点""七桥问题""孔明锁"等游戏让学生在课堂学习之余能随时徜徉在数学的海洋里,体验数学探索的乐趣。我们还和家庭社区有效配合,开展数学在生活中的亲子感受活动,让学生与家长一起以"家庭水电计量、生活用品购置、住房面积"中的数学知识为话题,开展生活中的数学应用活动,使学生用数学的视角观察生活、参与社会活动,感受数学的价值与作用,体验数学实践与问题解决成功的快乐。

二、开发侧重"数学发现"的"慧雅"课程资源

关于数学课程的开发,《意见》明确提出要"开发有趣的课程资源。开发符合学生年龄特征和身心特点的课程资源,促进课程形态的变化和学生学习方式的转变。通过各项课程资源的挖掘整合,努力设疑激趣,激发学生的学习欲望和探究热情"。长江路小学注重对学生数学学科探究能力与思维能力的培养,以丰富学生的数学知识、提高学生的数学探究能力、发展学生的数学思维、培养学生的数学素养为导向,整合、优化数学课程资源,探索、创新数学学习方式,创建"慧雅"课堂,开发具有本校特色的校本课程,形成数学课程实践化的特色。开发生本的数学学习潜能、师本的课堂教学策略和校本数学课程体系,让数学学习凸显探索与发现,让学生在数学概念的形成、数学法则定理的建构、数学思想方法的获得、问题解决模型的建立、思维能力的提升以及数学应用与实践中经历数学知识的再创造与再发现的过程。

1. 开发师本的课堂教学策略

让数学教学具有个性与特色,打造"慧雅"的数学师资团队,开发教师的数学课程资源。课程专家古德莱德等人把课程分为五种层面:理想的课程、正式的课程、领悟的课程、运作的课程和经验的课程。我们认为其中领悟的课程与运作的课程应该是以教师为主体的,是一种领悟课程、理解课程、反思与实践课程的过程,这就要求教师教学过程是一种创生与发展课程的过程。长江路小学组建数学教师教学研究与专业成长共同体,共同研究小学数学课程实施的策略,探究数学内容与资源的开发、探究数学课堂教学方式的建构,重点进

行三个方面的研究：开展小学数学教材教法研究，构建"实验思维"数学课堂教学，探究国家数学课程的有效实施途径；开展小学数学课程拓展研究，构建"体验应用"数学课程基地，探索校本数学课程的开发策略；开展小学数学课程评价研究，构建"激励唤醒"数学评价体系，创新过程性、激励性的数学评价方式。

2. 激活生本的数学学习潜能

让数学学习充满生成与创新，实践"慧雅"教学范式，开发数学课堂课程资源。黄翔在《数学教育的价值》一书中提出，"知识并不能简单地由教师或其他人传授给学生，而只能由每个学生依据自身已有的知识和经验主动地加以建构"；"数学学习的建构方式是多样化的，学生的数学学习过程应该充满观察、实验、猜测、验证、推理与交流等多样化的数学活动"；"学生的数学学习过程应当是富有个性的、体现多样化的学习需求的过程"。长江路小学在自然本真的教学理念指导下，创设"'慧雅'课堂"，探索适合发展学生数学思维的"三自"教学范式，让学生课前自由预习、课内自主探究、课后自觉练习，在动态生成与交往互动的课堂中，通过自学情况汇报、小组合作探究、班级成果交流等形式，充分利用阅读感知、操作实验、动脑思考、感悟内化来实现数学知识的学习，实现数学规律的探索、核心内容的建模与数学思想的形成，让学生在体验操作、研究探索中完成，感知数学知识的内涵与精华。

3. 研发校本课程体系

让数学学习开放而丰富，优化、整合教材内容，开发数学优质课程资源。根据学生年龄和心理特征以及课程学段的不同，将数学学习与生活实践相结合，设计具有梯度的课程内容。

三、建设侧重"数学应用"的"慧雅"学习场所

《意见》要求"搭建互动的学习平台。运用新理念、新技术、新方法、新手段，以学生在课程活动中实际体验、动手操作、研究探索为中心，提高资源类别的多样化水平。突出课程核心内容的模型制作，使抽象原理形象化，开发人机互动、自主测验的教学用具和教学场所，促进学生自主学习、快乐学习"。长江路小学以"做思共生"为数学学习理念，努力将数学与生活、活动、实验和娱乐紧密地结合，让学生数学学习内容更丰富、形式更多样、平台

更广阔。我们为学生搭建了多样化、开放的学习平台，将枯燥的数学知识学习过程变得具有娱乐性，让学生运用实践，积极探索数学知识的海洋，促进学生数学思维的发展。

1. 在"一馆一室"里实现数学拓展学习

以发现、思维、运用为主要内容建设"一馆一室"，为学生学习提供服务，让学生在快乐的体验中学习数学。"一馆"即一个"做数学"的数学实验馆，将数学史上众多数学发现的探究过程呈现出来，再现数学实验场景，让学生亲身经历、动手操作教材中的数学实验，拓宽学生对书本知识理解的深度与宽度。"一室"即数学展示室，主要展示学生的数学成就、分享学生的才能。它由三部分组成，分别是数学生活馆——用数学，数学游艺宫——玩数学，数学创客室——做数学。数学展示室会定期展示学生数学知识手抄报、数学实验的记录、数学学具的制作以及综合实践活动等学习成果。"一馆一室"为学生数学实践提供了有效的载体和平台，有助于学生数学素养的提高。

2. 在网络平台实现数学学习时空的开放

开展"E"学习方式，建立一个专门学习数学的电子教室，在"我爱数学"专题网站上，开辟数学指南、在线测试、小小数学迷栏目，实现在线学习；创建各年级数学QQ群，学生在群内进行学习与交流，开展网络互动；利用"我酷"视频上传数学学习微视频等，实现课堂的"翻转"，使学生更好地体验数学学习实践。

四、开展侧重"数学创新"的"慧雅"实践活动

为了培养学生的兴趣爱好，为不同潜质、不同个性的学生提供多样化的选择和帮助，我们注重"学创"共融，让学生的数学学习成为一个探索发现、构建创新的过程；注重学生日常数学学习再创造能力的培养，注重学生问题解决能力和实践能力的培养，更注重学生数学学习内驱力的激活。为此，我们强化以下数学实践活动。

1. 组建数学学习团体，在合作探究中学习

在学校内分三个级别组建学习团体：班级——数学共同体；年级——数学兴趣小组；校级——数学文化社团。在此基础上，还分别成立数学实践学习小组、数学体验学习小组、数学研究学习小组。

2. 成立少儿数学院，在分类研究中学习

围绕"发现问题、分析问题、研究问题、解决问题"的数学模型，成立"尺规画图"体验分院、"数学学具"制作分院、"数学模型"创作分院、"奥数起航"分院、"珠心算"分院等，使学生乐学，更好地吸收数学知识，更好地提高解决问题的能力及动手能力；开展专题性学习活动，培养学生的数学思维能力和动手实践能力。

3. 开展智慧数学活动，在综合应用中学习

在长江路小学，每节数学课都有一个固定的教学环节——"精彩2分钟"，让学生呈现课前自由预习时获得的内容认识、感知体验、问题与困惑等。开展智慧型数学活动，定期留数学日记、数学手抄报、数学故事、数学名家鉴赏、数学小论文等展评作业，使学生在掌握数学课本知识的同时发散思维，提高审美。开展炫耀性数学才艺活动，利用每日的"数学快餐"、每周的"数学超市"、每月的"数学达人秀"，组织"数学思维闯关"系列活动，让学生从不同角度学习数学；每年开展两次"数学文化节"活动，使学生更好地应用数学，并有机会展示数学方面才能。激发数学探究的热情，开展数学创客活动，让学生利用数学知识进行数学制作、设计生活中解决问题方案等，激发学生创新思维和创造能力。

4. 创新激励评价机制，在体验成功中学习

学校设立了提升学生学习数学的闯关游戏，游戏采用"智慧闯关、积分升级"的方法。由于学生学习水平不同，设置了不同年级的"数学智慧星""数学小博士""数学小院士"，使学生在游戏比赛中更好地吸收数学知识。

我们通过优化数学课堂学习、总结教学内容、增加教学方法、提供更多教学活动，丰富学生的动手活动；通过给学生创造应用机会，使数学成为学生的乐园，让学生更好体验数学学习过程，培养学生学习数学的兴趣、提高学生解决数学问题的能力，使学生学会更多解决数学问题的方法，从不同角度学习数学。我们开发了"教材学习导引""数学课外读本"等校本课程，组建了少儿数学院等社团，丰富数学实践活动、学习方法，进而达到"好学生能吃饱，差学生能跟上"的学习进度要求。开辟读数学、看数学、用数学的校园数学课程体验区、展示区和数学实验探究室，使学生乐学、好学，进而让学生在最少时间内能最大限度地学习更多内容。构建数学实践墙、网上数学乐园等综合性学习场所，用"珠心算""数学实验""数学综合与应用"等项目，使学生的实践能力更强，达到数学与实践完美结合，推进学生学习数学的效率。

📖 **参考文献**

［1］江苏省教育厅.关于推进小学特色文化建设工程的意见［C］.南京：江苏省教育厅基教处，2013.

［2］黄翔.数学教育的价值［M］.北京：高等教育出版社，2004.

第二节 "慧雅"数学教学对学生数学审美能力的培养

近年来，数学教育获得了长足的发展，数学审美教育也逐渐被重视和认可，成为激发学生学习数学的兴趣，促使学生深入感知和体验数学学科魅力的重要途径。通过数学审美教育，可以提高学生思维能力，促使学生受到美的熏陶。长江路小学的"'慧雅'数学"中的"慧"是聪明与智慧，"雅"则是正而美；就是从教与学的两个方面追求智慧与雅致的价值，探索数学学科教学本质，挖掘数学教材"慧雅"特质，探寻数学学科教学价值，培育学生"慧雅"气质。这"慧雅"的数学气质就包含数学审美。教学中教师要用慧眼挖掘数学教材中所包含的丰富的美学教育资源，用"慧雅"设计教学，构建"雅智"课堂，组织"雅趣"的教学活动，在小学数学课堂引导学生发现数学中的美，开阔学生的数学审美境界，促进学生数学综合素质的提升。

一、数学审美教学的内涵意义

1. 数学审美的主要内涵

审美教育是培养学生感受美、表达美、体现美和创造美的能力的教育，同时也是小学教育的重要目标，促使学生更好地把握学习与生活中的美感内容，从而增强学生的审美能力，达到美化学生心灵、行为的目的。数学审美以感受和体验数学美感为宗旨，学生通过欣赏数学内容美、体味数学和谐美、感受数学奇异美，把握数学的价值和意义，从而在表达形式中感受数学的简洁美，发现数学的对称美，了解数学的抽象美，理解数学的逻辑美，体验数学的实践美。可以说，数学具有很多美学特质。在数学知识之中，不但包含着深奥的原理，还有完美的公式；不但有丰富的线条，还有优美的图形。数学与自然美、艺术美不同，数学美突出表现的是理性之美，智慧之美，具有较强的审美价值。

2. 数学审美教育的意义

随着大数学教育观的确立，数学学科的教学价值不仅体现在认知层面，而且正在不断地向审美领域迈进。我国教育家蔡元培曾经提出："无不于智育作用中，含有美育之元素；一经教师之提醒，则学者（指学习者）自感有无穷之兴趣。"通过数学审美教育，可以显著激发学生对数学学习的兴趣，促使学生产生学习动力，从而获得积极的情感体验，并且使学生在这种良好氛围中自觉参与数学知识的学习活动，让数学课堂更加生机无限。数学审美教育的开展，可以显著拓展学生的思维广度，在学生收获数学真知的同时，发展学生感性思维能力，并以数学严谨的结构形式、严密的逻辑推理为对象，让学生体验数学形式的简洁与和谐。在思考数学美学价值的过程中，学生的数学思维被调动起来后，学生可以更加高效地学习数学知识。

当前，核心素养成为教育的崭新理念，培育学生的数学核心素养，已经成为数学教师关注的重点内容。核心素养以"全面发展的人"为目标，主体部分为文化基础、自主发展、社会参与，综合表现为人文底蕴、科学精神、学会学习、健康生活、责任担当、实践创新等六大素养。从总体上看，核心素养是关于学生知识、技能、情感、态度、价值观等多方面的综合表现。数学审美教育正是情感、态度、价值观的教育，是培养学生深厚人文底蕴的重要体现，可以培养学生的数学学科素养，让学生更透彻地审视数学学科知识，增强学生热爱数学学科的情感，为学生学习数学注入无限动力，从而让学生更好地学习数学知识。

二、数学审美教学的理论依据

在数学教育中，审美教育基于数学美的客观真实，数学本身就是美的存在，数学体现了一种形式美、理性美和智慧美，具有创造性和思辨性，是数学理论家所推崇备至的数学学科属性。亚里士多德提出，善和美不能和数学分开，因为美的形式，就是"秩序、匀称和确定性"，这是数学研究原则。英国数学家哈代在《一个数学家的辩白》中阐述，与诗人或画家相同，数学家的造型应和谐，美是首要标准，不美的数学是不能永恒的。

美国数学家M.克莱因说过，数学是人类心灵最独特的创作，数学在使人赏心悦目和提供审美价值方面，至少可与音乐、绘画、诗歌、哲学、科技等门类媲美。我国著名数学家徐利治提出，数学具有一般语言文学和艺术所共有的美的特点，即数学在结构、内容和方法层面的美感，也就是数学美；同时还提出，数学美体现在简单性、统一性、协调性、对称性，还包含在数学模型典型性和普遍性、奇异性等内容方面。张奠宙教授倡导应在数学教学中展现数学美，使学生感受与欣赏数学美，在中小学数学课堂上落实数学美育功能。正是因为数学审美及其教育理论的支撑，才使得数学审美教育的实施具有深厚的理论基础。

三、数学审美教学的实施路径

1. 开发数学审美的课程资源，丰富学生数学审美认知

在数学教学体系中，审美教育不能仅仅满足于日常课堂上的渗透，还要建构完善的审美教育课程体系，促使审美教育呈模块化、系统化发展。在小学阶段，数学教育旨在培养学生数学分析意识，增强学生数学思维能力，夯实学生的数学基础知识，素质教育模式是必不可少的。在数学教学中，学校与数学教师应开发体系化的数学审美课程，促使数学审美教育具有专门的课程。课程可以作为第二课堂展开，也可以是必修课的一部分，开发诸如"数学发展文化""数学与生活""数学与艺术"等课程，遵循寓教于乐的方式，不增加课业压力，采用师生共同参与的模式，多角度地实施数学审美课程，从而打造更加完善的小学数学审美课程体系。

数学审美课程的开发，应该深入解读数学美的特征，把握数学审美教育课程开发方向。通过开发数学内容美、数学和谐美、数学奇异美、数学简洁美、数学对称美、数学抽象美、数学逻辑美、数学实践美等课程系列，形成完善的小学数学审美课程体系。

2. 优化数学审美的课堂教学，积淀数学审美经验

在小学数学审美教学课堂上，教师应善于运用多种有效的教学方法，促使学生能够更加主动、高效地体验数学之美。一般来说，教师应以学生为中心，以学生的兴趣为关注点，建构学生更加喜欢的教学策略。

（1）创设富于数学美的学习情境，发现数学美

在小学数学审美教学课堂上，教师应善于运用情境教学，将理性的数学知识与感性的情境相结合，促使学生主动参与数学审美学习，从而高效地学习数学知识，感受数学之美。教学情境的创设，可以运用多媒体手段，制作新颖的课件。课件可利用网络资源，动态形象地生成知识链接内容，集合声音、图片、视频等多种元素。针对学生的学习特点，可创设生动的教学情境，促使学生融入特定情境，让学生主动感知数学之美，主动审视数学的无限美感，进而更好地启迪思维。

（2）利用小组合作的学习模式，体验数学美

教育家孔子曾说："独学而无友，则孤陋而寡闻。"学习并不是单打独斗的行为，应该是群体性的活动；学习若借助集体的智慧，那么就会产生意想不到的效果。在小学数学审美教学中，教师应引导学生参与合作学习，并让学生充分认识到合作学习的重要性，从而培养学生通过合作学习方式审视数学之美的意识。教师应尊重学生的意愿，采取教师推荐和学生自愿组合的原则，科学划分合作小组，并进行合理的组内角色和任务分工。教师精选问题分配给各个小组，然后引导学生进行小组合作审美活动，增强组内学生的沟通交流，促使小组之间竞争氛围的生成。如此，良好的学习风气便会出现，学生探究数学审美知识主动性也会增强。

（3）积极倡导学生自主探究数学美，把握数学美

在人的审美心理结构中，具体性、形象性和抽象性是统一的，那些直观、具体、形象、活动、新奇的对象更能使人产生美感。对数学中抽象对象的审美要求教师在教学上尽量把它设计成活动、新奇的表征方式。一般来说，学生在生动具体的日常生活和数学知识背景相关的情境中，更易进入数学审美活动。因此，数学教学要重视利用实物、模型、图形、多媒体等来组织直观性的数学活动，吸引学生投入数学学习过程中。学生只有通过自己动手、主动探究、感知数学知识产生、发展和应用的过程，才能感受数学中内在的美的规律。

3. 注重数学审美评价，增强数学审美自信

教学评价是教学活动开展的重要的一个环节。在小学数学审美教育过程中，教师应善于运用多种评价方式，激发学生数学审美兴趣，采取赏识评价方式，激励学生愿意接受审美教育，并使学生生成主动学习数学美学知识的意愿。不同于数学应试评价的方式，审美教育应更注重过程评价，而不是单纯地关注学习结果；且应更关注学生的个性差异，鼓励学生积极参与，维护学生自尊心，促使学生树立学习自信心，多用鼓励性的言语，促使学生更好地进行数学审美学习。对于数学审美学习过程中的表现，应重视学生学习情感、态度的评价。教师可引导学生积极参与评价，开展"教师评价""师生评价""生生评价"活动，应增加一些面试、口试的过程，让学生动手操作，鼓励学生将最"得意"的技能表现出来，增强学生学习的信心，实现评价方式的多样化。教师应宽容对待学生在数学审美学习中的表现，体现人文关怀，展示数学的人文美。

4. 设计数学审美活动，提升数学审美能力

在数学课堂上，体验数学之美的主体是学生，而小学生活泼好动，喜欢思考，更喜欢动手实践。在探索数学美感的过程中，教师可以借助实践性较强的数学审美活动设计，让学生能够在"做中学"，在做中感受数学的无限魅力。

（1）设计实践活动，培养学生感悟数学美的能力

在数学审美活动的设计过程中，教师应以学生为中心，激发学生参与活动的热情，并让学生能够亲身体验活动过程，感受数学的无限美感，在运用数学知识的同时，进行数学审美的学习。此外，教师也应该将数学教学与生活实践相结合，促使学生深入生活，运用数学知识解决生活中的购物、图形分析、生活缴费、统计等问题，从而让学生深刻体验数学的应用之美，更透彻地把握数学的价值。

（2）设计网络活动，增强学生体验数学美的意识

数学课程应该网络化，数学审美活动也应该充分利用网络，如引导学生利用互联网，通过丰富多彩的图片资料、生动有趣的视频资料、翔实权威的文字资料，促使学生体验世界中的数学美，日常生活中的数学美，并且要将学习的成果通过微博、校园网等途径展示出来，从而更有利于学生体验数学美。

（3）设计游戏活动，提升学生感受数学美的水平

数学审美教学课程的建设，需要秉持寓教于乐的原则。在以竞赛的方式进

行游戏化活动中，教师应多引导学生通过小组合作竞赛的方式，让学生以游戏的心态和模式，设计能够体现数学美的作品，然后在班级、年组、学校的范围内进行主题评比活动，选出优秀的作品，给予适当的奖励；也可以搭建校内外联动平台，在校际之间展示数学审美学习成果，促使小学生愿意参与其中，在游戏和玩耍过程中感受数学美。

总之，数学学科蕴含丰富的审美教育资源，数学不仅闪烁着智慧的光芒、逻辑思维的深度，而且蕴含了无限的美学价值和魅力。学校通过数学审美教育的开展，可以促使学生积极参与数学学习，更加自觉地发现和体验数学之美，从而显著提升数学素养。

📖 **参考文献**

［1］马云鹏.小学数学教学论［M］.北京：人民教育出版社，2003.

［2］徐祥杰.小学数学教育中蕴含之美［J］.课程教育研究，2014（12）.

［3］张梅.小学数学美育初探［J］.基础教育，2015（3）.

［4］田玉梅.小学数学课堂实施美育的实践与思考［J］.教育学，2015（5）.

第三节　慧思雅行：丰盈学生的数学理解

一、温故知新立命题——慧思源于经验，雅行萌发求新

慧思是指数学学习过程中智慧、灵动的数学方法与数学理解领悟思维水平，它是数学教学思维价值追求；雅行是指数学学习过程中采用规范、合适的方法与顺应本真的应然，它是数学知识自然生长和学生学习数学科学方法的行为标准。"温故而知新，可以为师矣"中的"温故而知新"，指不断温习所学过的知识，并且从其中获得新的领悟。数学每一个知识都是在原有知识的基础上衍化出来的，数学教材内容也是在一定的逻辑结构内分段编排、逐步深入

的，所以学生学习数学时需要复习学过的数学知识，换一个不同的视角去观察研究它们的特点，也许就会有不同的发现。

"数与图"这节课是根据苏教版小学数学三年级《数学实验手册》中"数与图"的实验、五年级数学教材因数与倍数单元中亲和数以及相关课外资料自主开发的数学实验课，内容包括三角形数和正方形数。

片段一：

（1）多媒体课件出示自然数列，教师指出：我们已经知道1，2，3，4，5，6，7，8，9，10……这些数是连续的自然数。

（2）从中移抽出偶数，引导学生观察指出：①自然数中像2，4，6，8，10……这样的数都是2的倍数，它们是什么数；②再抽出奇数，引导学生指出，自然数中像1，3，5，7，9……这样的数不是2的倍数，它们是什么数。

（3）请仔细观察，你认为这一组数有什么特点？请找出空缺的两个数。

1　4　9　16　25　（　）　49　64　81　（　）

你觉得这组数可以叫什么数？

在这里，先用自然数列、偶数列和奇数列唤醒学生内在知识，让这些已有的知识成为学生学习的基础；从自然数的排列规律与特点回顾中，唤醒学生从不同的视角观察研究数的特征的意识，让学生体悟数学认知从不同的视角观察同样的数学现象会有不一样的发现，将学生的思维引入新知识研究的最近发展区。学生在寻找1，4，9，16，25……中空缺的两个数的过程中换一种视角观察分析一组数的特征，无痕地进入毕达哥拉斯的关于三角形和正方形点子图的数学实验，顺利进入学习状态。

二、做学合一验猜想——慧思立于实做，雅行促进创生

做学合一是我国著名的教育家陶行知的教学理论。他把教、学、做看成一体，做是核心，主张在做中教，在做中学。数学不仅需要纯粹的思考，还需要通过动手操作来验证我们的猜想是否正确。在不了解图形特性的情况下，通过动手操作尝试研究它的本质，即"学中做"；在做实验的过程中直观地感受图形的特点，从而研究它的特性，即"做中学"。将做与学有效地结合，才能达到意想不到的效果。

片段二：

课件出示，这里有一些点，我们一起来还原毕达哥拉斯当年的数学实验。

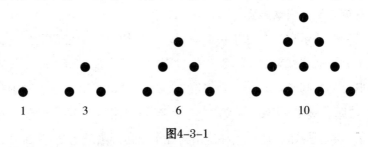

图4-3-1

从第一个点开始观察思考。第一张图摆一个点；第二张图至少需要几个点可以摆成三角形？第三张图接着怎么摆？第四张图呢？这四个图的点子数分别是1，3，6，10，毕达哥拉斯把它们叫"三角形数"（课件出示每个点子图的排列过程，大家一起用棋子在课桌上依次摆出来）。

1. 猜想假设，感悟三角形数

请大家仔细观察自己摆出的点子图，说说每个图所代表的三角形数，你能看出它们的奥妙吗？请你猜猜第五个三角形数可能是多少？第六个三角形数可能是多少？老师把学生猜想的数写在括号里，打上大大的问号。

2. 独立实验、同桌研讨

（1）用棋子接着再摆一个三角形。

（2）把摆出的图形填写在实验记录单中，写出三角形数。实验单，见表4-3-1。

（3）根据摆的过程，观察这些三角形数，找出计算每个三角形数的算式。

（4）同桌两人共同对比实验中记录的几组数据与算式。说说看，你们有什么发现。

表4-3-1

编号	图形	三角形数	算式
1	●	1	
2	●●●		
…			

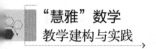
第n个三角形数就是：（　　）+（　　）+（　　）+…+（　　）。

我们发现：三角形数是从1开始连续（　　）数相加的和。

3. 交流展示，归纳规律

小组代表展示交流，师生一起研讨。学生说出一个三角形数，教师板书并追问学生为什么这样列式。"用你们发现的方法验证一下，刚才猜的15是第五个三角形数吗？列式第六个三角形数是多少？"教师引导学生发现：第二个三角形数有2层，最多一层是2；第3个三角形数有3层，最多一层是3。让学生一起探索三角形数的规律，让学生提炼出第几个三角形数就是从1加到几，从而得出三角形数就是连续自然数相加的和。

三、融会贯通明本质——慧思利于理解，雅行走进深度

"融会贯通"一词出自宋·朱熹《朱子全书·学三》："举一而三反，闻一而知十，乃学者用功之深，穷理之熟，然后能融会贯通，以至于此。"融会贯通，指各方面的知识或道理融合贯穿起来，从而得到系统透彻的理解。数学题海是无穷大的，不可能遇到一模一样的题目，所以必须教学生学会举一反三，通过理解一个典型的题型而掌握相似的题型，透彻理解所学知识，而不是浮于表面的一知半解。

片段三：

三角形数是我们本节课研究最基本的图形数，由最初的用数字或算式表示第几个三角形数，最后归纳总结用字母代替数字，从根本上掌握三角形数的特征，达到对三角形数的最本质的理解。

大家的猜想是正确的，说明实验中发现的这个规律也是正确的。请你再用一句话说说这个规律。

（1）根据你们的发现，说一说是第几个三角形数，再说出算式。

看到图4-3-2，你知道表示灰色的点是第几个三角形数吗？怎样列式？

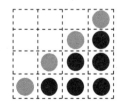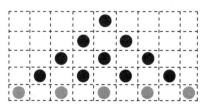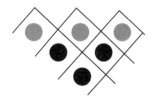

图4-3-2

（2）如图4-3-3所示，算出这一堆木材有多少根。

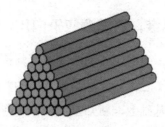

图4-3-3

（3）三角形数在生活中也有广泛的应用。如图4-3-4所示，为工地在计算一堆木料的根数。你认为怎样列式？这其实是求第几个三角形数？

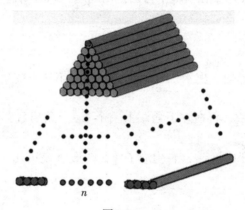

图4-3-4

要想求这一堆木料有多少根，还需要知道哪个条件？如果最后一层是20根，怎么列式？如果是100根呢？如果最后一层是100根，算式是1+2+3+4+5+…+100=（1+100）×100÷2。这道题是高斯故事中的一道名题。我们可以这样理解：把这个图看作上底是1，下底是100，高是100的梯形，用梯形面计算公式来计算，如果底层是 n，怎么列式？用这个简便方法计算第六个三角形数。

为让学生融会贯通，教师安排如下应用性思维活动。

① 重点说说是第几个三角形数和相应的算式，在材料提供时特意变换图形的放置，体现变式，并把最多一层的点子用不同颜色标注，让学生抓住知识的关键。

② 算木材的根数，三个层次的引导让学生在三角形数、连续自然数的和、连续自然数和的计算方法、三角形、梯形等图形之间有效地架起一座立体的高

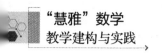
架桥，把抽象的数列求和的理解直观化，在迁移中实现难点知识的建构。

四、移易迁变拓思维，慧思顺应于内化，雅行求同于存新

"移易迁变"出自明·张居正《答中溪李尊师论禅》："意生分段之身，刹那移易迁变，人乌得而知之。""移易迁变"的意思就是迁移变化。数学新知识的获得是在旧知识的基础上，新知是由旧知不断迁移变化而来的。因此，让学生学会迁移旧知，发展新知才是根本。

在"图与数"中，难道只有一个三角形数吗？答案肯定是否定的。那么除了三角形数，还有哪些数呢？它们又具有什么样的特点呢？这才是我们这节课学习的根本所在，让学生在情境中自己提出问题、思考问题并解决问题。

片段四：

1. 实验内容

引入下一个图形数：出示 ⬜⬛⬛。提问：这是第几个三角形数？让学生说说这是第几个三角形数，再在左下角添上一个 ⬛⬛ 三角形数，问这是第几个三角形数？把它们合并变成 ⬛⬛，它构成了什么图形？是第几个三角形数？

2. 自主实验

显然，实验也是有正方形数的，那么，正方形数又有什么特点呢？相信大家同样可以通过摆棋子的数学实验有所发现。

实验提示：前后4人一组。

（1）1人用棋子从小到大依次摆出不同的正方形，其他3人观察。

（2）其他3人记录，每人都填写一份实验记录单。

（3）根据摆的过程，观察你们发现的正方形数和每道算式，想一想每一个正方形数可以怎样计算？

（4）对比实验记录的几组数据，你有什么发现？

根据表中的算式，我们发现：第n个正方形数算式是（　　　）。

3. 交流研讨

先让学生在小组内交流，形成小组研究成果；然后小组派代表在实物展台上展示交流，教师在黑板上复原他们摆的图形，学生评价复原的正确性；最后

师生共同研讨,探索发现正方形数的特点。

(1)从1开始的正方形数是平方数(见图4-3-5)。

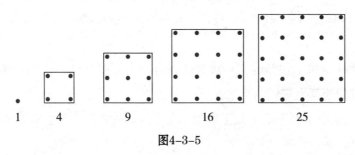

图4-3-5

探索发现:$1=1^2$ $4=2^2$ $9=3^2$ $16=4^2$

(要让学生观察发现:$2×2$这里的2是从哪看出来的?其实就是正方形边上的点子数。正方形边上有几个点就是求第几个正方形数,就用边上点子数的平方。)

(2)从1开始的正方形数是奇数的和(见图4-3-6)。

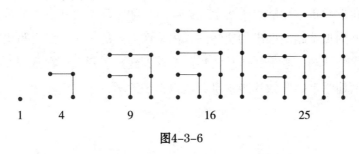

图4-3-6

$1+3=2×2=4$,$1+3+5=3×3=9$,$1+3+5+7=4×4=16$。

① 课件依次呈现拐弯数,引导学生写出连续奇数相加的形式,要让学生发现:最后一个奇数加1的和除以2得几就是求第几个正方形数,也就是求这个数的平方。

② 根据上面发现的规律快速计算:$1+3+5+7+9+\cdots+33=($ $)×($ $)$。

(3)平方数是两个相邻三角形数的和(见图4-3-7)。

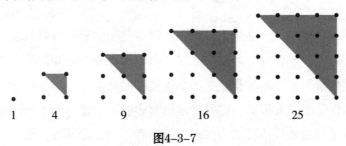

图4-3-7

① 课件逐一把正方形分解成两个不同的三角形，从上向下看可以写出求这两个三角形数的算式。

$2 \times 2 = 1+2+1$，$3 \times 3 = 1+2+3+2+1$，$4 \times 4 = 1+2+3+4+3+2+1$，$5 \times 5 = 1+2+3+4+5+4+3+2+1$。

让学生体会两个相邻的三角形数合并是一个正方形数。这样的算式有什么特点？怎样快速算出它们的结果？

② 让学生在观察上面正方形数与三角形数的关系时，结合算式体会对称数相加的特点，并能快速计算。

$1+2+3+4+5+6+7+8+9+10+9+8+7+6+5+4+3+2+1=($　　　$)$

"图与数"这节课在于让学生获得对三角形数与正方形数的本质认识，即如何计算它们。为了帮助学生获得这样的数学认知，这节课充分利用数学实验的学习方式，让学生借助教师提供的实验器材和实验记录单，把数学活动聚焦在摆出三角形和正方形的点子图上。教师引导学生观察这些点子的数量与排列的规律，并用点子画出摆出的实物图，体验摆点子的过程，最后写出算式，这一系列的实验活动让学生经历从实物到图形、到数、到式，再到规律的数学化过程，从而使学生的感知逐步丰富，认识逐步清晰，思维逐步深入，理解逐步透彻。

第四节　追求"自然·本真"的教学

——基于学生"三自五步"学习方式的实践

新课程改革以来，"学生中心论"的教学主张引领着教师的教学行为，大家在教学思想、教学设计、教学方法以及教学管理等方面均以学生为中心，并特别关注学生参与学习的过程，关注学生之间的交流、合作与探究，关注学生的个性，关注学生的发展。在这种教学思想影响下，教师的角色逐渐发生了变化，从以往单纯的知识传授者向活动的组织者、学习指导者、解决问题的帮助者和学生发展的促进者的角色转化。

实践方面，在以学生为本的教学思想的引领下，课堂模式呈现百家争鸣的态势，如洋思中学的"先学后教，当堂训练"、杜郎口中学的"三三六"等，都是对学生自主学习模式所做的很好的探索与总结，对我们的教学启发很大，特别是邱学华教师在20世纪80年代就倡导"尝试教学法"，对新课程理念推进、对课堂教学模式的改革都有很大的启迪与引领示范作用。

近年来，我们进行了"提高课堂教学活动有效性的教学策略研究"。在研究过程中我们本着学习和改进的目的，立足对学生自主学习能力的培养，进行了"三自五步"教学模式的探究与尝试，提出"自然·本真"教学理念。

一、"自然·本真"教学的内涵

我们认为教学应该是自然的、本源的、真实的。所谓"自然"就是指教学要追求自由、自主和自觉的状态；"本"是指教学活动要以学生为本、学科为本、学生成长为本；"真"就是真实，在教学过程中要以求真务实的作风追求内容真、过程真、方法真。

只有基于学生的教学才是真实的教学。这里的基于学生是以学生的视角来研究教学，以学生为教学主体，尊重学生年龄特征、遵循学生发展规律和个性特点，研究学生学习特点，把握学生学习实际情况，以学生发展为目标，探索适合学生学习的教学方式。

自然本真的课堂是适合学生学习知识的课堂，而不是供人欣赏的课堂。一切教学设计和教学行为要从学生学习实际情况与发展考虑。

自然本真的教学，应该是学生从不知到知，从不会到会，从错误到正确的不断改进、完善、发展与提高的过程。不能过分夸大学生自我教育能力，学生要在教师的指导下才能实现知识的学习、技能的提高、思想方法的形成、学习活动经验的积累，从而提高学习能力。

二、"自然·本真"教学的实践

我们从宏观与微观两个维度认识和实践自然本真的教学。宏观方面，我们努力将教学以课堂为轴心，向前延伸、向后拓展，构建"三自"学习方式，让学生的学习活动自然地循环起来。微观方面，我们努力探寻促进学生自主学习

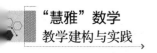

的"五步"课堂教学模式。

1. "三自"是学生学习方式的开放

"三自"即"自由、自主和自觉"，教师要以新课程理念为指导，在基于学生、适合学科、顺应教学的基础上，拓展教学时空，将课堂教学活动有机地延伸，创造课内外结合的自然本真的学习方式。

（1）课前自由预习

让学生针对要学习的新知识进行自由预习，在此过程中教师要教给学生阅读教材的方法，培养学生学会通过阅读来获取知识；教给学生从模仿中获取技巧，让学生在自我认识的基础上学会自我尝试；教给学生仿生创造，让学生在自我感知的基础上实现自我创造。

（2）课内自主探索

课内探索要把握四个立足点。

① 提供有利于学生探索的支点，要利用学生基础知识和生活经验开展学习，通过让学生复习旧知和有效地进行情境创设把学生引入学习的最近发展区，促进学生的有效迁移。

② 组织有利于学生获取知识的探索活动，通过组织学生之间、师生之间、学生与教学内容之间互动交流，促进学生对知识的获得与理解。

③ 要有学习方法的指导，对学生学习活动进行有效的引领。教学中的学法指导不只局限在课堂的说上，也要让学生有安静深入的思考、认真投入的参与和规范工整的书写。

④ 要有课程开发意识，善于对教材内容进行整合与重组，让教材内容呈现更利于学生的学习。

（3）课后自觉练习

课后自觉练习主要是实践与应用，包括基本应用、综合应用和拓展实践。

2. "五步"是教学范式的具体化

在自然本真教学思想的指导下，自主性学习主要采取五个步骤，把学生的学习引领到课前、课内和课后，即"试、引、交、悟、用"。

（1）"试"即学前尝试

利用主问题引导自学，主要是学生自由尝试性学习，也就是我们常说的学生预习。教师要以发现与分析问题为视角，融合学习重点提炼成一个重要的问题，用问题指导学生开展感知性学习，通过阅读课本的方法尝试解决。

这个教学环节是突出学生学习特点、自主性的重要环节，我们要充分相信学生。自由预习可以分这样几个阶段进行指导：一是指导课内预习。课堂上以主问题指导自学，创设一定的问题或探索性情境，让学生在教师的指导下逐步学会自学。二是指导课外预习。在课堂学习前，让学生根据问题，进行尝试性的自学。三是课前的自由预习。在学生养成良好的自由预习的习惯，掌握一定的预习方法并形成一定的预习能力后，我们就可把预习活动完全放到课堂学习之前的课外时间。在课堂上可把这个环节改为"自学展示或学情调查"，让学生展示自我认知，交流自学方法，整理问题与疑惑，为进一步探索学习做好知识的准备。

（2）"引"即课堂引导

迁移式学习能力训练，主要是课前基于学生自学基础上，教师的引趣、引疑和引学。课堂教学开始后，我们一般要做好两个准备：一是引导学生做好学习的心理准备。创设学生探索学习的氛围，激发学生的兴趣。二是引导学生做好探索新知的知识准备。新知都是在旧知的基础上引申发展起来的，学生探索性学习基础就是用"七分熟"的旧知，然后自己学习"三分生"的新知。为了使学生有可能通过自己的努力尝试解决问题，就要为学生创设探索学习的条件，先进行准备练习，然后以旧引新，突出新旧知识的连接点，为学生学习铺路架桥。这就是心理学上经常说的要把学生引到新知学习的最近发展区。

（3）"交"即课堂交流

提纲式引导交流，主要是师生的互动与交流，包括学生与文本的交流、学生之间的交流、学生与教师的交流。以问题研究与解决为主要抓手，在师生合作交流中研究讨论，在合作探究中解疑释难，在问题解决过程中获得知识、方法与能力。课堂交流从信息源与信息接收端考虑可有"师—生""生—师""生—生—师""生—师—生""师—生—生"。课堂上可以有这样几个层次的交流形式：一是约用3分钟左右的独立思考后的同桌交流，解决学习过程中的基本问题，促进对基本知识的理解；二是约3分钟的同桌交流后的小组交流，研究解决学习中遇到的重要问题，初步形成正确的认知；三是约5分钟的小组交流后的全班交流，对重点问题进行深入的研究与分析，促进深入理解；四是约4分钟的情况了解后的老师讲解点拨，结合教学重点与难点问题，开展师生

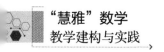

间的交流，让学生在倾听教师的讲解中主动构建知识。

（4）"悟"即体验感悟

教学采用内化式建构与反馈的方式。学生学习活动是一个深化过程，要有理解知识的感悟、掌握方法的体悟、形成思想的领悟。以建构主义理论为基础，让学生将在自主活动中获得的认知系统化、结构化。一要做好重点知识的整理与建构。课堂上我们可以通过结合板书引导总结、回顾知识学习的过程、反思学习方法等教学方法，引导学生形成完整的认知结构，完善学习方法，提高学习能力。二要做好关键点与易错点的辨别，注重学生学习情况的反馈与学习过程的调节。为了引导学生深入理解新知识，我们通过让学生做知识学习后的改错题进行自测，这是一种让学生自我完善认知结构的重要方法。

（5）"用"即练习运用

要设计有针对性的课堂练习，提高学生课后练习的自觉性，就要努力做到以下几点。

① 让练习注重数学与生活的联系。要将知识学习与生活实际紧密结合，用一个个鲜活的生活事例唤起学生已有的经验，让学生解决实际生活问题，增强学生对知识获得与应用的能力，拓展学生的学习视角，提升学生数学素养。

② 练习要有能提高学生数学学习能力的机会。要用有效、有趣、有针对性、有层次的练习，引导学生进一步深入地学习。

③ 练习要整合教材习题，调整课本练习顺序，及时组织巩固性练习，促进学生对新知的理解。

④ 要利用现代教学方法，动态呈现重点、难点习题，开拓学生的思路，发展学生的思维。

⑤ 练习形式要多样化，有口头回答的，有动笔书写的，有操作活动的，有课内的作业指导，有课后的练习要求。

⑥ 用积极的激励性评价促进学生主动自觉地完成课后的作业。

三、"自然·本真"教学的三个基点

1. 基于学生

基于学生特点，符合学生学习规律。课程改革至今，很多有识之士在反思前一阶段的成败得失后都提出教育改革要回到原点。教育的原点在哪？本真教育要"真"在何处？教育的原点在学生，教育的本真在于教育过程是引导学生学习的过程。学习是学生内部的活动，是一个自我完善、自我丰富与自我提高的过程。

教学要有适合学生学习的有意义的情境，才能充分调动学生学习的积极性和主动性，让学生直接参与到知识的形成过程之中，以达到预定的教学目标。基于学生的教学要关注几个关键词：感知，学生通过自学、尝试，初步接触新知，获得个性化认知；感悟，即学生在独立思考的基础上，通过同伴自觉成果的展示、交流，自觉建立表象；理解，即在学生交流过程中辅以教师的讲解、点拨，促进合理建构，形成共性认知；升华，即学生加强知识纵横联系，形成完整的认知结构，实现知识的迁移、内化；自觉，即学生参与练习与应用两种实践性的活动，利用所学的知识，解决问题。

2. 基于学科

基于学科特点，符合数学内在特征。数学知识具有严密的逻辑性和高度的抽象性：每一个知识点都包含一定的数学思想；数学知识具有系统的结构性，新知都是原有知识的拓展与延伸，知识是呈螺旋上升的；数学知识的学习具有灵活的思维性，数学知识的学习过程就是学生再创造的过程；数学具有广泛的应用性，数学技能的形成需要必要的练习训练，通过数学知识的学习与应用能提高学生解决问题的能力。

小学数学学习，是以小学数学教材为媒介的师生双方的共同活动，它既是一种动态的多维结构，更是一个连续的过程。在这个过程中，我们要努力实现四个基本目标：掌握数学基础知识、训练数学基本技能、领悟数学基本思想和积累数学基本活动经验。

3. 基于教学

基于教学特点，符合教学规律。教学过程是学生在教师指导下的认识过程，也是知、情、行、意全面发展的过程。数学教学是数学活动的教学。数学知识的学习是在一个个生动有趣的、有效的活动中进行的，是学生利用已有的数学知识和生活经验在现实情境与活动中实现知识的学习、能力的提高与智慧的提升。自然本真的教育提醒我们，教学应该充分体现学生学习的自主性，但却不能忽视教师的主导性，也不能过分放大教师的作用。能提高学生学习能力的课堂教学不应局限在课堂40分钟里，学习效率的提高也在课外。但不是加班加点，而是引导学生自觉主动地开展创造性的学习活动。

符合教学规律的真实的学习状态，是学生能够在教师引导下把自己的兴趣、精力、时间和智慧投入到学习活动中，做到课前自由、课内自主、课后自觉。

总之，教学应该是自然的教学、真实的教学，是适合学生的教学，是符合教育本质、遵循教育规律的教学。教学过程应该是交往互动立体多维的。

第五节　构建"自主预习后的'五步'"教学模式

课程改革的新理念，引导我们积极探索新课程教学模式，自主、合作、探究的学习方式在当下的课堂上得到了充分的体现，给课堂教学带来了新的活力。但在课堂教学中普遍存在以下这样几种现象：过分夸大学生的自主性，而导致课堂教学无序；过分夸大过程忽略结果，而导致课堂教学无效；过分夸大学生作用，轻视教师作用，而导致教学不得法；过分强调情感方面的教学目标，忽视知识技能目标，而导致教学质量不高；等等。如果这些问题得不到解决，将制约教学质量的全面提高。为改善学生学习活动流于形式、知识和能力得不到全面发展的低效甚至无效的课堂教学现状，努力提高课堂教学效率，作者在教学中努力实践自主预习后的"五步"教学模式，即"三自五步"教学模式。

一、"三自"新课堂教学模式

"三自"新课堂教学模式的灵魂和指导思想——课前自主预习、课堂自主探究、课后自主练习。对于预习，作者有以下几种观点。

（1）以往大家普遍认为课前不能有预习，即使在讲授新课时也不要让学生先知道今天要学习什么。因为教师要通过"教学内容保密"和课堂上教师创设的教学情境，"魔术"般一层一层地揭开新知的面纱，达到激发学生学习兴趣、调节学生专注力的目的。老师们都担心学生预习后往往是"一瓶不满，半瓶乱晃",上课时不能认真听讲,增加教师组织教学的难度,处理不好还会影响教学的效果。上公开课,老师们更是不敢让学生预习,生怕给人一种虚假的感觉。

(2)预习是必要的,预习可以扫清学生的学习障碍,为学生搭建新旧知识沟通的桥梁,拉近学生对新知识的认知距离;对于后进生来讲,预习能促使他们提前起步,增强自信心;预习可以培养学生的自习能力。

(3)是否要求学生课前预习,要看教材而定。有的需要学生课前先了解的新课,就得让学生去进行课前预习。对于能认真学习的学生,预习是有一定好处的,预习的过程中遇到问题或发现问题,上课时就能带着问题去听课。

(4)预习可分为课外预习和课内预习。课外预习主要是在上课前一天要求学生阅读教材、查阅资料、搜集信息、准备学具;课内预习主要是利用课堂开始的时间组织学生阅读教材,初步感知学习内容。

(5)课前以预习为主。将课堂教学时间进行拓展和延伸,培养学生课前认真预习的良好习惯。每次学习新知识之前要让学生利用课余时间充分地进行预习,通过阅读教材、查阅参考资料、上网搜索等多渠道、广泛搜集与新知识有关的信息。对要学习的新知识初步感知,形成表象,建立自己的概念体系。对要解决的问题进行个性化的预设;对要学习的新知识形成自己的意见和见解;将自己的疑问带到课堂上;将自己课前的预习方法和体会带到课堂上。

二、"五步"课堂教学过程中具体的操作模式

"五步"是课堂教学过程中具体的操作模式——预习与汇报、尝试与探索、交流与讲解、练习与提高以及实践与应用。主要分两个阶段进行。

1. 新知探索与构建

"预习与汇报""尝试与探索""交流与讲解"是学习新知的三个重要环节。

学生在充分进行课前预习的基础上,对新知有了初步感知和体会;教师课堂教学的重点是引导学生开展个人自主探索、小组合作学习、生生交流与教师讲解等活动,让学生在参与中发现、在合作中创新、在交流中吸收、在倾听中完善。一般地,学生在课堂上学习新知可从下面三个程序进行。

(1)汇报预习体会,提出研讨问题。

（2）尝试探索新知，开展小组研讨。

（3）交流讲解新知，促进知识构建。

这三个环节是紧密联系不可分割的。我们要做到课堂上突出学生学习主体地位，以学生为中心，以"学习小组"为单位开展意见交流和合作研讨。教师要创设和谐愉悦的课堂氛围，引导学生在预习基础上开展独立思考和小组合作，让学生与教师之间、学生与学生之间通过合作进行研讨和探究。交流可以把小组的认知成果转化为全体学生的共同认知成果。教师的参与更能将学生无法探究的知识以交流的方法传授给学生，让学生通过参与师生之间、生生之间的交流合作自主构建，促进学生主动的发展，培养学生的合作意识、创新精神和实践能力。

2. 技能与能力的形成与提高

"练习与提高"和"实践与应用"则是应用所学知识在解决问题过程中形成技能，培养能力的重要手段。

（1）"练习与提高"就是学生运用新知的实践过程。在这个过程中学生加深了对新知的理解，在夯实基础知识的同时形成技能。教学中我们要改变机械的练习，优化课堂练习，设计层次不同、形式不同的练习来完善、内化新知，帮助学生应用新知，理解、深化新知。

（2）"实践与应用"是指在学生掌握基础知识，达到基本技能教学目标之后，要着力培养学生解决实际问题和进行实践的能力。

要注意联系实际，引导学生运用知识解决现实问题。课后作业要多一些引导学生思考，今天所学的知识能解决学科和生活中的哪些问题以及运用什么方法来解决此类问题的练习。目的在于拓宽学生学习的时间和空间，激发学生学习的兴趣，提高学生学习的自主性，发展学生智能，促进学生创造性思维的发展。此项练习应结合班级学生实际情况，把所学的知识置于更广阔的现实背景或问题情境中，通过安排与新知有关的综合实践活动，实现迁移水平的练习。

第六节 优化教学活动，提高学生数学学习的自主性

课堂学习是教师、学生、教材和环境四个因素之间的持续相互作用的过程。修订后的《数学课程标准》进一步明确数学教学过程是"教师引导学生进行数学活动的过程，是教师和学生之间的互动过程，是师生共同发展的过程"。在这个过程中，教师是学习活动的引导者，学生是学习活动的主体。要想充分发挥学生学习的主体作用，关键在于怎样才能有效地把握和发挥教师的引导者作用。在教学设计与准备以及教学活动的组织过程中，教师要考虑这样几个因素：整体把握教材结构，优化、整合教学内容；全面研究学生，了解学生的学习起点；设计有意义，可参与的各种学习活动；有序组织学生实施相关的学习活动；适时利用学生课堂即时性生成资源，有效调节教学。也就是说，提高课堂学习的效率实际就是提高学习活动的有效性，用有效的活动促进学生在学习过程中对知识的探索与理解的积极性，促进学生运用知识进行交流与解决问题的灵活性，促进学生在解决问题与构建知识过程中实现再创造的活动。本文以作者执教过的一节观摩课"加法交换律和加法结合律"为例，谈谈学生学习活动的设计形式与实施策略。

活动一：教材阅读活动

让学生在与文本交流中完成对新知初步感知。课堂学习活动的起点不在上课铃声响后的课堂上，而应该是在上课前的学生预习活动中。我们倡导学生学习三个时段的自主，即课前自主预习、课内自主探索、课后自主应用。所以，我们十分重视将学生探索性的学习前移，通过课前预习提纲，引导学生阅读课本，初步了解学习内容，为课内自主探索活动做知识和智力准备。

1. 请按下面方法认真阅读课本第56页内容

（1）先把数学情境认真看清楚，了解其中的相关信息，不看书上的解答，

自己先用两种方法计算：跳绳的有多少人？请写出算式，然后与课本答案对比，看是否正确。

（2）请你再用两种方法列出算式，求女生共有多少人。

（3）观察解决两个数学问题的两种方法所列出来的算式，你有什么新的发现？

（4）同样的两个数相加可以写出几道不同的加法算式，它们有什么特点？请你写出三道这样的算式，体会一下你的发现。

（5）你能用一句话说说第56页告诉你的什么是加法交换律吗？

2. 请按下面的方法认真阅读课本第57页内容

（1）自己先把57页读一遍。

（2）观察第57页给你的信息，对下面的现象你能有什么发现？

① 这些等式都是几个数相加的？它们的位置有变化吗？

② 三个数相加，一般是按什么顺序计算，不交换加数的位置，课本上是怎样改变这三个数的计算顺序的？

③ 对这些等式所蕴含的数学规律，你是怎样理解的？

④ 你能仿造出三道这样的式子吗？

《小学数学新课程标准》（以下简称《新课标》）要求教会学生学习。怎样才能算是会学习呢？在教学一线，有一些教师会有这样一个认识的误区：课堂上一味地让学生进行所谓探索与创造，忽略学生通过阅读获取知识的学习能力的培养。其实，我们的学生对一些知识是可以通过自己对文本的解读而获得的，读书也是学生自主学习的重要的有效活动之一。我们倡导引导学生课前进行预习，让学生全面而深入地阅读课本甚至查找和阅读一些相关的材料，对所学知识进行初步的了解、感知，为课堂自主探索性学习活动做好相应的准备。

活动二：确立教学起点

交流课前自学情况，了解课前预习情况，确立教学起点（课前，同学们已经按上面的提纲自学了这两部分内容，请你简要地告诉大家你自学的收获。教师用电脑出示两组提纲，指名学生说说）。

这个交流活动中，主要要求学生结合预习提纲说出预习的初步认识和疑问；教师将学生的答案用板书列举出来，并在学生回答过程中初步了解学生的课前预习情况。

活动三：知识的自主构建

师生互动性探索活动，实现知识的自主构建。

（同学们课前自觉的认识都很深刻，这节课老师就和大家一起来深入研究加法交换律和加法结合律）。

1. 自主探索活动

（在研究相关数据特点的活动中，探索出加法交换律）。

（1）计算对比下列两组题。

请先算出下面三题的和	再算出下面三道算式
36＋54	54＋36
500＋300	300＋500
1260＋340	340＋1260

现在，右边这组题与左边是对应的且有联系的，都是算式的和。能直接说出结果吗？

我们仔细观察第一组算式（36＋54和54＋36）都是36与54相加，就是交换加数的位置，和不变，说明36＋54＝54＋36。其他两道题呢？引导学生说出就是交换两个加数的位置，和不变，并写出300＋500＝500＋300和1260＋340＝340＋1260两道等式。

（2）你还能说出这样的一些等式吗？（生说，师写。）师指着许多等式引导学生：这么多等式表示的都是两个数相加交换加数的位置，和不变。这里不同的数，我们可以用一种统一的方法表示（我们可以用图形表示，也可以用字母表示）。试试看把你喜欢的方法写出来。

（3）学生写，师贴出来。生交流，汇总，并说出在数学上常用字母a，b表示两个加数，加法交换律可以这样表示：

$$a+b=b+a$$

（加法交换律学生是很容易发现的，也很容易理解的。这一教学过程重点是让学生运用预习中获得的认识资源，通过对一组数据信息的观察，自觉发现、主动建构加法交换律。在课前预习中，学生不仅通过阅读解决了加法交换律相关联的问题，而且在解决过程中还不自觉地唤起了已有的知识储备，即以前学习的"一图两道加法算式"。这些都是学生理解、认识加法交换律的基础。学生有了这些基础就能够运用它们分析以上的数学探究材料，在分析思考活动中形成个性化的认识，并在小组的交流活动以及师生互动交流活动中进一步完善）。

（4）请你用加法交换律在"（　）"里填上合适的数。

$$96+35=35+（\quad）$$

$$204+57=（\quad）+204$$

$$b+100=（\quad）+b$$

$$（\quad）+b=（\quad）+a$$

$$56+（\quad）+44=56+（\quad）+23$$

（在学生完成知识的探索后，教学活动的重点应该是强化学生的理解，这就应该安排巩固性的练习。这种练习要求贴近原型，这样有利于学生数学模型的建立。上述最后一题是变式与拓展，目的是让学生感悟，加法交换律不只是两个加数，也可以拓展到三个数，为接下来加法结合律的探索做准备）。

2. 再创造活动

（利用加法交换律的实际应用，通过建立交换律和结合律的关系来促进学生自主探究加法结合律）。

学生的数学学习处处充满着创造，学生的创造不是创造出前所未有的全新的东西，而是在学习过程中利用已有的知识和经验，探索和发现自己认知结构中所没有的知识，是自我认识的再提高和再创造的数学化过程。基于这样的理念，作者是这样引导学生开展加法结合律的学习的。

（1）交换律的拓展。出示算式30 + 28，让学生说说30 + 28还可以怎么算（学生说出28 + 30）。

（那要是再加70呢？）课件动态出示：30 + 28 + 70=（　　）。

这时你认为交换哪两个数便于计算呢？让学生讨论得出两种结果：

$$30 + 70 + 28$$

$$28 + 30 + 70$$

（让学生对比这两道算式是交换了哪两个加数，体会加法交换律的实质就是交换它们的位置）。

（2）结合律的萌生。教师指着算式28 + 30 + 70，提出问题：如果我们不用加法交换律，这三个数就是这样的书写顺序，计算这道题你认为哪两个数结合先加更好呢？在学生说出先算30 + 70后继续引导：要想先算后两个数，应添上什么？让学生自己到前面写出来，并指出：就是要改变运算顺序，在算式上加"（ ）"。

原来我们是先算（28＋30）＋70，现在是28＋（30＋70）。说明这两道算式也是相等的，可以这样表示（28＋30）＋70＝28＋（30＋70）。

（交换律的应用很多教师在教学时只局限在两个数中，这样就将交换律和结合律之间的联系淡化了。本节课突出表示在将两个数的交换律拓展到三个数，在三个数相加的算式中，研究交换哪两个加数，在研究过程中自然地过渡到加法结合律的学习，为学生的自主探索学习活动提供了认识基础）。

（3）再看这道式子，你认为哪两个数结合先算更好呢？怎样表示呢？

$$（28＋15）＋35$$

引导学生写出与（28＋15）＋35＝28＋（15＋35）相同的等式。

（4）请你仔细观察这几道算式有什么特点？你能写出符合这个规律的等式来吗？

（5）把学生写出的算式列举在黑板上，引导学生观察并指出这些算式运用的是我们今天要学习的加法结合律。如果用a，b，c表示三个加数，（$a＋b$）＋c，把a，b结合先加，还可以写成$a＋（b＋c）$。

（6）请你细心观察每题中的三个数，根据加法结合律，在"（ ）"里填上适合的数。

$$78＋36＋64＝78＋（\quad＋\quad）$$
$$76＋（24＋\quad）＝76＋\quad＋32$$
$$18＋（\quad）＋b＝18＋（a＋\quad）$$
$$a＋b＋c＝a＋（\quad＋\quad）$$

（7）运用加法结合律，你认为这几题中哪两个数结合先算更好。

$$124＋398＋2$$
$$719＋5＋195$$
$$596＋（4＋377）$$
$$60＋（40＋345）$$

（利用加法结合律的应用价值和交换律的关系，设计加法结合律的探索与理解活动，学生有了前面加法交换律和加法结合律联系的建立和探索的经验，再结合凑十法计算的经验，在不改变运算顺序的情况下研究三个数的计算策

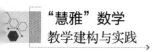

略，很容易创造出新的运算律，真正实现知识的再创造。而教学中引导学生观察三个数并思考：你认为哪两个数结合先算更好？这样问题的提出与思考，把后面要学习的简便计算提前到建构过程中，让学生了解加法结合律是因为什么而产生的，理解它的数学价值，更利于下面内容的学习。这就是教学内容的优化与整合的意义所在）。

活动四：应用性实践活动

（课后自主实践，组织拓展练习，发展学生思维）。

（1）仔细对比，看看下面两组题你想做哪一道，为什么？

38 + 76 + 24   38 +（76 + 24）

88 +（12 + 45）   88 + 12 + 45

75 + 69 + 25   75 + 25 + 69

（2）这节课你学到了什么？用这节课学习的知识做个数学游戏。

师生示范游戏方法。

生：随意写两个数相加的算式，71 + 16。

师：如果老师添上29，变成71 + 16 + 29，为了便于计算，你认为该怎样改写呢？

这用到今天我们学习的哪个知识？

如果老师添上84，变成71 + 16 + 84，你将运用今天学习的什么知识来改算式呢？

学生分组活动，在活动中体会加法交换律和加法结合律的意义。

（3）根据加法结合律，你认为□和△可以表示哪些数？填一填并写出来。你有什么发现？

$$（59 + □）+△＝59 +（□ +△）$$

（课堂学习活动中，教师的重点、学生的精力和教学时间往往是投放到新知的探索活动中的，等新知全部呈现时，学生已经进入课堂学习的疲劳期，这时组织学生练习往往效果不佳。为此我们应该改变练习形式，将课堂练习设计成有意义的、趣味性强的、有价值的、思维含量高的、有难度的和富于挑战性的数学应用与实践活动，让学生有练习的愿望和兴趣，这样的练习才能促进学生的发展。本节课安排的三个实践性练习活动，改变了练习的形式，抓住知识的本质，围绕新知的重点和关键，通过变式和拓展进行，既巩固了学生对新知的理解，又增加了新知思维难度，还增强学生练习兴趣）。

教后体会：

1. 课前必要的预习是学生自主探索性学习的有效保障

课前预习是学生自主学习必不可少的活动形式之一，课前学生在预习提纲的引导下通过读一读、想一想、试一试、做一做、说一说、写一写等活动形式对要学习的内容进行初步感知，让学生带着自己的认识、自己的收获、自己的问题走进课堂。这样学生在课堂上才能学出重点和难点、把握知识的脉络，才能通过问题的解决和知识的探索，提高自己的独立思考能力和独立的知识建构能力。预习是一种学习活动，也是一种有效的学习方法。预习能力的提高是由生疏到熟练的过程，当学生预习到能驾驭自如时，学生就能够在课堂上自主探索，其中的成就感会成为享受学习的源泉，会有越学越快乐的感觉。

2. 合理整合教材内容是学生自主探索性学习的活化剂

教材内容安排了两个知识点，就是分别让学生在解决应用题的基础上学习两个加法运算律。教材的安排学生可探索性不强。教学设计时，作者对教材进行了有效的整合，将学生能学会的内容让学生通过预习来初步理解，课堂上通过具体实例引导学生在分析交流的过程中逐渐抽象出两个运算律来。这样学生学起来就有了基础，在学习加法结合律时还有机地融入教材中下一节要学习的简便运算，学生感到运算律的好处，不仅学得轻松愉快，而且乐于接受挑战。

3. 数学课堂教学活动不只局限在操作方面

数学教学活动实际上更多地应该是学生的数学活动，这样的活动不只是常说的直观操作，也包括学生的读书、学生的观察、学生的计算、学生的交流、学生的倾听、学生内心深处的思维等活动。教学中要关注学生动态的活动，也要关注学生内在的活动，这样才能促进学生数学能力的发展。

4. 设计有效练习，是自主学习的动力源泉

学生学习的动力在于兴趣，更在于获得成功后的积极体验。课堂教学中根据学习的内容合理安排练习时间和练习内容，把能够促进理解和强化认识的基础练习有机地融入新知的学习，这样有利于学生的探索；而在学生完成知识建构形成完整的认识后，要设计不同层次、不同形式的、融趣味性、应用性、思维性于一体的练习，让学生在问题解决中深化理解提高学习能力的方法，为进一步学习奠基。

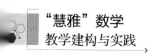

第七节　优化教学策略，让学生自主探索数学知识

　　课堂教学要让学生真正经历数学学习过程，在不断的探索与创造中学习。只有这样，学生才会把数学学习看成自己的事，数学也才能真正进入学生的内心。随着课改的不断深入，课堂教学研究最终要集中于探索教师如何通过课堂教学，着力培养学生的探索意识、自主探索能力和创造思维，激发学生的自主探索动机和创造激情，挖掘教材本身所蕴含的创造性因素。通过优化课堂教学结构，构建自主探索的课堂教学模式，指导学生进行探索性学习，渗透创造教育思想，教给学生创造方法，可以增强学生自我实践的创新能力，逐步达到数学教学目标，即通过教学活动，激发学生的学习积极性，培养学生的创新意识和实践能力，使学生在自主探索和合作交流的过程中，获得广泛的数学活动经验，成为数学学习的主人。

一、优化教学情境，激发学生探索欲望

　　《新课标》指出："数学教学要体现数学来源于生活又应用于生活的特点，使学生感受数学与现实生活的密切联系，感受数学的趣味和作用，增进对数学的理解，增强学习和应用数学的信心。"这里的生活既有学生日常生活的成分，又有学生的学习生活，所以教师在教学中要更多地把学生的个人知识、直接经验和现实世界作为教学的重要资源，根据学生的年龄特点和心理发展规律，创造性地使用教材，选择学生乐于接触、有价值的数学题材，用丰富多彩的形式呈现给学生，使每名学生都能学到有价值的数学。

　　小学生的自主学习是在对数学特点、内容发生兴趣时引发的。教师在教学中要挖掘教材的思维元素，唤起学生的探索意识。教师要充分利用课堂上的复习铺垫，唤起学生已有的知识经验，找到新知与旧知的联结点，促进知识的

迁移，创设问题情境，激发探索新知的欲望。在教学"乘法交换律和结合律"时，我是这样引导学生学习乘法交换律的。

从4，17和25三个数中选出两个数写成不同的乘法算式。

（1）学生根据已有的知识经验可能写出"4×17，4×25，17×4，17×25，25×4，25×14"这6道算式。

（2）计算出你所写的乘法算式的积，把积相等的算式用等号连起来。

（3）把学生写出的等式板书在黑板上，引导学生观察这些相等算式的乘数，你有什么发现？

在学生能用自己的话说出一些自己的认识后，教师引出课题，寻找合适的机会提问："对于这节课，你有哪些知识想要了解？"引导学生自己明确学习目标，调动学生进一步探索的积极性。

这样的教学让学生利用自己的经验创造出新的数学学习素材，把自己对新知的初步认识、已有的经验，通过交流集中呈现，教师选择有用的教学素材，与学生一起进行理性分析和梳理，辅之有效的讲解和适当的点拨，完善和深化学生的认识，达到主动构建新知的目的。

二、优化课堂结构，挖掘学生探索潜力

好奇心是由新奇刺激所引起的一种朝向、注视、接近、探索心理与行为的活动，是人类行为最强烈的动机之一。学生对新感知的信息会生出各种疑问，进而产生想要去一探究竟的迫切心理。教师要利用这种心理，创设适宜的问题情境，保护好学生求知的积极性，鼓励学生主动探索、实践创新。在教学中力求留给学生动脑思考、动手操作、动笔尝试、动口表达的独立获取知识的机会，做到教师不示范，学生能独立解决的，让学生展开思维的翅膀，投入到自主探索、自主创造的实践中，充分体验成功的喜悦，增强自主参与意识。

1. 改进内容呈现形式，让学生在应用中探索

"教学过程中，教师应依据学生年龄特征和认知水平，设计具有探索性和开放性的问题，给学生提供自主探索的机会。让学生在观察、操作、讨论、交流、猜测、归纳、分析和整理的过程中，理解数学问题的提出，数学概念的形成和数学结论的获得以及数学知识的应用。"教学中教师要根据学生课堂学习活动中生成的素材，引导学生进行知识的再创造活动。让学生把自己初步了

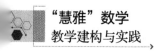

解的知识本质化。

为了让学生自己探索发现"乘法结合律",作者是这样组织学生参与探索实践活动的。在学生学习完乘法交换律并完成课本上相关巩固练习后,作者提出一个问题让学生讨论:在两个数相乘中可以交换乘数的位置,如果是三个数相乘可以交换乘数的位置吗? 得到肯定结论后引导学生思考。

（1）请计算下面三个数的积:你认为先算哪两个数比较合理,你能根据乘法交换律把算式改成合理的算式吗?

$$25 \times 7 \times 4 \qquad\qquad 5 \times 33 \times 2$$

学生会想到把上面两道算式改成 $25 \times 4 \times 7$ 和 $5 \times 2 \times 33$ 进行计算。

（2）接着出示" $7 \times 25 \times 4$ 和 $33 \times 5 \times 2$ ",教师在做这两题时这样交换了乘数,这时如果不改变三个乘数的位置,要想先算 25×4 和 5×2 ,你有什么好的方法?

引导学生给 25×4 和 5×2 加上括号后写出等式:

$$7 \times 25 \times 4 = 7 \times （25 \times 4） \qquad 33 \times 5 \times 2 = 33 \times （5 \times 2）$$

（3）让学生观察上面的等式,然后用一两句话概括这里的规律。

这样让学生可以在乘法交换律的拓展应用中发现新的问题。通过观察、比较、合作交流、发现规律,最后得到解决问题的方案。在此过程中,教师要适时地参与学生的研讨活动,在学生研究遇到阻碍时,给予方向性的引导,让学生体验到成就感,增强他们自主探索的信心。

2. 改进课堂互动方式,让学生在信息交流中探索

教学过程是个师生互动、动态生成的过程,其本质是交往、互动、沟通,师生互动沟通逐渐成为课堂教学的主线。教师与学生是教学过程的主体,在教学过程中,师生间、学生间、群体间进行动态信息交流,通过信息的交流实现师生互动、相互沟通、相互影响、相互补充尤为值得强调。要转变教师的教学方式,相应地要转变学生的学习方式。表现在课堂上,师生双方要互动交流,打破教师讲、学生听的被动学习局面。根据课堂上信息的发出和接收,课堂上师生之间主要互动方法有师—生互动、生—生互动、生—师互动、生—师—生互动。

如教学"商不变的性质"一课时,可这样组织交流活动。

（1）提供素材，引发探索（师—生互动）

师出示几组算式。

$$6 \div 2$$
$$12 \div 4$$
$$18 \div 6$$
$$180 \div 60$$

让学生观察被除数、除数是怎样变化的，商又是怎样变化的。

（2）小组合作，探索创造（生—生互动）

先让学生独立思考，再进行小组合作研究，在小组内进行成员之间的交流，让学生形成相对统一认识。

（3）集体研讨，完善认知（生—师互动）

每组指派代表发言、交流本组的研究成果，其余同学则在认真听取别人意见的基础上可适当地加以补充；教师在听取学生汇报时从学生众多的认识中选择合理的成分板书在黑板上，辅以点拨，逐步引导学生总结归纳得出："被除数和除数同时乘或除以一个相同的数，商不变。"

（4）追问深思，深入研讨（生—师—生互动）

教学到此，学生都能在具体的情境中得出初步结论。为促进学生深入理解，教师让学生说说"你认为这句话中哪些词比较关键？"紧接着追问："你觉得还有什么地方需要完善的吗？"目的是想让学生补充"0除外"。可这个问题一下子使学生陷入窘境。因为他们觉得依据学习材料得出这个规律，没有什么不妥之处。在学生急于解决而又无从入手时，教师没有急于告诉他们结论，而是让学生运用他们总结出来的"性质"进行如下练习：

①一个除法算式中，被除数和除数同时乘6，商还是8。

②被除数除以4，除数也除以4，商不变。

③$2 \div 1 = （2 \times 2） \div （1 \times 2） = 2$。

④$27 \div 9 = （27 \div 3） \div （9 \div 3） = 3$。

⑤$2 \div 1 = （2 \times 0） \div （1 \times 0）$。

⑥$27 \div 9 = （27 \div 0） \div （9 \div 0）$。

学生很顺利地解决了①②③④四道题，一直到⑤⑥题时学生才能顿悟："噢！对了，0应该除外"。这时可以再让学生把他们总结的性质补充完整。

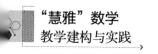

教师是学生学习路上的引路人，要变学生的"要我学"为"我要学"，学生才是学习的主人。课堂上只有这样放手让学生自主探究，他们才能在有限的课堂时间内尽可能多地接收各种信息，并加以吸收利用。只有在这种自由的交往过程中，学生才能主动地获取知识，探索和研究问题的能力才能得以培养。

三、优化练习形式，激发学生探索活力

巩固练习是帮助学生掌握新知、形成技能、发展智力、培养能力的主要手段。为了提高学生的练习效果，教师应该优化和重组教材中安排的各种练习，注意知识之间的联系，挖掘教材习题的思维因素，让学生在解答问题过程中完善对知识的理解，发展思维，从而提高练习效果和质量。

在学生学习分数乘法的意义后，为了让学生深入理解求一个数的几分之几的含义，作者努力让每道题都发挥作用。在解答"$\frac{3}{4}$分钟=（　　　）秒"这道题时，学生根据单位换算的方法解决后，教师继续引导学生思考：$\frac{3}{4}$分钟就是（　　　）分钟的$\frac{3}{4}$，也就是（　　　）秒的$\frac{3}{4}$，这样不但在分数意义和分数乘法意义之间构建联系，同时还向学生渗透了等量代换的数学思想。

在练习中还要注意引导学生多角度分析研究同一个问题，让学生进行方法的交流，拓展学生的视野，提高学生探索与创新能力。

如指导解答"$A \times \frac{3}{4} = B \times \frac{2}{3}$"时，教师让学生交流是怎么想的。

大部分学生是根据积相等，一个因数大，另一个因数就小的方法比较的。

这时作者在这个等式后添了=1，把原题变成$A \times \frac{3}{4} = B \times \frac{2}{3} = 1$，让学生思考，根据我们学过的倒数的知识，你还可怎么想？（A可以用什么数表示？B呢？）在引导学生说出思路后，教师做了这样的总结：我们在解决数学问题时，要注意各种知识之间的联系，利用已学的知识解决新的问题。刚说到这，一个学生举手说出另一个出乎作者意料的新方法，他说："我还可以根据乘法交换律来解答这道题。"他为我们写出了下面的等式：

$$A \times \frac{3}{4} = \frac{3}{4} \times A$$

$$A \times \frac{3}{4} = B \times \frac{2}{3}$$

等式右边对齐观察，我们可以用 $\frac{2}{3}$ 表示A，$\frac{3}{4}$ 表示B，这样它们的大小也就能比较出来。当学生能用这几种方法解答此题后，作者接着提出新的问题：你能用不同的方法思考解答A是B的几分之几吗？

从有利于学生发展的角度着手设计的这种开放式练习，既改变了以往的模仿式练习，又可以拓宽学生的思维空间，为学生展示自我、获取成功创造条件，使学生思维的灵活性、深刻性和创造性得到进一步的培养和提高。

第八节　促进学生自主学习的教学策略

自主学习是与传统的接受学习相对应的一种现代化学习方式。顾名思义，自主学习是以学生为学习的主体，学生通过独立分析、探索、实践、质疑、创造等方法来实现学习目标。《基础教育课程改革纲要（试行）》在论及基础教育课程改革的具体目标时指出："改变课程实施过于强调接受学习、死记硬背、机械的现状，倡导学生主动参与、乐于探究、勤于动手，培养学生搜集和处理信息的能力、获取新知识的能力、分析和解决问题的能力以及交流与合作的能力。"传统的教育教学强调的是接受式的学习方式，现在我们提倡自主学习，是否就是否定接受式的学习方式，一概采用自主学习的方式？根据《基础教育课程改革纲要（试行）》的精神，可以这样理解，我们只是要改变过去的那种"过于强调接受学习"的倾向，倡导学生学会自主学习的方式，而不是完全否定接受式的学习方式。然而长期以来，小学数学课堂教学起主导地位的教学方式是"灌输—接受"式，学生的学习方式基本上是"听讲—背诵—练习—再现教师传授的知识"，学生完全处于一种被动接受的状态，教师注重的是如何把知识结论准确地给学生讲清楚，学生在这样的课堂中只要全神贯注地听，把教师讲的记下来，考试的时候准确无误地写在试卷上，他们就算是完成了学习任务。教师对学生的要求是倾听。听，成为学生最重要的学习方法，教师在课堂上不断提醒学生"要注意听"。几乎每一位家长每天在把自己的孩子送到校门口时总是叮嘱自己的孩子"好孩子，上课认真听啊"。这种教学使学生学习方法机械、呆板。实践证明，这样培养出来的学生虽然他们掌握许多书本知识，但他们适应社会的能力却很差。一些教育专家们也清楚地看到了这种"灌输—接受"式教学方式以及在这种教学方式下产生的接受式学习方法是不利于学生能力发展的。他们及时地为我们教育工作者提出："教学改革要在继承传统的接受式学习的基础上，培养学生进行研究性学习、探索性学习、体验性学习和实践性学习，实现学习多样化，使学生在接受基本文化知识的过程中，掌握学习方法，锻炼各种能力。"

《数学课程标准》指出："数学教学是数学活动的教学，是师生之间，学生之间交往互动与共同发展的过程。""数学教学活动必须建立在学生的认知发展水平和已有的知识经验基础之上。教师应激发学生的学习积极性，向学生提供充分从事数学活动的机会，帮助他们在自主探索和合作交流的过程中真正理解和掌握基本的数学知识与技能、数学思想和方法，获得广泛的数学活动经验。""有效的数学学习活动不能单纯地依赖模仿与记忆，动手操作、自主探索与合作交流是学生学习数学的重要方式。"也就是说，要变当前封闭式教学为开放式教学。在教师的启发诱导下，以学生独立自主学习和合作讨论为前提，以教材为基本探究内容，以学生的生活实际为对象，为学生提供充分感知活动、自由表达质疑、探究、交流讨论的机会，让学生通过个人、小组、集体等多种尝试、解难、释疑活动，将自己所学的知识应用于解决实际问题。这种课堂教学特别重视开发学生的智力、发展学生的创造性思维、培养学生的自学能力，力图通过自我探究，引导学生学会学习和掌握科学方法，为其终身学习和工作奠定基础。教师作为开放式课堂教学活动的引导者和组织者，主要任务是调动学生的积极性，促使他们自己去获取知识、发展能力，做到自己能发现问题、提出问题、分析问题、解决问题。与此同时，教师还要为学生的学习设置探究的情境，建立探究的氛围，促进探究活动的开展，把握探究的深度，评价探究的成败。学生作为课堂学习活动的主人，要自觉根据教师提供的条件，明确探究的目标，思考探究的问题，掌握探究的方法，厘清探究的思路，交流探究的内容，总结探究的结果。

当前，随着新课改的不断推进，我们欣喜地看到大部分教师能自觉运用新理念指导教学活动。课堂上能创设具体的教学情境，引导学生亲身参与各种形式的学习活动，运用已有的知识经验主动构建新知，使学生得到全面协调的发展。课堂上教师的讲授越来越多地被学生自主学习活动所代替。但在教学中我们也常常看到学生的学习活动流于形式，不利于学生学习知识和发展能力。为此，在教学实践中，我们应根据学生和教学内容的特点，讲求教学策略，精心设计、灵活组织学生的学习活动，提高活动的教育功效。

一、创设学习情境，激发学习兴趣，使学生乐于活动

教学中教师要尽可能地从生活或具体情境中引入数学新知，让学生在有效的情境中产生学习和探索的兴趣。兴趣是学习最好的老师，它在学习活动中起着定向和动力的作用，是激发学生学习积极性、增强求知欲的重要因素。小学生的探索精神和创新意识是在对数学特点、内容发生兴趣时引发的。新课的引入是学生产生学习兴趣，渴求新知，增强教学效果的关键。在教学中，教师要善于了解儿童的学习特点，不断改进教学方法，根据学生的心理特点，教学内容，挖掘教材活动性和创新性因素，努力创设各种生动形象的教学情境，激发学生的学习兴趣，引导学生积极、主动参与到学习中去。小学生学习数学的情境大致有两种：第一种是现实生活情境；第二种是问题矛盾情境。教师可以创设情境，设置认知冲突，以情激趣，以趣导思，让学生的注意指向新知，产生学习新知的动机，积极投入探索新知的活动中。数学课的引入不但要起到温故知新的作用，还要有利于激发学生参与意识。要选准新知识生长点，提供诱因，促进知识的迁移，使学生产生强烈的求知欲和主动探索的兴趣。在教学"分数的基本性质"时可这样创设教学情境：运用多媒体出示三道算式。

$$2 \div 3 \qquad\qquad 4 \div 6 \qquad\qquad 8 \div 12$$

引导学生讨论：①看到这三道算式你想到已学过的什么知识？不通过计算，说说这三道算式的商是什么关系？②用分数表示这三道算式的商，观察三个分数，再用三张同样大的长方形白纸折出这三个分数。仔细观察认真思考，你有什么新的发现？教师通过这个问题情境的创设，激活了学生的创新思维，调动了他们探索发现新知的积极性，使他们能以积极的思维状态投入学习新知的探索活动中。

二、设计活动化学习过程，促进学生主动参与，构建数学知识

学生能否真正在理解的基础上掌握知识，取决于新知是教师的给予还是通过自身探求而获得。在教学中，教师应努力优化教学过程，实施开放式教学，把课堂营造成学生的数学活动场景，把数学知识的学习运用过程设计成一定的活动，激励学生主动参与活动，让学生在活动中探索求知、发现创新，提高学习活动效率。要给学生足够的时间进行探索性学习活动，让他们参与活动过程，学会观察思考，有所发现，并能对自己的活动进行总结和反思，掌握科学探索和研究的方法。教学中可让学生联系生活环境，从已有的知识和经验出发，在独立思考的基础上开展小组合作、师生共同研讨等探索性活动。通过观察、操作、归纳、类比、猜测、交流、反思等活动，获得基本的数学知识和技能，进一步发展学生的思维能力，提高学生的学习水平。

1. 让学生在活动中利用学具和现实生活事例进行学习

皮亚杰认为：思维是从动作开始的，切断了活动与思维之间的联系就不能发展。教师在教学中，要改变"教师演示、学生观看"的流于形式的活动方式，多让学生利用小棒、圆片以及各种学具进行实际操作。在摆弄学具的过程中，学生通过联系原有知识和生活实际，思路会随之展开。这样学生在亲自获取丰富的感性认识和直接经验的基础上，就能逐步地展开探索，逐步地理解和掌握知识。在教学口算除法"42÷3"时，作者将学生每4人分成一个学习小组，每组准备42支铅笔（10支捆成1捆共4捆，另带2支），让其中1人当组长，明确提出活动要求：请每组的组长把这42支铅笔平均分给组内的其他同学，每组的所有同学要根据分笔的方法和过程，列出一道算式并思考这道算式怎样计算。大部分学生都能先每人分一捆，再把剩下的一捆拆开和2支合起来，每人又分4支。教师通过引导学生分析分笔的活动过程，逐步让学生自己探索计算 42÷3 的口算方法（30÷3＝10，12÷3＝4，10＋4＝14）。这种学习把抽象的数学知识和具体生动的生活情境有机地结合起来，有利于学生自主探索。

在学生的探索性学习活动中，以知识的学习为载体，让学生学会各种思维方法和研究方法。每一节课的教学，教师要在引导学生探索知识的活动过程中，深入浅出、潜移默化地进行学习方法的传授。这就需要教师善于挖掘教材中的智力因素，有目的、有计划地对学生进行培养，并把它贯穿教学过程的

始终。

2. 让学生在活动中运用知识解决问题

数学来源于实际生活，而又高于现实生活，在日常生活、生产和科技中应用非常广泛，是一门具有广泛应用性的学科。学习知识是为了运用，当学生理解掌握某一新知后，为了强化巩固，并在应用过程中培养学生解决问题的能力，教师应优化和重组教材中的各种练习，使学生了解数学知识的应用价值，对学生可以直接应用的数学知识、技能，尽可能地创造多种形式的实践机会，让学生产生学习数学的需求，从而产生学习兴趣。如教学"分数的基本性质"一课，当学生通过探索归纳出"分数的基本性质"一课的具体内容后，教师引导学生讨论"分数的基本性质有什么作用呢？"激发学生运用新知的动机。接着将教材中的练习题"把 $\frac{3}{4}$ 和 $\frac{12}{24}$ 改写成分母是8，而大小不变的分数"改编成"运用分数的基本性质，你能用几种方法比较 $\frac{3}{4}$ 和 $\frac{12}{24}$ 的大小"这种开放性的练习，从而改变了以往学生模仿例题模式，机械解题的练习形式。先组织学生讨论探索问题的解决方法和策略，然后再运用所学知识加以解决，不但新知得到巩固，而且学生解决问题的能力也得到锻炼和提高。

三、开展全方位交流，让学生在立体互动的交往中发展数学能力

教学中教师要为学生营造一种民主、和谐的氛围，给学生以心理上的安全感。开放式教学中，教师可以是传道者、引路人，也可以是意见倾听者、参与者、学习者；可以是长辈、导师，也可以是兄长（大姐姐）、朋友。整节课教师在讲台上的时间很少，多数都是在学生中间参与学生活动，了解、指导学生的研究活动。建立这种师生关系，有利于营造一种民主、平等、和谐的课堂氛围，有利于挖掘学生的学习潜能。教师要相信学生，并帮助学生特别是学困生树立自信心，把他们看成是知识的主动探求者。为此，教师需要有真诚的情感，表现出温暖和同情，一旦和谐的氛围形成后，随之而来的是学生的自我指向的学习，即积极主动地学习。教师要尊重学生，鼓励学生提出不同的见解，鼓励学生独立思考。学生提出的问题或解决问题的方法只要有合理之处，教师就应给予肯定，即使有缺点甚至是错误的，也不要泼冷水、全盘否定。教师要

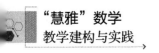

善待学生的错，在肯定的基础上引导学生修改或完善。

在班级实行小组教学，让学生在学习小组内进行合作交流，养成团结协作精神。改进课堂交往活动、拓展学习活动空间、开展课堂交流和辩论，让学生在立体互动的课堂交往中进行数学交流，加强数学体验。在学生探索性活动和独立思考的基础上，教师应组织学生进行交流，让学生自由发言，充分表达个人的观点，以互相启迪，互相补充，增强对知识的认识和理解。一般模式是：①合作探索，独立思考；②组内交流，统一思考成果；③小组代表进行全班交流，相互补充，相互启迪；④开展讨论和辨析，加深理解；⑤总结回顾，构建认知结构。每个活动环节中，教师都应积极地做学生的合作者，只有当学生遇到困难时才给他们以点拨和引导。

四、培养良好学习习惯，提高学生参与活动的自觉性

1. 培养学生主动提问的习惯

课堂中让学生质疑提问，既满足了学生的好奇心与求知欲，又使学生在宽松愉悦的课堂氛围中养成了质疑、敢问的习惯，学生创新意识的萌芽得到了保护，并逐步培养了会问、善问的思维品质。在学习"相遇"应用题时，当学生理解数量关系后，教师出示这样的练习：王师傅开着客车从A地去B地，每小时行驶30千米；同时李师傅开着货车从B地去A地，每小时行驶40千米。经4小时两车相遇，问AB两地相距多少千米？当学生正确解答后，教师引导学生思考，假如你是王师傅，你停在相遇点，向前看，你需要解决什么问题？（王师傅还要走多少千米才能到达B地？）要是王师傅回头看呢？（王师傅离A地多少千米？）如果换成李师傅，你们还有什么新问题？让学生通过解答自己提出的不同叙述方式的问题，加深对数量关系的理解，同时提高学习能力。

2. 培养学生主动参与活动的习惯

在课堂教学过程中，培养学生手脑结合，注重实践的习惯。这样不仅可以让学生主动参与知识的形成过程，了解知识的来龙去脉，还能促进学生思维的发展，有助于激发学生创新意识。教学中教师要引导学生在学习活动中用手操作、用眼观察、用脑思考、用口表达、用心体验，多种感官协调参与，提高学习活动的效率。

3. 培养学生独立思考的习惯

教师要引导学生明确课堂学习目的和每一项活动的目标要求，让学生带着问题有针对性地进行新知识探索活动，认真观察活动现象，并分析活动中出现的各种现象与所学新知之间的关系，积极思考活动对解决问题的启发和帮助作用，进而促进学生对新知的理解，提高学生学习的效率。

4. 培养学生主动发言、认真倾听的习惯

教师要鼓励学生大胆地参与课堂交流活动，积极发言，让学生充分表达自己在活动中的感受、认识和发现，以自己的意见和见解促进其他同学的学习。教师应引导学生在课堂上除了认真听老师的讲授，还要认真倾听其他同学的发言，包括小组交流时同伴的发言。要学会从同学的发言中吸取好的、对自己的学习有促进作用的积极因素。

5. 培养学生自觉修正、主动构建认知结构的习惯

"创新"需要扎实、牢固、结构合理的知识体系作为基础。学习数学的过程就是一个不断整理知识、内化知识，进而形成具有自身思维特点的个性化知识结构的过程。教师要在教学中引导学生主动整理、自觉修正、合理构建知识结构，使学生学会一些学习数学的思想方法，为创新提供一定基础。在每堂课的最后，教师要舍得留些时间，让学生在理解的基础上用自己的语言归纳、小结、梳理所学的知识，修正自己探索过程中的偏差和错误，提出改进意见。

五、运用激励性评价，提高学生参与活动的积极性

学生个性差异决定了他们在学习活动中理解、感受、发现程度各有不同。学生对知识的理解或深或浅，感受或多或少，发现或有或无，但只要他们能主动投入学习活动的全过程，总会有自己的收获，总能在原有的基础上有所发展。教学中教师要重视学生参与学习过程的积极性和参与程度；重视学生参与学习过程的态度和情感；重视激发学生的问题意识，运用激励性评价，以欣赏和发展的眼光看待学生，适时地给予激励，给学生输入自觉投身学习活动的助推剂。教师应及时对学生的学习活动做出积极评价。不以一个完美无缺的答案作为评价结果的唯一标准，而要针对学生参与活动的情绪，肯定其积极因素，倡导个体活动和小组活动的有机结合，促成学生对学习活动的积极响应，满足学生的成功体验。课堂上教师应给予学生充分的时间和空间，在学生开展学习

成果汇报和欣赏活动时,激发学生主动参与学习活动的动机,培养学生的自主活动意识。

总之,在数学课堂教学中,教师要用《新课标》理念指导教学,精心设计活动化的教学程序,以平等合作的身份参与学生的学习活动,认真指导学生进行自主性、探究式的学习,使课堂活动有利于促进学生主动构建新知,有利于提高学生的学习能力,有利于激发培养学生的创新意识。

第九节 以问题为中心开展数学教学

汉代学者董仲舒认为:"不知则问,不能则学。"现代教学理论认为,"知识+方法"是学生能力的基础,这就要求我们的数学教学要让学生在问题情境中长知增智。教学中为了激发学生的学习兴趣和探索动力,教师必须在问题设置和课堂提问上下功夫,让我们的课堂以发现问题为起点,以研究问题为重点,以解决问题为关键。为此,我们应认真分析和挖掘教材中的问题要素,利用学生已有的生活经验和相关旧知,根据学生好奇、好问及求知欲强的特点,创设适合学生探索的问题情境,让学生在解决旧问题的同时,产生探究新问题的愿望,如此循环下去。学生经常带着问题进出课堂,在解决问题中求发展,在产生新问题中求提高,这样学生的知识及智慧将会与日俱增。下面谈谈《新课标》理念下小学数学课堂提问的几点做法。

一、抓住"矛盾"设问,引发学生思考

亚里士多德说:"思维自惊奇和疑问开始。"所谓奇异、惊奇、好奇、怀疑等都是构成问题的要素,而这些要素就是学习活动的主要原动力。因此,在课堂教学中,教师要根据小学生的年龄特征和心理特点,在引入新知时要能够找准新旧知识之间的联结点和学生认知上的矛盾冲突,创设问题情境,设置认知障碍,使学生认识到旧知不够用,让学生处于"心求通而不能,口欲言而未得"的最佳心理状态,激发学生探索新问题的积极性;使学生的注意力集中指

向新知，对所要学习的新知产生浓厚的兴趣，从而使他们投入积极有效的学习活动中去。

例如，在学习奇偶数时，教师首先对学生说："今天让同学们来考考老师，你们随便说一个数，我都能知道它能不能被2整除。"学生纷纷报数，有的甚至报出10位数来。教师将不能被2整除的数写在一边，能被2整除的数写在另一边，并指着能被2整除的数对学生说："老师认为这些数都能被2整除，我的判断对不对呢？请你们认真观察这些数，看看你们能有什么发现。它们有什么特征呢？"这样，学生在教师设计的一连串问题情境中，由好奇到惊奇，好胜心驱使他们认真自学，积极思考，进而主动地探究新知。

二、抓住"关键"设问，促使学生探索

"你提出他们能理解的问题，让他们自己去解答。要做到：他们知道的东西，不是由于你的告诉，而是由于他自己的理解。"我们知道，从原有的数学结构基础出发，从逻辑或直觉的角度，提出数学问题，是组织数学教学活动的一种重要的教学方法。在教学中，教师要善于抓住知识的关键，把问题提在学生的每一个疑点上，最大限度地激发学生的积极思维，从而促使学生主动探索新知，自觉扩展认知结构，使学生做到不仅"学会"而且"会学"。如学习"角"时，由于学生已经初步认识了角，课堂上为了让学生认识角的本质特点，教师是这样组织教学的：

（1）在黑板上点一点"．"让学生思考经过这一点能画出多少条射线。

（2）请大家在作业本上先画一个点，然后过这一点画一条射线，再画一条射线来与这条射线相交。

（3）观察所做图形是我们已经认识的什么图形？根据刚才所画出的角，你能知道这一点是什么吗？角的两条边是什么线吗？这样层层设问，不仅学生通过解答获取了有关角的知识，教师融画射线、认识角、画角等多种知识教学于一体，加大练习密度，提高课堂效率。

还有一些知识学习后要通过一系列的问题引导学生在问题解决的过程中达到深化理解知识和提高能力的目的。如学习分数乘法后，教材安排了这样的练习：$\frac{3}{4}$小时＝（　　　）分。很多教师都是利用单位换算的方法让学生知道用

乘法计算就可以了，作者认为这样的练习没有达到提升学生思维的教学目标。

我是通过这样几个问题引导学生思考的：$\frac{3}{4}$ 是1小时的 $\frac{(\qquad)}{(\qquad)}$，1小时是60

分，所以求 $\frac{3}{4}$ 小时 =（　　　）分，就是求（　　　）的 $\frac{(\qquad)}{(\qquad)}$ 是多少。这样

抓住关键，把分数的意义、单位进率和分数乘法的意义联系在一起，同时还向学生渗透了等量替换的数学思想，让学生全面掌握数学知识，提高数学能力。

三、抓住"时机"让学生提问，鼓励创新

美国教育学家布鲁巴克强调指出："最精湛的教学艺术，遵循的最高准则就是让学生提出问题。"《新课标》理念下的课堂提问，已不仅仅是教师提问，不仅仅是为了让学生理解教学内容，也不仅仅是为了让学生学习知识，启迪思维，而是师生一起发现问题、探讨问题、创造性地解决问题，从而让学生真正成为学习的主体。要让学生能够产生新的问题，生成是课堂提问产生的最好效果。因此在课堂教学中，教师应有目的地创设一种促使学生提问的情境，启发学生运用已有的知识和经验，对所学知识进行新的审视；启发学生学会发现问题，善于提出问题；鼓励学生质疑问难，敢于发表自己的见解甚至不同意见，从而提高学生的学习能力，培养学生的创造能力。学生学会提问是一种习惯、也是一种方法，要从低年级开始就要有意识地进行问题意识的培养和激发。

例如，一年级学习计算时，为防止学生会因计算形式单调、枯燥而降低学习效果。我们设计了这样一组练习。

看图自己写算式并说说你是怎样想出这些算式的？

$$\bigcirc\bigcirc\bigcirc\bigcirc \qquad \square\square\square\square\square$$

（　　　）+（　　　）=（　　　）

（　　　）+（　　　）=（　　　）

（　　　）-（　　　）=（　　　）

（　　　）-（　　　）=（　　　）

这样只出示直观图，形式新颖。让学生观察写算式，实际上就是学生自己提出问题、解决问题，不但让学生掌握了几加几和几减几的计算方法，而且培养了学生的观察能力、理解能力、想象能力和语言表达能力，并为以后学习应

用题打下坚实基础。

在课堂教学中，教师要给学生充分的时间，让学生提出问题，并允许学生之间展开讨论，甚至是激烈的争论。有时教师也应参与到学生的讨论中去，这样才能激起学生思维的波澜，使学生对所学知识不但"知其然"而且"知其所以然"，使学生的理解更加深刻，思维更加深入，技能更加熟练，想象更加丰富，学习素质得到更全面的提高。

第十节　用丰富的活动提升学生数学素养

"数学活动经验的积累是提高学生数学素养的重要标志。帮助学生积累数学活动经验是数学教学的重要目标，是学生不断经历、体验各种数学活动过程的结果。"数学活动经验的积累与丰富，对学生数学知识的获取与数学素养的提升有着重要的作用。如何让学生在活动中掌握数学知识，提升数学素养，让学生获得丰富的数学活动经验，应该是小学数学教学的一个很有价值的课题。

一、对小学生的数学基本活动经验与数学素养的认识

学生的数学素养不只包括对数的认识、计算能力、空间概念、统计知识的掌握，也不只包括对数学知识认同度、数学知识学习过程中的兴趣等情感态度，更应该包括数学知识的学习方法，特别是经历数学问题的发现、分析、研究与解决的过程，并在这个过程中获得科学探索研究与创造创新的经验。从这个意义上说，数学素养其实就是数学学习过程中各种活动的综合体，数学素养的形成应该融合在丰富的数学活动中，活动经验的积累必然能促进学生数学素养的积淀。活动在杜威的教育理念中占据中心地位。他认为最好的教学方法就是让学生自己用思想做实验，自己在活动中直接接触各种事实，这样才能在心灵上获得深刻印象，从而取得有用经验。《新课标》也提出了"学生应当有足够的时间和空间经历观察、实验、猜测、验证、推理、计算、证明等活动过程"。心理学与相关学习理论告诉我们一个事实，课堂上学生的数学活动应该

包括两个层面：一是以感官为主体参与的感知性活动，这类活动是外显的，可操作性的；二是以心灵（脑）为主体进行的思维性活动，这类活动是内在的，可表述性的。数学学习过程中应该结合相关数学问题，组织学生进行各种感官参与的操作活动。学生在活动过程中进行细致的观察和直观的感知，从而获得清晰的表象和感性的认识；同时要进行深层次的思维活动，把感知的现象进行深入的分析和灵活的思考，获得理性的认知。可以说，数学活动是数学学习的躯体，这类活动集中体现在一个"做"字上；而数学素养则是数学学习的灵魂，它集中体现在一个"思"字上，必须紧紧依附在活动这个"魂"上。

1. "做"与"思"是丰富学生数学活动经验的有效手段

"做"是数学学习活动中外显的行为方式，作者理解的数学课堂教学中的"做"至少包括两个层面：一是学习者对学习材料的加工方法，也就是观察、操作、测量、画图、计算等；二是学习者在学习中的活动方式，包括想、说、听、展示等表达、交流、吸收信息的方式。"思"是数学学习活动中，内在的心理活动，是学生体验理解，感悟内化的过程，也就是我们常说的思维活动。例如，学生对数学概念的理解、公式定理的获得、规律的发现等都伴随着深入的思维活动，它是课堂教学中"做"的活动的质量标准。教学活动中"做"与"思"应该是同步进行的。课堂上每一个教学活动都应先提出一个问题，这其实就是"思"的起点。"思"是学生发现问题、研究分析问题，从而解决问题的过程。

2. "做"与"思"的有机融合，是提升学生数学素养的有效策略

让学生"数学知识的学习过程"与"科学探索的研究过程"相一致，获得科学研究方法和科学创新能力应该是《新课标》对数学基本活动经验积累的主要意图，也是数学素养的重要方面。数学课上学生数学知识的获得是利用"已有知识和经验"经历"新知识"的再创造来实现的，这样能激发学生的创新意识，使他们积累创新经验，从而提高创新能力。很显然，课堂上的"做"与"思"的有机融合是提升学生数学素养的有效方法之一。数学课上，从问题的提出、模型的操作，直到规律的发现，我们都要围绕一个个核心问题，激发思考、引导探究，让学生"做"的外显活动有"思"的内在价值追求。

二、引导小学生积累基本数学活动经验，提升数学素养的做法

以"做"助"思"，以"思"促"做"。"做"得丰富才能"思"得深入，或者说"做"是骨肉，"思"是灵魂。数学教学中所有操作性的外显活动都是为了引发数学思考、探究数学规律、解决数学问题的。学生思考能不能深入、思维水平能不能得到锻炼不只是通过做一些数学题，而在于在数学知识形成时，能否有形式多样的"做"的活动来提供支撑，来帮助思考。因此作者认为课堂上的"做"与"思"要相互融合，相互依存，"做"与"思"的形式应该是多样的，可以是先"思"后"做"，先"做"后"思"，边"做"边"思"，更应该用深"思"后获得认识再进行感悟性的"做"，来验证思维成果。我们可从以下几个方面帮助学生积累数学基本活动经验，提升数学素养。

1. 用活动丰富教材内容，让学生形成发现问题的意识

学生数学素养的一个重要方面应该是能从数学事实、具体情境和纷繁的信息中获取相关信息，提炼数学元素，提出数学问题。而数学教材所呈现的教学内容有相当一部分是描述性、结论性的知识，学生通过阅读就能获得初步的认识，阅读学习只能求得"知其然"的感性认识而不能获得"知其所以然"的理性认知，所以能不能让学生养成自己研究信息与自我发现问题的意识应该是数学教学的任务之一。课堂上，我们可以用有效的活动来丰富与呈现教材内容，让学生在活动中开启数学探索之旅。

例如，苏教版数学三年级上册"两位数和三位数除以一位数"的计算教学，作者让学生在阅读教材自学的基础上，设计以下两个活动。

（1）指名让两名学生进行口算比赛：

$$6 \div 3, \ 60 \div 3, \ 600 \div 3; \ 12 \div 4, \ 120 \div 4, \ 1200 \div 4$$

（口算比赛其实也是一种数学学习活动，它改变了学生单一做数学题的形式，也可以激发学生学习数学的兴趣，同时内容也是学生学习新知的基础，有利于学生有效地进行知识的迁移）。

（2）出示46支铅笔（10支捆成一捆，另外6支分开摆放）。刚才两名同学的口算比赛一样精彩，现在老师要把这46支铅笔作为奖品发给这两名同学，你们认为该怎么分？请大家分分看。（教学实际中，学生根据生活经验，用得最多的方法就是：先拿出4捆一人分2捆，接着又把剩下的6支每人分3支）。

在学生充分经历分铅笔的活动过程后让学生思考：你能从这个活动中提出一个用除法解决的数学问题吗？怎样用算式表示这个活动？这个算式怎样计算呢？

（学生经历有趣的活动，面对具体的情境，提炼相关数学信息，提出问题，并能把活动过程与问题的解决方法联系起来思考——先分4捆，就是先分40支，每人分2捆，就是20支，也就是先算$40 \div 2 = 20$，接着分6支，每人又分3支，就是再算$6 \div 2 = 3$，把两次分的加起来就是23支。其实就是"分、除、合"的计算过程，把46分成40和6，分别除以2，再把两个商加起来。这个活动过程更能加深学生对笔算算理的理解）。

2. 用活动引导自主探究，让学生掌握研究问题的策略

研究问题的过程就是一个探究发现的过程，也是获得新知识的过程，还是一个创造与创新的过程。在这个过程中，学生通过操作观察、分析思考、合作交流等活动，综合运用已有的知识、各种经验，运用迁移和再创造，自觉地拓展与丰富原有的知识结构，逐步形成研究问题的策略体系。小学数学课堂上引导学生自主探究的活动从组织形式上看，主要有独立思考活动、同伴合作活动、榜样展示、小组交流等；从活动内容上看，有学具操作获取新知活动、数据分析寻找规律活动、对比研究形成模型等活动。这些内容与形式不同的数学活动往往是综合在一个教学行为中分层有序地进行的。学生在探索活动中获得的对新知的初步感知，再通过丰富而有效的活动才能内化成自己的知识内存。例如，教学"有趣的乘法计算"时，可以设计如下这样的活动。

（1）变数魔法游戏

课件出示23，放入一个魔盒里；然后从魔盒中创造出一个新的数253，让学生观察并找出其中的奥妙；接着让学生互动完成下面的34→374，25→275；再换一个思路做这一组游戏"4→20，2→6，6→42，7→42"。

（2）给算式分类

出示算式，让学生把这些乘法算式分成两类，并说说为什么这样分类。

24×11	53×11	62×11
22×28	35×35	56×54

在学生分出下面两组后，进一步引导学生探索：这两组算式两个乘数有什么特点，它们的乘积又和我们刚才做的魔法有什么关联呢？请大家算算，看有

什么发现。

| 24 × 11 | 53 × 11 | 62 × 11 | （是两位数 × 11） |
| 22 × 28 | 35 × 35 | 56 × 54 | （是首同尾合十） |

学生在这样有层次、有趣的数学活动中能顺利实现自主探索、深入领会，从而达到全面理解数学知识的目的。

3. 用活动激发数学思维，让学生提升解决问题的能力

数学思维能力的提升，问题解决能力的提升，绝不是机械重复地进行数学解题的训练，而应该将感官感知活动上升到心灵（脑）的思维活动，发展学生的思维水平，提升学生的思考力与数学智慧。比如，数学六年级上册"用假设的策略解决"习得例题，并能用习得的方式解决相同类型的数学问题时，我们可以呈现内容不同的数学题，让学生进行对比研究。例如，做数学分数应用题"甲乙两人共有600元钱，甲的 $\frac{1}{5}$ 与乙的 $\frac{1}{7}$ 一样多，甲乙两人各有多少元钱？"时，可以这样引导学生开展思维活动：我们可以怎样假设呢？让学生通过思考得出假设甲乙两人都取出 $\frac{1}{5}$，即 $600 \times \frac{1}{5}$。它应该对应乙钱的 $\left(\frac{1}{5}+\frac{1}{7}\right)$，这样就很容易解答了。

这一题的解答思路同样体现了假设与替换的策略，学生在同化与变式的活动中巩固了例题学习过程中获得的思维方法与解题策略，激活了思维，增强了数学应用意识，提升了问题的解决能力。

总之观察、提问、设想；动手操作、表达交流、解决问题和实践应用等都是"做"与"思"的有效形式。"手与脑并用，做与思共生"，追求的不只是手与脑的并用，更应该是学生的多种感官共同参与，协同配合，让学习活动更丰富，更有效，更有意义，让数学思考有支撑，有价值，这才是数学教学更高标准的追求。

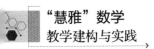

第十一节　合理设计，有效组织，让学生在活动中自主探究

数学教学是数学活动的教学。在课堂上教师要让学生经历数学知识的形成过程，让学生参与一定的数学活动，联系与运用自己已有的知识、经验和熟悉的生活经验，通过自己的操作、观察、猜测、比较、尝试、计算、画图、推理、抽象、交流等活动，把课堂中的数学现象和事实不断地进行"数学化"，从而掌握一定的数学知识，形成一定的数学能力，获得一定的数学思想方法，积累一定的数学活动经验，提升数学思维。小学数学教材中的综合实践活动就是为了达到这样的目标而安排的。本文拟以数学实践活动"钉子板上的多边形"为例，谈谈数学活动的设计与组织。

一、让学生在有趣而扎实的感知活动中明确学习目标

一节课要解决什么问题，达成什么目标，应该让学生在课堂学习的开始阶段就有明确的感知。有了学习目标，学生才能有的放矢地投入学习活动，学习效果才能更好。教师在教学中可以通过创设一定的数学情境，提出一些数学问题和一系列的学习任务，让学生在情境中发现问题，在分析问题的过程中明确目标任务，引起学生探究的兴趣和积极性。

1. 提供对比素材，让学生在观察活动中感悟学习内容

出示如图4-11-1所示的一组钉子板上围成的多边形，引导学生观察思考：你觉得钉子板上围成的多边形的面积可能与什么有关系？

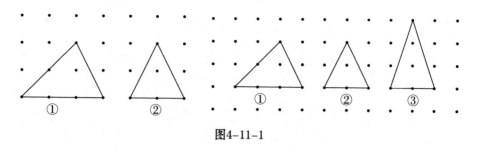

图4-11-1

根据教师提供的学习素材，学生可能会有三个方面的感悟：①面积与图形的底和高有关系；②面积与空格有关系；③面积与点有关系。

当学生说出第①种情况后要引导学生明白，钉子板上围成的图形底和高的长短是由点之间的距离确定的。我们研究的这些钉子板上的点之间的距离都是1厘米，然后让学生数出底和高，并用计算公式算出这两个图形的面积。当学生说出第②种情况时，让学生观察钉子板上每格面积，体会钉子板上的图形面积还可以通过它占的格数来确定。当学生说出第③种情况时，引导学生观察钉子板上围成的多边形，看看每个多边形把钉子板上的钉子分成了几部分，体会多边形内的钉子、多边形外的钉子和边上的钉子之间的关系，再让学生数一数①②这两个多边形内有几个点，边上有几个点。

2. 动态呈现素材，引导学生在对比活动中发现学习任务

继续观察上图两个多边形，引导学生猜想，这些多边形的面积可能与哪些钉子数有关？让学生算出它们的面积，体会并发现：边上的钉子数多，面积就大。然后增加一个图形，出示这样的研究素材。

让学生对比第③个多边形与第②个多边形有什么相同和不同，再算出第③个多边形的面积，体会并发现：当边上的钉子数一样多时，多边形内的钉子数多，面积就大。

分步、动态呈现教学内容和学习素材，引导学生抓住关键观察，把握重点分析，可打开学生的思路，引发学生的思维，有助于学生思考和解决数学问题。

3. 创设认知冲突，让学生在问题解决活动中明确学习目标

（1）基本计算，收集有用的数据。

出示图4-11-2，钉子板上围成的中间只有一个点的多边形。

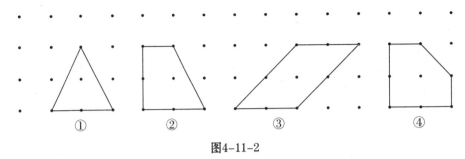

图4-11-2

引导学生先观察：你能发现它们的共同点吗？

让学生找出围成的多边形内都有一个钉子，接着思考：它们边上的钉子数一样多吗？

让学生自由计算出每一个多边形的面积，再汇报整理计算结果（教师把每个多边形的面积记录在图形下面），重点指导交流第④幅图面积计算的方法，帮助学生梳理出：钉子板上多边形的面积可用面积计算公式、数方格和转化成规则图形等方法来获得。

（2）设置冲突，发现研究的关键

再出示图4-11-3中第⑤个多边形，让学生说说它的面积。当学生用上面的基本方法无法快速解决时，教师引导学生思考：刚才大家就猜想过钉子板上的多边形的面积可能与多边形边上的钉子数有关。那么它们之间有什么样的规律呢？下面我们就深入研究这方面的知识，这样可以揭示课题，明确学习目标。

孔子曾说"不愤不启，不悱不发"。教师就应该在学生知与不知之间为学生的进一步学习活动启发点拨、解疑释难、"铺路架桥"。教师在课堂上用学生的已有知识、活动经验和生活实际选择和呈现教学内容，创设学生已知与未知之间的冲突，引起学生对新知识的注意，激发学生对新学内容的兴趣，使学生产生自主探究的动机，从而促使学生积极主动地投入新知学习活动的全过程。

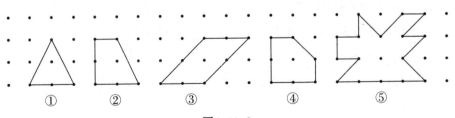

图4-11-3

二、让学生在有效而丰富的探究活动中构建学习内容

1."扶"

"扶"是教师指导下的自主探究活动，引导学生发现多边形内有一个钉子的面积与边上钉子数的关系。

（1）填表4-11-1、分析数据、发现规律

让学生把上图中前4个多边形的面积和边上的钉子数填写在规律探究表4-11-1内。

表4-11-1

多边形序号	多边形内钉子数	多边形面积	多边形边上钉子数

我们的发现是：多边形的面积是（　　　）钉子数的（　　　）。

引导学生观察研究两组数据之间的关系，在小组内说说自己的发现，找出"多边形的面积是边上钉子数的一半"这一规律，师生合作，写出公式的字母形式：

$$S = n \div 2$$

（2）自由构图、验证规律

你们发现的这个规律对不对呢？我们可以验证一下，请你在钉子板上围一个这样的多边形，算一算，数一数，验证"$S = n \div 2$"这个规律是不是正确的。

（3）运用规律、解决疑问

请你用这个规律算出上图中的第⑤个多边形的面积。

从问题中来到问题中去，探索起源于疑问，结论服务于问题的解决，这个学习活动符合科学探究的规律，符合知识形成的规律，也符合学生的认知规律；能让学生体会探索成功的乐趣，强化学生的学习信心，激发他们进一步探究的动力。

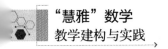

2."放"

在同伴合作的自主探究活动中,学生独立研究多边形内有两个钉子的面积与边上钉子数的关系。

(1)创设矛盾,再次产生疑问

先出示图4-11-4⑥⑦两个多边形,提问请你用刚才发现的规律,说出⑥⑦两个多边形的面积,再用以前学过的面积计算公式算出它们的面积,让学生发现刚才的规律不能用于这两个多边形,引导学生辨析:为什么规律在这里又不适用了呢?用课件动态出示①~③,让学生观察对比两组图,得出 $S = n \div 2$ 是图内有1个点的规律,结合板书形成完整的规律"当 $a = 1$ 时, $S = n \div 2$"。

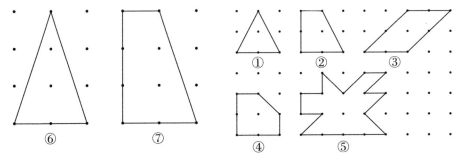

图4-11-4

(2)同伴合作,共同研究

教师提出能激发学生思考的问题:"大家通过刚才的研究发现,当 $a = 1$ 时,钉子板上的多边形面积正好是边上钉子数的一半,那么当 $a = 2$ 时,多边形的面积又是什么呢?"请每小组4名学生合作研究,其中3人每人在钉子板上围一个多边形内有两个钉子的图形,算出面积,数数边上钉子,组长观察每一人的操作过程,帮助他们核查,然后把得到的数据汇报给组长,组长填写在表4-11-2里,共同研究,发现规律。

表4-11-2

多边形序号	多边形内钉子数	多边形面积	多边形边上钉子数

我们的发现是：多边形的面积是（　　　）钉子数的（　　　）。

（3）展示交流，师生共同研讨

让小组代表展示他们围成的图形和表中数据，交流他们发现的规律，师生共同总结得出：

当$a=2$时，$S=n\div2+1$。

（4）验证规律

你发现的这个规律可以求钉子板上哪一类多边形的面积，请你快速算出④⑤两个多边形的面积。

这个教学活动，教师充分相信学生的学习潜能，完全放手让学生自己构图，用自己创造的素材，进行相关的研究，把学生置于学习的主体地位，增强了学生自主探索的信心，也增强了学生对新知识获得的认同感，还提高了小组合作的效率。如何让小组合作有效，不是小组4名同伴重复做一样的事，而是让每一位成员分工协作，创造不同的条件，搜集不同的素材，提供有用的数据，然后汇总进行合作研究，这也符合科学研究的方法。

3. "引"

"引"是大胆猜想的自主探索活动，师生共同完善知识的整体建构。

（1）教师结合下面两个已知结论，指导学生思考：

当$a=1$时，$S=n\div2$。

当$a=2$时，$S=n\div2+1$。

那么，请你大胆猜一猜，当$a=3$时，$S=$＿＿＿；当$a=4$时，$S=$＿＿＿。请男生猜想$a=3$的规律，女生猜想$a=4$的规律，然后把你们的猜想写在规律研究单表4-11-3上，再想办法验证自己的猜想。

表4-11-3

多边形序号	多边形内钉子数	多边形面积	多边形边上钉子数

我们围成的多边形内有（　　　）个钉子，边上有（　　　）个钉子。用猜想的规律算出的面积是$S=$（　　　）$\div2+$（　　　），用面积公式算出的面积，是

$S=$____。两次算的面积____（相等，不等），规律是____（正确，错误）。

（2）展示交流，形成共同的认识。让男、女生代表分别展示自己围成的多边形、面积等相关数据，分别得出：

当 $a = 3$ 时，$S = n \div 2 + 2$。

当 $a = 4$ 时，$S = n \div 2 + 3$。

引导学生观察已经发现的4个公式，接着追问：$a=5$ 呢？$a=8$ 呢？$a=100$ 呢？

学生思考，当 a 不确定时，多边形面积 S 等于什么呢？得出" $S = n \div 2 + a - 1$ "。教师接着引导学生思考"这些规律这样写显然有些复杂，请你从中选一个简单的，表示这个规律，并说说它的意思"。

（3）用公式解释前面的发现，促进学生对知识的深入理解和整体把握。为什么当 $a = 1$ 时，$S = n \div 2$，其实就是当 $a = 1$ 时，$S = n \div 2 + 1 - 1 = n \div 2$；接着让学生推导当 $a = 0$ 时，$S = n \div 2 = 0 - 1 = n \div 2 - 1$。

这一教学过程，学生在教师的引导下，通过猜想、讨论、整理探究成果、回顾学习过程，对获得的知识进行总结与梳理。学生在猜想中模仿，在模仿中应用，在应用中认知，不断地推进和深化学习过程。

三、让学生在有效而实用的实践中提升数学素养

知识要在应用中才能得到巩固与深化，技能要在应用中才能形成与熟练，思想方法要在应用中才能得到理解和升华，活动经验要在应用中才能得到积累与丰富，思维水平要在应用中才能得到激发与提升。数学课堂教学既要重视学生数学知识的获得过程，也要重视数学练习的训练过程，让学生在练习中提高数学能力。

（1）应用公式解决问题。出示图4-11-5不规则的图形，算出它的面积。

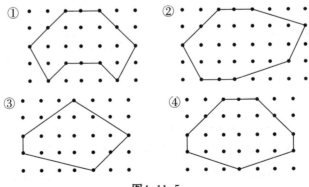

图4-11-5

本组练习用本节课学习的规律解决问题，既巩固新知，也让学生体会新知的作用，体验探索成功的价值，品味学习的乐趣。

（2）在点子图中画两个形状不同、面积相等的不规则图形，让学生在实践中进一步积累实践经验，培养创造意识。

（3）介绍皮克定理，让学生体会自己在课堂上的研究与发现和数学家的伟大发现是如此相似，激发学生数学学习的积极性和主动性。

（4）介绍数学科普读本《格点和面积》，引导学生课后深入学习。

学生的数学素养不仅包括数学知识、数学技能，包括数学思想方法、数学活动经验，还应该包括数学史与文化等背景知识。课堂上我们不但要让学生获得知识，形成能力，还应该结合教学内容有机地进行数学文化素养的渗透，从而丰富学生的数学素养，提升学生的数学思维水平。

这节课在设计与组织活动的过程中，作者始终不忘"我是谁""依靠谁"和"为了谁"的理念，努力提升课堂效率。

课堂教学中"我是谁"，应从两个层面落实：一是教师层面。教师是课堂教学的组织者、引导者、合作者。在课堂上教师要创造性地用好教材，整合教学资源，优化教学方法；在学生认知的关键时刻，要为学生提供丰富多彩而有价值的学习材料；在学生认知的疑惑处，要为学生指引点拨；在学生成功时，要给学生鼓励与表扬，给学生学习不断地输送"助推剂"。二是学生层面。学生才是学习的主人，学生应在操作、思考、观察、实验、交流等活动中自觉获得知识。

课堂教学"依靠谁"。课堂教学的主人既然是学生，学习过程中，各种活动的设计就要考虑学生的实际情况，教学活动的组织与实施要依靠学生。本课教学中，疑问让学生自己产生提出，问题让学生自己分析解决，学习素材让学生自己收集，数据让学生自己整理，规律让学生自己发现、验证和理解，小组活动让学生自己参与、自己分工、自己完成，充分体现学生学习的主体地位。

课堂教学"为了谁"表明了课堂教学是为了学生的发展。课堂上我们的活动始终围绕学生开展：提供机会让学生在操作中获得研究素材，在观察对比中抽象概括；在展示交流中表达自己的发现，说明自己的观点，解释自己的认知；在讨论中验证自己的猜想，质疑他人的想法；在师生合作中不断纠正自己的偏差，求得新的认知，实现自觉发展。

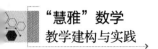

第十二节　提高学生数学学习水平的有效策略

　　《新课标》指出："学生学习应当是一个生动活泼的、主动的和富有个性的过程，除接受学习外，动手实践、自主探索与合作交流也是数学学习的重要方式，应当有足够的时间和空间经历观察、实验、猜测、验证、推理计算、证明等活动过程。"数学教学应激发学生兴趣，调动学生积极性，引发学生思考；应注重培养学生良好的学习习惯，使学生掌握有效的学习方法；以学生的认知发展水平和已有的经验为基础，面向全体学生，注重启发式和因材施教，为学生提供充分的数学活动的机会，启发学生思考，引导学生自主探索，鼓励学生合作交流，使学生真正理解和掌握基本的数学知识与技能、数学思想和方法，得到必要的数学思维训练，获得广泛的数学活动经验。这一全新理念就要求我们的数学课堂教学要以提高学生数学学习水平作为价值追求。

一、优化教学内容设计，为提高学习水平提供基础

　　教学内容要根据教学的目标和学生的实际情况来设计，运用现代化的教学手段和教学方法。小学数学教材结合学科教育的特点，确立了"知识与技能""数学思考""解决问题""情感与态度"的四维目标，体现了数学教学不只是为了提高学生的基础知识和基本技能，而且要使学生在数学学习中，获得基本的数学思想方法和应用技能，体会数学与社会生活的联系，加深对数学的了解，产生浓厚的学习兴趣，提高学生的数学素养。课堂教学内容的呈现要体现学习方法的指导，要能让学生通过对教师提供的学习素材和利用已有的知识基础或生活经验获取新知的认识。如教学"40+30"时，可以这样向学生逐步呈现教学内容的。

　　　　口算下面各题：

　　　　3 + 2 = （　　　）

　　　　6 − 4 = （　　　）

3个 🍎 +2个 🍎 = (　　　　) 🍎

6 🥧 – 4 🥧 = (　　　　) 🥧

4个10 + 5个10 = (　　　　) 个10

然后引导学生把最后一题改写成40 + 50=(　　　　)。这样呈现让学生把一位数加减法和数的组成与两位数加减法有机地建构起认识上的联系，利用经验实现有效的知识迁移。

二、营造和谐的教学气氛，是提高学习水平的关键

小学数学课堂应适当地建立轻松、和谐的氛围。作为一名教师，和学生建立起良好的关系是上好一节数学课的关键所在。要充分地发挥学生的主体地位，把学生放在第一位，这样在小学数学课堂中，学生才乐意去听课。如果一个教师一走向讲台，就给学生一种恐惧感，那么学生课堂的注意力就不是在获取知识上，而是在观察这位教师的一举一动上，害怕自己哪里做得不好挨训。用马斯洛的需求层次理论来讲，一个缺少安全感的人，是无法去实现更高层次学习的需求的。所以良好的师生关系是上好一节课的关键所在。

三、创设有效的问题情境，是提高学生学习水平的有效保证

教学抽象的数学知识的获取应该通过一定的适合学生所处具体情境而达成。在创设教学情境时，要根据小学生的生活经验、年龄特征、心理特征、认知规律。情境要有利于小学数学的学习，要紧扣教学目标，充分发挥情境的作用，及时引导学生从情境中提炼出数学问题，获得数学发展。如在教学"元、角、分"时，其实学生对角与分的认识已经因流通的实际情况而没有了生活基础，他们唯一的生活经验是5角与1元，因此引导学生认知1元=10角时，我是这样创设问题情境的：视频展示一位小朋友手拿3张5角的纸币买1元钱的作业本，因为没有1元的人民币，所以他不知道怎么付钱了，请大家想办法帮他付钱？学生根据自己平时的生活经验，帮他付了2张5角。这时我引导学生算出5角+5角=(　　　　)角，而刚才这10角买的是1元的作业本，所以你能知道1元是(　　　　)角吗？让学生在自己熟悉的生活情境中，发现问题并面对现实的问题寻求解决

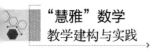

方法，在问题解决过程中获得知识方法。

四、组织丰富的数学活动，是提高学生学习水平的重要手段

在教学中，教师应把时间科学、合理地留给学生，让学生感受、体验整个学习过程，在这个过程中获得学习方法和提高学习水平。

1. 充分的交流活动有利于对学生进行"说"的能力的培养

语言是思维的外壳，是思维的工具。在说的过程中，学生的语言表达能力得到了发展，同时他们的思维能力也得到了相应的发展。教学中教师应给学生提供较多说的机会，如说图意、说算理、说思路等。例如，教学"口算整十数加减整十数"时，当给出算式20+30时，学生异口同声地说出了得数。于是老师又问他们："你们是怎样想到50的？"学生纷纷发言："因为2个10加3个10是5个10，5个10就是50。""因为2 + 3 = 5，所以20 + 30 = 50。""因为50 – 30 = 20，所以20 + 30 = 50。"……课堂气氛随着交流的深入愈发活跃，在这样的交流过程中，学生不仅掌握了计算方法，其语言表达能力及良好的倾听能力也得到了提高。

2. 恰当的操作活动能促进学生"做"的能力的提高

行是知之始，做是知识的重要来源，也是创造的基础。身临其境，动手尝试，才有真知，才有创新。因此，教师在课堂中应给学生充分的动手操作的机会，在学生动手做的过程中应把抽象的知识形象化、具体化。例如，教学"三角形的认识"一课时，为了让学生自己发现"三角形两边之和大于第三边"这一结论，教师采用小组合作的形式，让每组学生都准备4厘米、5厘米、6厘米、10厘米的小棒各1根，任选其中的3根，看能否搭成三角形，并记录下每次选用的数据，再根据数据进行观察说说有什么发现。学生会积极主动地投入操作活动，边操作边讨论，在自主思考的基础上通过全班交流，形成对三角形基本特征的认识。因为是学生自己探索发现了规律，所以在其后的练习中，学生完成得相当顺利。因此教师鼓励学生自主探索，可促进他们思维的有效发展。

3. 合理的迁移式探索活动有利于培养学生思维能力

学生的数学思维能力体现在两个方面：一是新知的获得过程；二是新知获得后的应用过程。利用已有知识和经验获取新知识的方式对学生进行思维训练，更有利于提高学生获得知识的能力。教学中我们要根据学生的生活经验和知识的内在联系，把握新旧知识之间的联系，充分挖掘学习资源，利用迁移规律引导学生实现知识的主动获取，发展学生的思维。例如，教学五年级下册《用倒推的策略解决问题》时，为了发展学生的数学推理能力，可这样组织教学。

（1）在"（　）"里填数，说说你是怎样想的。

$$(\quad) \xrightarrow{\; +40 \;} (\quad) \xrightarrow{\; -30 \;} 20$$

虚线部分让学生说出倒过来想的策略。

（2）利用激活的经验研究例题。小明原来有一些邮票，今年又收集了24张。送给小军30张，还剩52张。小明原来有多少张邮票？

① 请一名学生来读题并说说题中有哪些信息。

② 结合学生回答出示：

原来	现在
?	52

引导学生思考：从原来到现在的52张，经过了几次变化？是怎样变化的？

（3）请你用（1）那样的办法把变化情况整理出来。然后思考怎样解决问题。

这样组织教学，化难为易，学生很容易根据已学过的知识研究解决新的问题。学生经历了数学化的过程，思维能力得到有效的提高。

第十三节　关注学习情趣，构建生态课堂

"加强基础知识教学，减轻学生过重的学习负担，提高课堂教学效率，开发学生学习潜能，使学生的个性得到全面和谐的发展，全面提高学生素质。"依然是当前数学课堂改革所追求的主流价值。要真正在课堂内提高学生素质，就必须使学生积极主动地参与学习的全过程，而学生学习的积极性、主动性取

决于其对学习的兴趣和情感体验。当学生对学习产生浓厚的兴趣时，学生就会热情高涨，积极主动地投入学习活动中去，这样学生在自身探索知识、获取知识的过程中，个性才能得到发展、潜能才能得到开发、创新素质才能得以提高。《新课程标准》提出了知识与技能、过程与方法、情感态度与价值观三维和谐统一的教学目标。在实践和落实这一教学理念的过程中，我们认为要处理好并存于教学之中的两条主线：一是知识；二是情感。这两条主线相互作用、相互制约。

一、导入新课时以情境引发兴趣，促使学生积极投入学习

小学生的情感极为丰富且极易流露，行为又往往受其情感所控制。在教学中，教师应充分发扬民主精神，以鼓励和激发为主，激其情、引其趣、导其思，调动学生学习的原动力，让学生想学乐学、勇于创新。

教学"平均分"时、可创设这样的情境引入新课。

师：学校要举行拔河比赛，我们班选出这4个小朋友参加（指4名同学到讲台前，这4名同学身高和体重等各方面运动素质都差不多），大家看这样分组公平吗？为什么？师边说边把学生分成1人和3人。

生：学生思考后说不公平。

师再让学生说说你认为怎样分公平？让学生自己把他们分成两人一小组，结合分组过程引导学生说说这样分的特点，把学生的注意力引到平均分上。

一日之计在于晨，一课之计在于"首"。上课开始时，教师若能以丰富的、有意义的情境，通过有趣的、简短明快的数学游戏引入新课，展示数学知识在生活中的价值，不仅能集中学生的注意力，而且能激发学生学习兴趣和求知欲，在较短的时间内使学生思维活跃起来，进入最佳学习状态。

二、学习新知时以联系引导学生探索，促进知识的迁移

"要以知识的本身吸引学生去学习。"数学知识本身具有严密的逻辑性和广泛的应用性。教师在教学中要深入钻研教材，把握知识的内在联系，运用迁移规律，整合教学资源，引导学生主动探索、积极思考、灵活运用，让学生在获取知识的同时，体验知识的应用价值，享受探索成功的喜悦，从而产生更大的学习内驱力。在学习"加法交换律和加法结合律"一课时，当学生学完加法

交换律后，作者是这样引导学生学习加法结合律的。

出示算式30＋67，让学生说说根据加法交换律可以怎样表示。

在算式后面添上"＋70"，变成30＋67＋70，引导学生思考还能交换30和67的位置吗？并让学生写出交换后的算式。

观察67＋30＋70这道算式，你认为哪两个数结合先相加比较好？要先算后面的两个数你认为应怎样表示？

教师在教学时要善于抓住知识的内在联系，运用新旧知识间的联结点引导学生主动学习新知，自觉拓展认知结构。

三、探究新知时以操作为活动载体，促进学生的数学体验

"要让学生动手做科学，而不是用耳朵去听科学。"教学时，教师要根据教学内容，向学生提供直观材料，引导学生在操作过程中学习新知。

例如，教学"认识几分之一"时，可让学生准备长方形、正方形和圆形纸片，通过组织学生折出这些纸片的 $\frac{1}{2}$、$\frac{1}{3}$、$\frac{1}{4}$、$\frac{1}{5}$ 来让学生理解几分之一的意义。接着再让学生画出1分米的线段，把它平均分成10份，认识 $\frac{1}{10}$。这样有助于学生由动作思维到表象思维再到抽象思维。在操作活动中要引导学生通过语言表达，把外部活动内化成智力活动，从而自觉拓展知识结构。

再如，教学"角"时，在学生认识线段、直线和射线之后，可这样引导学生学习角。

（1）在纸上任意画出一点，并思考：经过这一点你能画出几条射线？

（2）请大家经过这一点画出两条射线。

（3）仔细观察你刚才经过这一点画的两条射线，组成了什么图形？这一点叫什么？这两条射线又叫什么？

让学生在练习画射线的过程中，不知不觉地创造出本节课的新知，这样利用数学知识与学生经验之间的联系，学生就能在有效的活动中自觉探索、主动创新。

四、练习时以知识的智趣因素，引导学生进行趣味练习

教学时要挖掘出知识的智趣因素，精心设计练习题，让学生在运用所学知

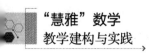

识解决实际问题的过程中加深理解，发展思维，提高能力。例如，学习两位数进位加法后，可设计这样的练习。

按要求在方框里填上一个数并算出结果。

$$3 \quad 4$$
$$+ \quad 2 \quad \square$$

不进位加，可填哪些数？填出后再算出来。

进位加呢？可填哪些数？填出后再算出来。

这种富有情趣和思维价值的练习，使学生既掌握了算法，又明白了算理。枯燥的学变得不枯燥，简单的感知变得不简单。学习有了一定的深度，真正挖掘出了教材中的智趣因素，有利于培养学生的创造性思维。练习密度越大，教学效果越好。

第十四节　多一些师生的角色互换

"在教学活动中要努力培养学生的创新精神和实践能力。""学生是学习活动的主体，教师应成为教学活动的组织者、指导者和参与者。"这是新课程改革对数学教学目标和教师角色的定位，为了确保这一理念的实施，教学中就要建立民主平等的师生关系。在建立这种民主平等的师生关系的实践中，我尝试最多的是进行师生角色的互换，让学生在与教师交换身份的过程中得到更多启迪和教育。

一、老师做作业让学生评价

作者曾遇到过这样的学生，他的作业书写总是不认真。作者开始的处理办法是在他的作业后面狠狠地写上"差"或"不认真"或"重写"等，结果发现学生即使重写了，质量还是不高；作者又单独找他谈心要求他认真写，可效果还是不理想；后来作者改变了与他交流的方式，在批改他的作业时作者没有对他的作业进行任何评价，而是把布置给他的作业认认真真地做了一遍，并写了一段话："今天让我来做一次你的学生，写一次作业，请你帮我批改，看看写得怎么样？"他拿到作业本后，工工整整地写了个"优"，还写了一段话："罗老师，你写得真好，我一定向你学习，下次把作业做好！"下一次他的作业果然有进步，作者给了他一个大大的"优"和"有进步"，然后在他的作业本上把这次作业又认真地写了一遍。他看了作者的评语后，作业写得更加认真了。他还在作业本上向我发出挑战："老师，请你不要再在我的作业本上写了，从今以后我一定会认真写作业的，等我真的把作业写得漂亮了，你还敢和我一比高低吗？"就这样，在角色互换、平等交往的过程中，他获得了规范书写作业的范式，信心也得到树立，逐步养成了认真书写的良好习惯。

二、学生讲课老师听

有时学生在课堂上听课不投入，即使教师提出严格的要求甚至是严厉呵斥，他们也仍然"我行我素"。每当遇到这样的情况作者就会向全体学生提出一个简单的问题，并真情发问："谁能来做个小老师，把这个问题向同学们讲清楚？我请一个最认真听讲的同学和老师交换位置，讲给大家听。"然后我选了一名学生到前面来向全班学生讲解这个问题。在解决问题的过程中，他展示着自己的所思、所想、所悟，而这时作者则端正地坐到这个小老师的位置上，俨然一名认真听讲的小学生，耐心倾听他的讲解，积极回答他提出的问题，还大胆地向他"请教"。当他讲完这个问题后，作者问他："你对我刚才听课的表现满意吗？""我的表现好在哪？"在角色互换的过程中，教师为学生做了良好的榜样，以教师主动投入的示范引领远比呵斥和说教效果好得多。

三、老师向学生"求助"

在重难点知识的教学过程中，为激发学生自觉探索、主动解决问题，师生可进行角色互换。教师可以学生的身份向"小老师"发出"求助"，学生为了当好"小老师"，往往能"想别人所想，急别人所急"，创造出许多"新方法""巧点子"。在一次教学"分数的意义"练习课上有这样一道习题："一根电线长4米，平均分成5段，每段是这根电线的几分之几？"这个问题向来是

一个难点和容易混淆的知识，在学生为$\frac{1}{4}$和$\frac{1}{5}$两个答案争执不休时，作者便对

学生说："你们谁有什么好方法帮老师给同学们说明白到底是$\frac{1}{4}$还是$\frac{1}{5}$呢？"

教室里立即寂静下来。学生思考一会儿后，果真有一个学生走到讲台前与我换

位并指挥大家："请同学们裁一张长方形纸，把它平均分成5份，你看每份是它

的几分之几？"大家操作并立即说出$\frac{1}{5}$后，他接着要求大家："请你们把这个

$\frac{1}{5}$涂上红色。"他继续指导学生："量一量你们手中长方形纸的长是几厘米，

再看看每份是这张长方形的几分之几？"同学们按他的指导做完后依然得出$\frac{1}{5}$，

他更加得意地说："再量一量这个长方形的宽是几厘米，请再看看每份是它的

几分之几？量了两次后，结果变了吗？为什么？"在这名同学创设的情境和组

织的活动中，全班学生通过操作思考和前后对比很轻松地感悟出分数的意义的

实质所在——分数的分母和分子分别与平均分的份数和取其中的几份有关。我

在学生的位置上也高兴地叫起来："好点子！巧方法！你真聪明！"

　　师生交往过程中恰当地进行角色互换，可充分发挥学生学习的主体作用，

调动学生学习的积极性，除此以外至少还有两个好处：一是以教师的榜样作用

唤醒学生学习的自主意识。学生在做"老师"时总是希望别人能尊重自己，认

真听讲，更希望自己的主张和见解能被同学接受和利用，加上老师聚精会神听

课的神态为他们提供了榜样，当他们回到自己学生的角色时必然能认真听、自

觉学，从而培养了学生自觉吸收和处理信息的能力。二是有利于激励学生求异

创新。教学中通过师生的角色互换，学生在和谐民主的课堂氛围中能超脱教师

的束缚和固有思维的束缚，努力开辟新的思维方法和途径，久而久之学生的创

新能力便能得以充分发展。

第十五节　适时进行渗透，提高学生数学的学习效率

《新课标》要求数学教学在知识与技能、过程与方法、情感态度价值观等方面促进学生正向、持续发展。学生的数学学习应该包括知识的学习，更应该加强对数学学习能力的培养，同时还要关注数学学习的态度和情绪等积极的情感因素的激发。这个三维目标的达成不是一蹴而就的，而是应该贯穿在教学的各个阶段和各个环节。

一、适时进行情感目标渗透

思想品德教育是小学教学必须完成的一项重要任务。在数学教学时，教师要根据学生的年龄特征、接受能力，结合教学内容，有机地渗透思想品德教育。

教学中可从学生熟悉的生活中选择积极的素材，编成一些有教育意义的数学习题来渗透思想教育。例如，在汶川地震后为激发学生的爱心，我们编了这样的应用题：同学们开展向灾区小朋友捐钱物活动，四（1）班捐了240元，四（2）班捐了260元，四（3）班捐了220元，四（4）班捐了190元，把这些信息做成一张统计表，算出四年级同学一共捐了多少钱，并说说根据这些信息你有什么想法。这样在让学生熟悉数量关系的同时，还培养了学生友爱互助的思想感情。

在教学中，教师应注意在学生学习数学知识的过程中，渗透对学生认真书写、自觉检验、独立思考、主动发言、认真倾听等学习习惯的培养。教师要把握一切机会将思想教育有机地渗透课堂教学的各个环节，培养学生良好的道德品质。教师要关注学生数学学习过程的积极的情感体验，让学生自觉积极地参与学习全过程。

二、有机地进行知识目标的渗透

数学知识之间存在着严谨的逻辑性和系统性，许多知识之间有着紧密的联系，往往前面的知识是后面知识的基础，后面的知识又是前面知识的有机延伸。根据数学知识的这一特点，我们在教学某一新知识时，要注意做好与其他相联系的后继知识的渗透，为将来教学埋下伏笔。

1. 在"数的组成和相应加减法"教学时渗透应用题的思维训练

一年级教学常以数的组成和相应加减法为主，教学多数是运用直观手段，引导学生对学具进行操作。教学中我们要综合利用教学资源，结合学生操作和数学语言的表达训练来渗透应用题教学，提高教学效率。例如，教学"8的组成及加减法"时，让学生先摆1根小棒，再摆8根小棒，引导学生知道1和7组成几根小棒，写出1 + 7 = 8之后，再让学生回忆操作过程，说出"原来有1根小棒，又摆了7根，这时一共有8根小棒"。这样既促成了本节课教学目标的达成，又渗透了加法应用题结构训练，有助于以后加法应用题的学习和掌握。

2. 在计算教学中渗透数学规律

低年级的口算教学要引导学生在理解的基础上掌握基本的口算方法。口算教学在学生掌握方法、发展思维的同时，也应有利于学生以后对运算定律的理解。例如，口算加法"18 + 21"的方法18 + 21 = 18 + 20 + 1 = 38 + 1 =39，就渗透了加法结合律的教学。又如，口算乘法"24×6"的方法24×6 = 20×6 + 4×6 = 120 + 14 = 144，渗透乘法分配律的教学。在口算教学时，应将重点放在加强口算方法的理解训练上，这样有助于学生以后对运算定律的理解和掌握。

3. 在"初步认识"教学中渗透本质特征

小学数学中许多概念是分阶段逐步学习的，在初期不要求学生掌握其本质特征。但为了让学生建立合理的知识结构，在教学中应提前渗透新知。

例如，教学二年级初步认识角时，我们可这样组织学生活动：①同桌两个同学每人剪两根纸条（一人20厘米，一人30厘米）；②每人把自己的两根纸条的一端用针固定做成一个活动角；③每人把自己刚才做的角变大一点，再变小一点；④请拿20厘米纸条的同学将做好的角放在课桌上，请拿30厘米纸条的同学做一个与拿20厘米纸条做得角一样大的角，并放到一起比比看；⑤请拿20厘米纸条的同学做一个比拿30厘米纸条同学手中角大一些的角；⑥请拿30厘米纸条的同学做一个比拿20厘米纸条同学手中角小一些的角。这样组织教学活动，不仅有利于学生进一步认识角的顶点和边，形成角的表象，丰富角的空间概念，而且还渗透着"角的大小与边的长短无关，而与两边叉开大小有关"这一本质特征，减小学生后学内容的困难。

三、恰当地进行方法目标的渗透

"学以定教""教是为了学"。教学中要以学为中心，建立以学生为主体的课堂教学结构。在教学时教师教法的选用要渗透对学生学法的指导，学法的掌握又要有利于教法的实现，使教师的"教"和学生的"学"融为一体。

1. 突出重点时渗透学法

数学中基础知识是教学重点，必须使学生在理解的基础上掌握。教学时教师要注意创造条件，激发学生积极思考，促使学生主动探求，使学生在获取知识的同时，掌握学习方法，做到不仅学会，而且会学。

学习分数除以整数时，作者是这样引导学生主动探索新知的。

（1）自学教材，初步探索算法

出示课本例题："每人分$\frac{1}{4}$个橘子，3个橘子可分多少个人？"

让学生列出除法算式$3 \div \frac{1}{4}$。从课本插图可以看出，每人分$\frac{1}{4}$个橘子可以理解为每个橘子有几个人去拿（4人），所以3个橘子就有$3 \times 4=12$人去拿。因此，$3 \div \frac{1}{4} = 3 \times 4 = 12$。让学生从中推出"整数除以分数等于乘以这个分数的倒数"。

（2）自主探究，深度理解意义

探索出算法后，为了让学生深入理解整数除以分数表示"已知一个数的几分之几是多少，求这个数"的分数除法的意义，再出示下题拓展学生的思维。

汽车$\frac{3}{10}$小时行驶36千米，每小时行驶多少千米？在学生列出$36 \div \frac{3}{10}$并用刚才学习的方法计算结果后，引导学生画线段图（见图4-15-1）。

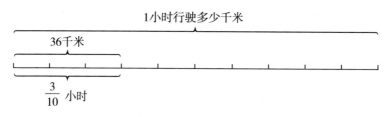

图4-15-1

看图4-15-1，我们可这样想：$\frac{3}{10}$小时是1小时的$\frac{3}{10}$，所以题目要这样叙述：1小时行驶的$\frac{3}{10}$是36千米，1小时行驶多少千米？也就是说，$36 \div \frac{3}{10}$可以表示已知一个数的$\frac{3}{10}$是36，求这个数。

这样教学，让学生体会了新知的学习就是用已有的知识来解释新的问题，让学生在学习新知的同时掌握探索新知的方法。

2. 突破难点时渗透学法

教学难点的突破往往更能体现教师对学生学法的指导。教师在设计教法时，首先要考虑对学生学法的指导，努力创造条件，教给学生思维支撑点，使学生思维外显，学会运用已有的知识技能来研究和解决新的问题。

学习用假设策略解决问题"苹果和梨共运来10筐，共540千克，平均每筐苹果50千克，每筐梨60千克，苹果和梨各运来多少筐？"

在深度挖掘教材的基础上，作者这样引导学生分析：把题中条件简明地列成图4-15-2。

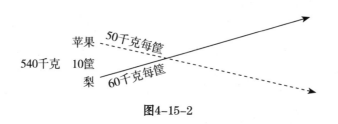

图4-15-2

沿着虚线思考：假如10筐都是苹果，应该有多少千克？列式是：50×10，这样比实际540千克多还是少？相差多少？为什么相差？（让学生在计算过程中发现比实际少了，因为把每筐梨60千克当成50千克，每筐少了10千克）用一共少的千克数除以每筐少的千克数就得梨的筐数。综合算式是：（540−50×10）÷（60−50）。引导学生沿着虚线思考后，让学生再独立沿着实线思考。

这样引导学生思考，重点突出，难点也得到了突破，利于学生抽象思维与形象思维的同步发展。

在课堂教学中，教师要合理安排教学结构，精心组织教学过程，努力抓住教学时机，灵活进行有机渗透，激发学生的学习兴趣和动机，使学生形成良好的数学素养，建立合理的知识结构，促进思维的发展和能力的提高，从而使其素质得到全面提高。

第十六节　运用现代教育手段引导学生自主学习

数学学科的特点是抽象、概括，而小学生的年龄特点是容易接受直观的事物。教育心理学研究表明，人的五个感官中，就学习效率而言，最高的是视觉（占83%），其次才是听觉（占11%）；从记忆方面看，视听并用记忆效率最高。因此在课堂教学中合理地采用现代教育技术，把视听结合起来，既能加强直观感受，又有利于概括，更能激发学生自主学习，使学生在开放式的课堂教学中获得全面发展。

一、多媒体创设情境，有利于激发兴趣

兴趣能增进并引起大脑皮层的积极活动。俗话说："兴趣是最好的老师。"当学生对所学知识产生兴趣后，他们才能以饱满的热情投入到学习活动中去。教学中运用多媒体展示学习内容，能突破时间和空间的限制，把难以使学生直接感知的事物和现象，在短时间内直接有声有色地呈现出来。这样可以使学生的注意力直接指向新知，同时引起学生探索新知的兴趣，开启智慧的大门。在教学"分数的初步认识"时，可用多媒体展示flash动画。

一天花果山上的猴王拿来一块圆饼分给大小两只猴子吃。猴王偏爱大猴，就给大猴多分了一点。聪明的小猴拿到自己较小的一份，又看看大猴的那

一份，连忙叫了起来："大王，您这样分不公平，我请求您重新分。"故事到这，教师立即停下来问学生："你们知道聪明的小猴要求重新分是怎样分呢？"在学生通过思考讨论得出两只猴子分得一样多时，再引导学生说出这就是平均分，接着用多媒体展示图4-16-1，让学生说说哪个是平均分？为什么？然后再让学生把圆形纸片平均分成两份，进而促使学生围绕平均分主动认识分数。

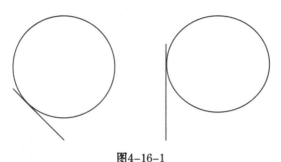

图4-16-1

运用多媒体把形、声、电、光结合起来，形象、生动、鲜明，感染力强，在课堂里只需用很短的时间，就能使学生在不知不觉中把要学习的新知与生活实际及已有的知识紧紧地联系在一起，使学生的思维很快进入学习新知的最近发展区。这样可以更好地吸引学生的注意力，提高学习兴趣，加深理解和记忆。课堂教学中合理运用多媒体导入新课，寓教于乐，学生学习兴趣浓，积极性高，思维活跃，可以达到事半功倍的效果。

二、多媒体创造条件，有利于学生主动探索

数学知识具有高度的抽象性和严谨的逻辑性。根据数学知识自身的特点，结合学生认知水平和年龄特征，教学时教师要恰当地运用多媒体创设情境，使学生在具体的情境中通过对学习材料（教具、学具、实物等）的观察、比较，在多种感官的参与下，积极探索新知，自觉构建认知结构。

例如，教学"线段的初步认识"一课时，作者首先用多媒体向学生展示两条线（见图4-16-2），让学生比较这两条线有什么不同，怎样把弯曲的线变直。学生在这样的教学情境中很容易理解线段的特征。

图4-16-2

又如,教学"圆的面积"时,为了让学生更好地理解圆面积计算公式的意义,必须让学生参与面积公式推导的全过程,教学时我用多媒体向学生展示圆剪拼成长方形的过程(见图4-16-3):

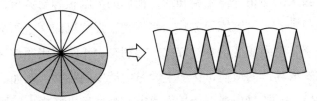

图4-16-3

然后让学生观察两幅图并思考讨论。

(1)圆拼成长方形后面积变了吗?

(2)拼成的长方形的长和宽分别是圆的什么?

(3)根据这两幅图,你能说出圆的面积的计算方法吗?

学生在这种情境下自觉地投入新知的探索活动中,通过自身主动积极的探索获取知识。这样得到的知识才是真正理解的并能灵活地加以运用。借助多媒体展示知识的形成、发展过程,便于学生进行对比,使学生在对比中发现知识的本质特征,从而在理解的基础上掌握知识。

三、多媒体可以化静为动,有利于提高学习效率

运用多媒体进行教学便于突出特征,揭示规律,使抽象的概念具体化、形象化,有利于更好地促使学生加深理解。数学教学中突破难点的方法很多,而通过多媒体把抽象的、静态的数学知识形象化、直观化,能够化静为动。学生的思维自觉参与到教师提供的情境中,随着多媒体的由静而动,难点的突破水到渠成。例如,教学"角的初步认识"时,让学生理解"角的大小与两条边的长短无关,而与两边叉开的大小有关"是教学的难点。为了让学生理解这一知

识，可运用多媒体进行引导。先展示一个角，然后把角的两条边叉开，进行大小变化，让学生感受角的大小；接着把角的两条边不断地延长并让学生思考角的大小是否有变化。教师通过多媒体为学生提供可视性极强的直观材料，为学生创设了探究情境。学生在教师的引导下，通过观察比较、思考分析、探究讨论等一系列活动，主动探索，自觉形成角的空间概念；同时真正理解"角的两条边是射线，以及角的大小与两边长短无关而与两边叉开的大小有关"这一难点。

心理学研究表明，学生在一堂课中的注意力不可能始终集中在学习上，尤其是当学生以极大的热情探索出新知后，他们的大脑很容易疲劳，注意力更容易分散，此时教师若不讲究练习方式，将不利于强化巩固学生刚学的新知。为了提高练习效率，教师应变换练习方式，特别是一年级应用题教学，可利用多媒体将应用题变成具体的情境，让学生学习生活中的数学。例如，多媒体先出现3只小鸡，又跑来了2只小鸡，让学生说出动画过程，并提出问题进行解答。接着这5只小鸡中走出1只，让学生口述应用题，再解答。这样的教学为学生提供了看、说、听、做的机会，不但有利于学生理解加减法应用题的关系，而且加大了练习密度，让学生愿学乐学，提高了练习效率。

实践证明，运用多媒体进行教学的优势在于，它能将声音、形态、动作、色彩融为一体，活化教材，使教学内容生动形象，能够化静为动，化繁为简，利教利学。因此，在课堂教学中灵活巧妙地运用多媒体，可以优化课堂教学结构，有利于实施开放式教学，充分发挥学生学习的主体作用。学生的学习兴趣浓，参与学习的积极性高，知识和个性才能得到全面健康的发展。

第十七节　低年级数学课堂融入珠心算策略

一、参加各级培训，提高对珠心算的认识

1. 骨干教师3次全程参加省级培训

2012年8月6日长江路小学被确立为全省120所珠心算实验学校之一，并于18日—21日在南京参加实验学校第一次培训会，正式开始珠心算教学实验研究。第二次培训是2013年3月14日—15日在南通开发区实验小学举行的2013年春季培训会。第三次是2013年8月16日—19日在南京参加全省2014年秋季培训会。

2. 骨干教师对本校教师进行校本培训

骨干教师在参加培训后对长江路小学教师进行了校本培训。

3. 实验教师到外校学习（海头小学等）

通过培训，我们对珠心算教学有了一定的认识。

所谓珠心算就是珠算式心算的简称，就是借助"珠象"进行心算，即"在头脑里打算盘"。珠算式心算以高度熟练打算盘技能而形成的计算技巧为基础，把"算盘结构储存于脑中"，将打算盘的过程熟记于心里，充分"内化"，从而摆脱实际打算盘的外部动作，凭借内化了的"心理算盘"（珠象）在头脑中快速高效地进行看算和听算，进而形成一种独特的计算技能。

珠心算对学生数学素养的提升有重要的辅助与促进作用。

（1）珠心算教学有利于提高学生的计算能力

在珠心算教学中，学生计算能力的形成不是依赖于教师的"注入式"方法达到的，而是通过学生主动独立地去获取，经过反复练习而形成的。在珠心算课堂上，学生通过耳听、眼看、手拨、口说、脑想等协调动作，集中注意力，始终保持浓厚的学习兴趣，从而大大提高了计算能力。

（2）珠心算教学有助于发展学生的思维能力

人的大脑分左、右两个半球，左半球是思维脑，右半球是形象脑。学生用

右手拨珠,直接受左脑的指挥,不断训练拨珠,思维脑不断得到锻炼。珠心算教学,借助于算盘的直观形象,学生能够口说运算原理,例如,珠心算2+2,学生边拨珠,边说口诀:拨入2,再拨入2,2+2等于4。在此过程中,形象脑和思维脑协调配合,综合运用,变得"心灵手巧"。

(3)珠心算教学有助于培养学生的表达能力

人们的思维与表达能力并不是同步发展的,要使学生能运用语言表达思维的结果是有一定难度的。但在珠心算教学中,由于算盘的介入,计算过程和结果,都能在算盘上明确地表现出来,促使外部的物质活动向学生内部的心理活动转化,由形象思维过渡到抽象思维,自然地将思维与表达有机地结合起来。

(4)珠心算教学有助于开发学生的创造能力

有人曾形象地比喻各种能力对智力活动的意义:观察力是智力活动的门户,记忆力是智力活动的仓库,想象力是智力活动的翅膀,而思维力和创造力的第一步是观察。在珠心算教学中,教师应注重利用算盘作为运算模型,引导学生从观察算盘的结构入手,激发学生的求知欲和学习的主动性。

(5)珠心算教学有效培养了学生非智力因素

非智力因素包括动机、兴趣、情感、意志、性格、习惯等。学生有了一定的学习动机,便有了持久的学习动力。他们通过学习和训练,使自己的意志得到了锻炼,而计算准确也使他们感受到成功的喜悦和满足,增强了自信心,激发了学习兴趣。与此同时,珠心算训练要求学生的注意力保持高度集中,长期的训练能逐步培养学生良好的学习习惯。

(6)珠心算教学有利于对学生进行数学文化传承。有着"世界上最古老的计算机"和中国的第五大发明美誉的中国珠算被列入了教科文组织人类非物质文化遗产名录。

二、开展多项活动,研究探索珠心算教学策略

1. 常态化开展课堂教学研究活动,探索教学方法

长江路小学有机地将珠心算教学融入数学课堂教学中,常态化地开展珠心算课堂教学实验课,探索珠心算教学方法。每周安排一节珠心算实验研究课,全体实验教师全程参与备课、听课、议课,研讨教学方法,探究出一些适合长江路小学学生的教学方法。

课程设置方面，长江路小学一年级10个班和二年级8个班都是珠心算实验班。在课程安排上，我们采用"1+5+5"的模式实施珠心算教学，即在每周的校本课程中安排一节珠心算指导课，专门进行珠心算基本能力的训练和方法的指导；在每周的5节数学课中融入5分钟的珠心算技能训练，让学生养成珠心算的习惯；在每周5天的家庭作业中安排5分钟的珠心算自觉训练作业。

教学方法上我们重点关注三个点。

（1）关注兴趣，培养习惯，让学生乐于学习珠心算

① 玩出乐趣。心理学家皮亚杰指出："动是认识的基础，智慧从动手开始。"动手操作过程是知识学习的内化过程，尤其是低年级学生的思维以形象思维为主。珠心算这种以"动手操作促进大脑思维"的方式，调动了学生多种感官同时参与学习，激发了兴趣，提高了效果。

根据学生爱玩好动的特点，我们在低年级认数和计算的活动中充分利用算盘这个直观教具，让学生在玩学具的过程中建立数感，获得对数的认知，掌握计算方法，辅助计算练习，提高计算水平。

② 比出乐趣。在平时的教学中，我们把学生分成几个小组，在教学的几个阶段适时开展一些小型比赛来增强教学效果。比如，在基本功训练中，我们组织各组开展连加减、加减百子等比赛；在听珠算中，组织听数拨珠、听珠算快速写数等比赛；在看算中，组织看数译珠、看算快速写数、看数快速读数等比赛。在比赛中，把复习内容、新授内容进行糅合，不断提高训练的要求，努力整合训练方式，使学生在竞赛中逐渐提高计算水平。

③ 用出乐趣。我们重视引导学生把珠心算的方法与技能用于数学常态学习与数学问题解决过程中，平时计算题的练习都要让学生对比课本法则与珠心算方法，考试过程中也让学生带算盘、用算盘，减轻学生机械记忆的压力，提高学生解题水平。

（2）关注方法，精细指导，让学生善于学习珠心算

① 在认数的过程中将"珠"融入"心"中。

把算盘当作学生认数的学具。教材中数的认识采用了"出示实物——建立物象——抽象数的概念和计算法则"这一过程。教学中通常利用计数器认数，形象直观，如果再结合算盘拨珠认数效果就会更好。算盘最大的特点是档位清楚、示数直观，学生通过动手拨珠，建立了"物—珠—数—算"的对应关系，

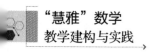

这样既符合学生的认知规律，又增强了学生感知数的能力。

例如，教学"2的认识"时，先出示1支铅笔，让学生在算盘拨入1颗下珠 ；接着又出示1支铅笔，再拨入1颗下珠 。这样，既渗透了2的组合（1和1组成2），又渗透了1+1=2的思维过程；从两颗下珠 中拨去1颗下珠剩1颗下珠 中，学生感受到了2的分解（2可以分成1和1），也有了2-1=1的思维过程。

②在计算的过程中学会在"心"中用"珠"。

教师应建议学生把算盘当作一种计算工具和方法，当作学生计算的草稿本和思维的展示过程；同意学生把算盘带入考场，辅助计算，提高计算的正确率。

20以内进位加的口算，采用"凑十法"进行学习。珠心算的教学原理也是如此。在教学中，将口算、笔算和珠心算三者融为一体，进一步加深了学生对"凑十法"的理解，提高了学生计算的准确性和速度。

进位加以"9+2"为例，教学过程分三步：

a. 复习铺垫。复习10的组成，复习9以内数的分解；复习9+1+2=？5+5+7=？4+6+7=？2+8+3=？……

b. 弄清算理。先出示9根小棒，再出示2根小棒，一共有多少根小棒？用什么方法计算？怎样算9+2=？同桌讨论、总结。

算理一：给9根添上几根就够10根，即从2根里面拿出1根。给9根添够10根，2根就剩下1根，10根加1根是11根，即9+2=11。

算理二：给2根凑够10根需要几根，即从9根里面拿出8根。给2根添够10根，9根剩下1根，10根加1根是11根，即9+2=11。

这两种口算过程均使用了"凑十法"，再用"凑十法"引出珠心算的计算方法，算盘左边拨9，算盘右边拨2，想：给2凑10需要几？9去掉8个，给2凑够10，所凑的10要加在十位上——加10减8，即"进1减2"。

这样教学，算盘成了教具、学具、玩具，直观形象，符合学生的年龄特征，学生动手、动脑，并用口算的算理促进了珠心算和笔算。将口算、珠心算和笔算融为一体，渗透了三种算法之间的关系，促进了大脑发育，提高了计算能力，发展了学生的智力。

c.课上突出重点突破珠心算的难关。

学生依次练习：全盘练、隔档练、单档练。

学生依次练习心算练习法：看珠算、听珠算、看心算、听心算。

突破珠心算教学中珠算的四大难关：凑五加、破五减、进位加、退位减。

（3）关注技能，巧妙练习，让学生勤于学习珠心算

我们把珠心算融入每一节数学课，做好三个练习点的把握：一是上课复习中的基本练习。练指法包括全盘练、数珠双面卡片练、数珠互译、定数连加连减、打百子、珠算趣味练习、听珠算、听心算等多种形式。二是新课探索中的同步练习。对一节课新学的一个或几个算式探究算理算法后，要进行珠算的拨珠练习（模拟拨珠、想象拨珠），利用多媒体演示拨珠过程，帮助学生内化拨珠动作。三是课堂练习时的提升练习。进行笔算后再用珠算或珠心算进行检验，用听珠算和听心算来练习或是看珠算或看心算练习，帮助学生及时巩固、消化、吸收本节课新学的珠心算方法，使学生逐步形成珠心算的技能。

2. 创新开展教学研究，提高实验水平

学校建立了两个研究平台：学科教研组和珠心算研究院。学科组主要加强课堂教学实践研究，珠心算研究院帮助整理收集相关的学习内容，以提高教师的课堂实践能力。

（1）珠心算教学术语的学习与教学技术的自我培训

拨珠的方法：实拨、盲拨、空拨、看拨、想拨。

珠心算的种类：直加直减、满5加、破5减、不进位加、不退位减、直减进位加、破5进位加、直减退位减、进位加、退位减。

口诀：下五减凑、上五添凑、进一退补、去一上补（重难点）。

苏教版教材（一年级上册）与珠心算学习手册（一年级上册）内容，见表4-17-1。

表4-17-1

序号	苏教版教材 内容（一年级上册）	珠心算学习手册 内容（一年级上册）	备注
一	数一数		
二	比一比		

续 表

序号	苏教版教材内容（一年级上册）		珠心算学习手册内容（一年级上册）	备注
三	分一分			
四	认位置			
五	认识10以内的数		认识9以内的数	
	1	认识1，2，3，4，5	认识算盘，认识1，2，3，4，0	（1）把认识6，7，8，9紧接在认识1，2，3，4，5后面集中教学，有利于将珠心算融入教学 （2）珠心算的"认识10以内的数"在下一单元，根据苏教版教材的编排，移至这一单元进行教学
	2	认识6，7，8，9	认识5，6，7，8，9	
	3	几和第几	练习1，2，3，4，0	
	4	写数	看珠写数	
	5	比较大小	含珠象图的比较大小	
	6	认识10	认识10	
六	分与合		认识10以内的数练习	
七	10以内的加法和减法			
	1	5以内的加法	9以内的直加和直减	由于珠算必须先教直加、直减，再教满5加、破5减，建议这部分内容以珠心算学习手册为主组织教学
	2	5以内的减法		
	3	关于0的加法和减法		
	4	一图两式（加法）	满5加	以一图两式为载体，教学珠心算中的满5加和破5减
	5	一图两式（减法）	破5减	
	6	一图四式	练习9以内的加法和减法	
	7	括号应用题		
	8	连加连减	珠算9以内3～5题 心算9以内3题	
	9	加减混合		
八	认识图形		认识10以内的数练习	从苏教版教材第六单元移至这里，便于尽早教学珠心算内容

序号	苏教版教材 内容（一年级上册）	珠心算学习手册 内容（一年级上册）	备注
九	认识11~20各数	认识10~20各数	
九 1	认识十几	认识11~20范围内的数	
九 2	认识个位和十位	认识算盘上个位档和十位档	
九 3	10+5，15-5，5+10，15-10	相应的20以内数的加法和减法	学习手册没有安排，建议教学时增加相应内容
十	20以内数的进位加法	20以内数的进位加法	
十 1	9加几的进位加法	直减进位加（一）几加9	由于珠心算中的20以内数的进位加法拨珠规律是根据第二个加数来理解的，比如，加9，加10减1，加8，加10减2等，所以建议这部分内容以珠心算体系为主组织教学
十 2	8加几、7加几的进位加法	直减进位加（二）几加8，7	
十 3	6，5，4，3，2加几的进位加法	直减进位加（三）几加5，4，3，2	
十 4		破5进位加	
十一	期末复习		

让学生说说练习珠算的方法有哪些?

说说心算练习法有哪些?

（2）珠心算教材内容与数学教材内容的融合统整

① 研究教材内容，弄清珠心算基础题型特点。例如，一位数加一位数是珠心算加法的基础，共有81道题（1+1，2，3，…，9；2+1，2，3，…，9；3+1，2，3，…，+9）。其中，直加有27道题——加几直接拨入几（1，2，3，5，6，7，8+1，1，2，5，6，7+2；1，5，6，6+3；5+4；1，2，3，4+5；1，2，3+6，1，2+7，1+8）。满五加有10道题——双下减凑（4+1；3+2，4+2；2+3，3+3，4+3；1+4，2+4，3+4，4+4）。进位加有45道题——直接进位加35道（进1减加数的补数）（9+1；8+2，9+2；7+3，8+3，9+3；6+4，7+4，8+4，

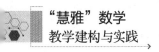
9+4；5+5，6+5，7+5，8+5；8+5，4+6，5+6，6+6，7+6，9+6；3+7，4+7，5+7，6+7，9+7；2+8，3+8，4+8，5+8，9+8；1+9，2+9，3+9，4+9，9+9）。破五进位加有10道题——进一双上几（5+6，5+7，5+8，5+9；6+6，6+7，6+8；7+6，7+7，8+6）。

② 对比两套教材，把珠心算内容切入数学教材。我们从省教研网上采录了中国珠算博物馆王海明的研究成果，用于指导我们教师课堂教学内容的切入。

3. 有效开展教学评价

把珠心算作为学生数学学习能力来评价，促进学生学习的动力。

（1）把握珠心算教学目标地位。它是数学教学的辅助，是培养数感、丰富计算方法、提升数学思维的一种手段，不能取代数学课堂教学。

（2）定期组织珠心算基本能力过关验收活动。

（3）组织数学能力展示活动，让学生在品味成功的过程中树立学习的信心。展示活动包括"金手指——拨珠想珠""闪电手——读珠报数""顺风耳——听题心算""神算子——看题心算"。

4. 积极开展家校联动活动，让珠心算能力的提升有更大的空间

（1）家庭作业中增加珠心算技能练习的成分。

（2）根据学生兴趣爱好和特长，组织珠心算社团。

第十八节　慧思雅行：让学生在数学实验中发展能力

灌南县长江路小学新建于2010年，在优化整合名校办学理念的基础上，提出"和雅"教育理念，从"和雅的生命体验、文雅的内涵修行和'慧雅'的科学思维"三个维度打造学校文化。

"慧雅"的科学思维培养，旨在培养具有"慧心、慧智、慧思"特质的、思维灵动的现代学生。数学作为发展学生思维的重要学科，注重提升学生思维水平、探究及实践操作能力。为此，长江路小学提出实践数学的指导思想，以数学实验作为实践方式，把"求真、善思、创生"作为数学培养的最终目标。

一、数学实验教学的认识

我们从数学学科内容结构特点出发，把数学课堂教学改革分项目进行实验探索——以认知、探究、思维与问题解决为关键要素，重点开展了以数与形的体验为主的数学阅读、以算学文化为主的珠心算教学实验、以思维能力提升为主的数学益智游戏和以动手为主的数学小实验。

波利亚曾指出，数学有两个侧面：一方面它是欧几里德式的严谨的科学。从这个方面看，数学是一门系统的演绎科学。但另一方面，创造过程中的数学看起来则像一门试验性的归纳科学。大数学家欧拉说："数学这门科学需要观察，也需要实验。"数学活动不只是智力活动，更是探究发现的数学实验活动。有效地开展数学实验，能使学生主动进入探究状态，变被动地接受学习为主动的建构过程，同时培养学生创新的精神、意识和能力。

我们认为，在小学数学教学过程中的数学实验是指"数学学习过程中操作、实验、探究、体验等活动化、直观化、形象化、应用化的数学学习方式"。

二、数学实验实施的策略

1. 有效开发数学实验内容，让数学实验深入课堂

（1）操作实验——助认识

操作实验就是让学生通过对看得见、摸得着的学具进行操作学会知识，使抽象的学习变成具体的学习，使数学知识变得有本有源。

例如，在教学"角的分类"时，让学生用活动角摆出锐角、直角和钝角。在操作中，学生感受到不同角的大小关系，在视觉上对这几种角有了认识。然后学生通过一副三角板自己尝试着拼出锐角、直角和钝角，这对于二年级的学生而言有些困难，但这就像是在拼图，学生左拼、右拼，头脑里就会有这些角的特征了。

又如，在教学"退位减法"时，怎样理解个位不够向十位借1当10再减？比如，23-8=？学生运用手中的小棒发现从个位上的3根中拿走8根不可能，只能从十位借，这就需要把十位上的一捆拆开变成10再和个位上的3合并起来再减去8。

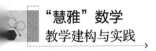

（2）体验实验——助理解

体验实验就是把学生置身于现实情境中，让学生运用数学的知识解决实际问题，帮助学生进一步理解数学知识。

教学"元·角·分"的认识时，可以采用开小超市的方式让学生亲身经历使用人民币的过程；在教学"认识公顷"时，让28个学生手拉手站成一排，以这一排学生的长度为边长围成的正方形的面积大约就是1公顷，学生切身体验到1公顷到底有多大。

（3）观察实验——助感悟

教学"3的倍数"时，让学生在百数表中任意挑几个是3的倍数的数，然后在计数器上拨出来，看看各用了几颗珠子，并填好实验记录表中3的倍数所用珠子的颗数。通过提问观察实验记录表，你有什么发现？通过观察珠子的个数，学生很容易得到3的倍数的特点。在教学"长方体和正方体的表面积"时，也可以运用观察实验的方法，获得表面积的公式。

（4）探究实验——助建模

平行四边形的面积、三角形的面积以及梯形面积公式的推导就是学生不断探究从而得到面积计算公式的过程。在"怎样围面积最大"中，提问"告诉我们长方形的周长是22厘米，怎样围面积最大呢"，学生通过独立思考、互相合作，最终找到问题的答案。

余数为什么会比除数小？很多学生知其然而不知其所以然。如果让学生进行这样的直观实验，就非常容易理解这句话了。比如：

$$4 \div 4 = 1$$

$$5 \div 4 = 1 \cdots\cdots 1$$

$$6 \div 4 = 1 \cdots\cdots 2$$

$$7 \div 4 = 1 \cdots\cdots 3$$

$$8 \div 4 = 2$$

余数4还能再除以4正好得数是1，所以$8 \div 4 = 2$没有余数。如果继续除下去，这样的情况将会循环出现，得到余数都比4这个除数小。

（5）直观实验——助思考

比如，二年级学习的"乘加乘减"（见图4-18-1）：

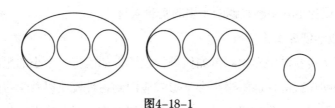

图4-18-1

可以列成哪些算式？

六年级的"正方体的认识"让学生根据具体的实物去认识正方体的点、

线、面；"分数除以整数"中计算$\frac{4}{9} \div 2$，可以把一个长方形平均分成9份，取

其中的4份，再把4份平均分成2份，每份是$\frac{2}{9}$。

（6）阅读实验——增兴趣

数学教学是一种文化，更是一种语言传播。数学阅读实验可以为学生的思维发展和能力培养提供坚实的基石。我们积极向学生推荐《小学生数学报》等优质的数学阅读资源。《小学生数学报》为学生提供了丰富的数学阅读材料，这些内容更贴近学生的生活，让学生对数学更感兴趣。正是阅读让学生觉得数学变得好玩，使学生走进数学天地，走进数学应用，感受数学的价值。

（7）应用实验——助创新

在学生学习"可能性"之后，教师让学生自己扮演超市经理的角色，设计一个用于抽奖的转盘，让学生在创新性的应用实验中感悟可能性的大小。

在学完"长方形的面积"之后，教师让学生做一扇面积是190平方分米的门，并给出如下几种规格：

$$1 \times 190，2 \times 95，5 \times 38，10 \times 19$$

你选择哪种？学生通过用手比划、交流发现问题的答案。

2. 有效开发数学实验形式，让数学实验活跃数学课堂气氛

（1）随堂数学实验

数学课程的诸多学习内容都是要在课堂上做实验的。学生通过实验，可以更好地理解学习内容，掌握数学知识。

（2）专题数学实验

《数学实验手册》共分12册，其中有很多专题的数学实验。每册中针对教

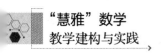

材的内容，设计出学生感兴趣的实用的实验素材。

（3）数学创客实验

数学创客实验鼓励学生思考如何进行设计，如何将一个小的想法，变成一个完整的能够运行的作品。学生会学习和应用到各种模块以及学习如何尝试新的想法，如何与人合作完成作品，出错时如何发现并纠正错误，如何坚持，如何在失败时面对挫折。这些都是重要的学习能力。

3. 有机融合课堂教学，让数学实验丰富数学资源

（1）强化数学认知过程中实验的探究性

对学习知识过程中的某些问题进行实验探究，发现规律。

进行大单元整合，主题数学实验充分利用省教研室的《数学实验手册》，做好主题数学实验教学。

教师和学生对实验教具进行开发与添置。

（2）强化数学实验"做""思""创"的功能

学生结合已掌握的数学知识，去探究、解决一些简单的实际问题，从而熟悉从数学建模、解法研究到实验分析的科学研究方法。

自主研发数学实验与数学益智游戏，丰富数学学习。长江路小学师生共同开发了数学实验室，学生在数学实验中可以尽情地在数学海洋中畅游。

做好数学创客的实践探索，运用知识解决问题。成立数学创客联盟，把具有创新探索趣向的学生集中起来，开展课外实践活动。

（3）强化数学随堂实验因素的挖掘

把数学实验教学与教材相结合，开展"158"模式教学：每周安排1节数学实验指导课；每天5分钟拓展实验；每节数学实验课进行8分钟自主实验。

4. 有效整合课程资源，整体规划数学实验

我们用课程理念来整体规划数学实验，拓展数学学习时空，让数学元素、数学学习充盈校园。我们注重数学探究、发现、应用、创新等数学实验核心要素，加强"慧雅"数学文化、课程资源、学习场馆和综合实践活动四个方面的开发建设。

（1）让校园充满"书香数韵"。学校通过数学园地、思维演练场等数学特色教室，和以"神奇的数""美丽的图"等为内容的校园数学主题园和数学文化长廊的建设，营造"数学体验"的文化氛围，让学生时时徜徉在数学王国里。

（2）让数学学习凸显探索发现。学校开展教师与学生拓展的数学课程，让学生在概念的形成、数学思想与方法的获得、思维能力的提升、问题解决模型的建立以及数学实践中经历数学发现。

（3）做思共生。学校建有做数学的实验馆、玩数学的展示室和以平板电脑为工具的电子数学室，让学生在数学应用中形成多样化的数学学习途径。

（4）开展"慧雅"文化数学实践活动，让学生在探究中学习数学。

① 成立少儿数学院。依据数学学习的核心元素，成立"数学建模""奥数起航""珠心算"等少儿数学分院，开展专题性学习活动。

② 组建数学学习团体。组建班级数学学习共同体、年级数学兴趣小组、校级数学文化社团，开展综合性数学实践活动。

③ 开展智慧型数学活动。利用每周的"数学超市"、每月的"数学达人秀"开展数学思维闯关活动。根据学生数学能力水平，评选"'慧雅'数学小学士""'慧雅'数学小博士"和"'慧雅'数学小院士"，让学生在活动中提升数学素养。

5. 有效实施多元评价，激发学生学习兴趣

长江路小学积极营造数学实验氛围，不以传统的、单一的数学解题能力作为评价学生的唯一标准，积极构建"多轨型"评价机制。

（1）评价内容。"智慧型"——实践性评价，即从思维能力与实践能力两个维度进行评价。

（2）评价类型。形成性评价——总结性评价，即不仅注重对实验结果的评价，更强调数学实验的过程操作方式。

（3）评价方式。"智慧闯关"——考核升级的方法，开展"金手指"游戏、创作等系列活动，让学生在快乐体验中提高数学素养。

三、数学实验教学的成效

经过不断的探索与实践，短短4年时间，长江路小学的数学实践内容不断丰富，在各级各项数学赛事与评比中都有所收获：学校被评选为江苏省"'慧雅'文化数学课程基地"、江苏省珠心算实验学校、连云港市小学数学课程基地。小数报名师大讲坛、连云港市珠心算研讨活动、连云港市小学数学青蓝课程展示课等省市重大活动也都曾在长江路小学举行，多位数学教师执教市级数

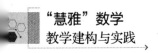

学实验公开课。长江路小学学生丰富的数学素养也赢得了各界的广泛认可。

（注：本节段是2015年12月20日我在江苏省小学数学实验教学研讨会上的发言。）

第十九节　善待学生的"错"

　　小学生因受年龄特征和思维水平的限制，在运用新知识解决一些问题时，往往会出现偏差，从而导致错误，这是课堂教学中常有的事。教学中，教师应善待学生的"错"，因为在错例中往往蕴含积极的因素。教师应抓住学生的闪光点进行引导启发，让学生通过自己探索，初步理解新知、建立新的认知结构。

　　课堂中，教师要因"错"利导。当学生出现错误时，教师不要武断地否定，而应精心设计一些有层次的系列训练题，将学生引向正确的方向，从而使他们真正地掌握新知。例如，学习"小数乘以小数"后，在做练习时，我发现有一名学生出现了这样的错误。

$$
\begin{array}{r}
0.072 \\
\times\ 0.15 \\
\hline
360 \\
72\quad\ \ \\
\hline
0.001080
\end{array}
$$

　　在讲评时，我没有简单地说错，而是让他先说说自己是怎样想的。当他说"由两个因数的小数位数的和是5可以知道，积的小数也应是5"时，我立即给予肯定和赞许："你的想法完全正确，但你在点小数点时出现了一点小错误。老师相信你一定会发现自己的错误，并请将这道题改正过来。"他稍动脑筋，很快写出了正确的结果。这时再让这名学生说说当有的结果末尾有0时，应先点小数点还是先去0。学生在这样的练习过程中能够清楚地认识到自己的错误，并加以改正，真正掌握了新知，在以后的练习中就不会犯同样的错误。当学生出现错误时，教师不要轻易地加以否定，而应耐心地让学生充分发表意见和见解，并利用正确的方法引导学生找出错因加以更正。这样不仅使学生辨析能力得到了提高，保护了学生的自尊心，还增强了学生学习的信心。

第二十节　数学教学如何发展学生思维

在哲学领域，数学是空间组合的产物，又是纯概念的运用；在教育领域，数学与生活紧密联系。如何将数学教学从空间到纯概念，再联系到生活中，最终达成有效的数学运用？个人以为，数学教学首先要发展学生的思维。实践证明，数学思维好的人，其工作的计划性、严谨性、创新性都比一般人要强。小学数学教学必须为孩子的思维发展奠定坚实的基础，充分挖掘孩子的思维潜力。

一、多样性问题，促进思维全面性

1. 设计发散性问题，促进孩子思维的联想功能

单向思维最大的问题就是俗话说的"一根筋"。因此，小学数学教学中应多设计发散性的题目，以此促进学生思维的灵活性，提升学生思维的联想功能。例如，教学"足球相当于排球的"这样的发散式数学应用题时，教师可以对学生进行多向度、多层次的发散性引导：①排球数是足球的几倍？②排球数比足球数多多少？③足球数比排球数少多少？④排球数是排球、足球总数的多少？⑤足球数是足球、排球总数的多少？⑥足球数占总球数的比例比排球占总球数少多少？在小学数学教材中，各个阶段的教学都会遇到这样的问题。因此，教师要在教学中合理设计发散性问题，将发展性思维培养的意识贯穿整个小学数学教学过程中。

2. 设计隐错性问题，培养学生思维的批判力

所谓隐错性问题，指的是在问题情境中故意隐藏错误，等待学生自主发现，以此来培养学生的批判性思维。学生的创造能力与批判性思维密切相关。例如，在教学"平行四边形的内角和为360度"以后，教师设计了这样的问题：

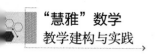
"因为一个平行四边形的内角和是360度，所以如果将一个平行四边形分成两个平行四边形，它们的内角和360度÷2=180度，正确吗？"在具体教学中，有的学生确实不能立即做出正确的回答，因为他们忘记了"平行四边形的内角和与其大小是无关"的。在此基础上，学生对任何涉及内角和的问题，都会持有一种谨慎态度，从而提高他们的思辨能力。

3. 设计交逆性问题，提升孩子的交叉思维能力

所谓交逆性问题，与我们通常所说的互逆性问题有联系也有区别。交逆性问题，不仅具有反向性，还有交叉性。交叉性思维的培养，能够提高学生抗干扰的思维能力。例如，有教师在教学"小数点位置移动引起小数大小的变化"这个问题时，先让学生观察讨论：小数点向右移动一位、两位、三位……数的大小会发生怎么样的变化？小数点向左移动一位、两位、三位……这时，小数点已经移到整数位的左边，教师仍然继续移动，前面已经没有数字，学生会发现，这样的移动是没有任何意义的。这不仅培养了学生的反向观察能力，更提高了孩子的抗干扰思维能力。

4. 设计变换问题，挖掘抽象思维潜能

所谓变换问题，就是将一个性质的问题，换个提问的方法，让学生在不同的问题中发现规律，从而抽象出较完善的数学概念，建立相应的关系。例如，对于下列几道习题：①制作一批零件，小明要几个小时，小华要几个小时，如果这两个人合作，需要多少个小时呢？②一辆客车从甲站到乙站需要6个小时，一辆卡车从乙站到甲站要8个小时，现在两车分别从甲、乙两地同时相向而行，他们会在几个小时后相遇？③工厂添置设备，可购40套大机床或者60套小机床，现在要大机床和小机床合起来买，这笔钱可购置多少套大机床？

上述每个问题的对象不同，涉及的内容也不尽相同，提问的方式也不同，但概念却相同，学生在比较的过程中，能逐渐形成较清晰的概念。

5. 设计导入式问题，促进学生思维的敏捷性

一个概念进入学生的思维，一般有两种方式：一种是同化导入；一种是顺应导入。这两种方式都需要导入。同化的导入指的是，数学概念的形成与学生原有的认知方式相同，这个时候，学生对新概念是完全接纳的。所谓顺应导入，是指新概念与学生的认知方式不同，学生需要接纳新概念。无论哪种方式，教师只要设计好导入性问题，学生便会迅速接受概念。久而久之，学生的思维敏捷性就会得到提高。学生思维敏捷性的发展，与教师设计的导入问题是否恰当有十分密切的关系。例如，教师在复习"除数整数除法"和"商不变性质"后转入讲授新课"小数点的除法"时，就可以设计这样的导入问题："除数0.56是小数，能不能让除数变成整数而计算结果大小不改变呢？"实践证明，这样的问题具有一定的挑战性，学生很喜欢。

二、言语训练，促进思维的清晰性

1. 言说解题步骤，明晰思维过程

当学生在做一般性应用题时，可以要求学生自己审题，并用语言描述应用题中的条件以及问题，让学生用数学语言自主分析它们的关系，并有条理地说清解题的思路。学生进行自由言说的过程，其实就是明晰思维的过程。比如，教学"华谊制衣厂要做2340套成衣，现在已做了9天，平均每天做164套，现在还剩下一些成衣，但需要在6天内完成，现在平均每天要做多少套？"做这道应用题时，可先让学生说出已知的条件和要解决的问题，让学生在小组内说一说，尽量把解题的步骤讲清楚，最后让小组推荐组员在全班学生面前说。在这个过程中，师生做适当点评。这样的训练，增强了学生的言说能力，促进了学生思维清晰度的提升。

2. 解说他人步骤，借鉴思维过程

学生说自己的思维过程很容易，但如果能够说清楚其他人的解题思路，则能借鉴他人的思维结果，提升自己的思维能力，拓宽自己的视野。教师在引导学生做应用题时，还要进一步引导学生分析和解说他人解答应用题的思路，从而培养和发展学生思维的广阔性。例如，教学"一个班级有45名学生，这天老师要求学生带花来上课，上学时带鲜花的有10人，带假花的有42人，两种花都没带的有1人。问两种花都带的有几人？"做这道应用题时，学生一共想到了三种列式方法。

（1）$10 + 42 - (45 - 1) = 8$（人）。

（2）$10 - [(45 - 1) - 42] = 8$（人）。

（3）$42 - [(45 - 1) - 10] = 8$（人）。

每种解法都请一名学生说解题的思路，然后让每名学生在组内或同桌之间复述同学的思路。当学生说出别人解题的思路，意味着自己也学会了新方法。

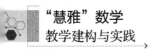

这样确实拓宽了学生的思维广度。

3. 介绍学习方法，共享思维成果

学习方法在数学学习中尤为重要，因为数学就是一门自然学科，它蕴含着一些基本的思想方法。让学生介绍自己的学习方法，可以更好地完善学生的思维，同时也能让大家受到启发，共同提高。比如，教学"平面图的面积公式推导"时，作者先让学生自己探索有关规律，然后通过点拨，让学生自主算出相关图形的面积。在这个过程中，作者让学生注意观察推导面积公式的方法，尤其是用了哪些已经学过的知识点。学生边做边思考，边做边总结。很快，不仅掌握了推导的方法，还从其他同学的方法中得到了启发。

三、操作训练，提高思维的协调性

1. 进行探索新知的操作

数学思维在很大程度上是一种形象加抽象的思维，在进行新知教学的过程中，如果学生能够自己动手操作，会收获更多，探索新知的欲望也会加强。例如，作者在进行"测量"教学时，并没有在教室里进行空洞的知识讲解，或者简单地让学生测量一下课桌等小型的器物，而是直接将学生带到了教室外面，让他们测量学校的实践基地。在测量的过程中，我一方面进行示范指导，另一方面却又不讲解测量过程中要注意的点，而是直接跟学生要测量的结果。学生在进行了几番尝试后，终于知道了答案。回到教室，还没等我开口，学生就你一言我一语地说开了。有的谈测量时的兴奋；有的谈测量时的注意点；有的谈自己是如何出错的；等等。作者则趁机让学生进行总结：测量时需要准备什么？测量时如何认准刻度？测量时如何根据刻度计算出有关数值？紧接着，作者让学生对作者列出的测量过程进行点评。学生的点评都十分到位。测量注意事项不待作者讲解，学生已基本掌握。

2. 进行还新为旧的操作

数学知识是一个十分系统的体系，几乎每一个知识点都存在这样或那样的联系。有人说，语文课可以几天不上，或者跳跃着上，但数学课却不能这样上，数学课需要一课接一课地上。数学的新知很多都是从旧知推导出来的。如果在推导新知的过程中学生能够结合已经学过的知识进行迁移学习，那么对新知识的掌握会很容易。比如，作者在讲授"梯形的面积公式"时，让学生准备了几个硬纸板做成了梯形，让学生推导面积计算公式。

　　基于以上论述，作者以为，数学教学培养学生的思维是一件需要重视的事情。教师必须要有思维培养的意识，弄清楚思维培养的三个渠道，培养学生的全面性思维，为学生数学素养的提升奠定坚实的基础。

作者在数学教学生涯的30年时间里，执教各级教学研究性公开课近百节，每一节都有当时需求的研究主题和对课堂教学的思考，它们为作者建构"慧雅"数学教学提供了理论支持和实践支撑。现在用"慧雅"数学教学的视角重新审视这些教学案例，也能发现它们都不同程度地透着数学教学的"慧雅"气息。汇集几节课例，让我们一起寻访"慧雅"教学之路吧。

『慧雅』数学教学设计

第五章

第一节　数的认识与计算

分数的意义

教学要求

（1）使学生了解分数的产生，认识单位"1"，理解分数的意义，能说明一个分数所表示的实际意义。

（2）使学生知道一个分数的分母和分子表示的意义。

（3）通过教学培养学生动手操作能力、语言概括能力以及创新能力。

教学策略

（1）分数的意义是系统学习分数的开端，学生正确理解单位"1"和分数的意义十分重要。教学时，作者结合已学过的分数初步知识及生活经验，提供了丰富的感性材料。通过图、数结合，排列整齐的板书，创设良好的情境，引导学生抽象概括出单位"1"和分数的意义，使学生从感性认识上升到理性认识。这样不仅有助于学生形成正确而清晰的概念，而且能教会学生学习数学概念的方法，培养学生抽象概括的能力。

（2）以学生为主体，教师为主导，教材为主要依据，采用启发引导式的教学方法，帮助学生把握重点，突破难点。学生已经有分数的初步知识，在教学把单个物体看作单位"1"时，教师要少讲，而采用学生边分学具、边说出相应的分数的形式启发学生自己去学习。将多个物体看作单位"1"是新知识，教师须采取有效的教学措施，攻克这一难点。首先以生活经验为突破口，让学生分4支粉笔，理解分数的意义；然后再以此为认识起点进行大量的探究性学习活动，如分6个学具说分数，分5个桃子说分数，分8个泥人说分数。

（3）分数的意义内涵较丰富，且比较抽象，学生学习数学概念不能一蹴而就，要通过这一节课和以后的学习逐步加深理解。在这一节课中，要通过练习巩固和发展学生的智能。首先将整节课设计成练习的形式，既使学生学习新知识；也是让学生利用原有知识和生活经验，在让学生平均分一种物品后引导学生说出自己分出的分数。巩固新知的练习围绕重点内容既有基本题、变式题，又有综合题和发展题。题型新颖而灵活，不仅能提高学生练习的兴趣，促使他们运用所学知识解决问题，而且能在练习中培养学生观察比较、分析判断、多向思考的能力。

始终以平均分、说分数、交流学习成果为主线进行教学，充分发挥学生学习的主体作用。主要从以下几个环节组织教学。

教学过程

（一）创设情境，阐述分数的产生

1.师生进行数学交流，收集相关数据

师：请你告诉老师，你今年几岁了？你们家有几口人？我们班级有多少个学生？这些数是我们学过的什么数？

生：我今年12岁。我们家有3口人。我们班级有50人。

师（在黑板上写出12，3，50）：这些数都是整数。

如果把全班人数平均分成2组，每组是多少人？可以用整数表示吗？

生：能，50÷2＝25，每组是25人。

师：如果把每组的人数再平均分成2组，还可以用整数表示吗？

生：不能，25不是2的整数倍。

2.提供素材，唤醒已有认知

师：在生活中不是所有情况的结果都可以用整数表示的，这时就需要用到分数，分数我们已经初步认识过。例如：

（1）用课件展示分饼的过程，引导学生观察说出把一块饼平均分成2份，每份是这块饼的多少。这时就不能再用整数表示了，可以用什么数表示？你能写出这个数吗？（板书 $\frac{1}{2}$）

（2）我们通常用到计量单位米。（师拿出一个米尺）用它来量黑板的宽度，量了1米后，剩下的不够1米，还能用整数米表示吗？剩下的长度如果要用

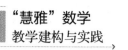

米表示就可以用分数。

3. 点明课题，明确学习目标

师：我们已经初步认识了分数，你还记得分数的哪些知识？到底什么叫作分数？分数的分母表示什么？分子又表示什么？这节课我们进一步学习"分数的意义"。

（学生已经初步认识了分数，所以能解决这些简单的问题。从学生身边的数和数学事实出发，通过师生亲切的交谈，教师把学生的思维和注意力引入新知学习的状态中，让学生初步感知分数产生的背景与需要，这不仅有利于学生进一步学习新知，而且还能使学生了解分数来源于生活，使学生把数学知识生活化，缩短知识与思维的距离，利于学生探索新知）。

（二）自主活动，理解分数的意义

1. 在观察中唤醒原有分数知识

（1）回顾一个物体为单位"1"的分数

师（电脑出示课件）：请大家观察这个正方形图片，你能说出哪些分数？

生：$\frac{1}{4}$，$\frac{2}{4}$，$\frac{3}{4}$，$\frac{4}{4}$。

学生说出这些分数后，教师再引导其他学生说说每个分数是把谁看作一个整体的、平均分成了几份，每个分数分别表示这样的几份？

（2）一个计量单位为"1"的分数

师在黑板上画1米长的线段，平均分成10份，让学生先说说把1米看作整体"1"，被平均分成了几份；再让学生说说 $\frac{1}{10}$，$\frac{2}{10}$，$\frac{3}{10}$，$\frac{4}{10}$，$\frac{7}{10}$ 分别表示什么意思？

（多媒体展示把一个物体看作单位"1"，让学生观察被平均分成几份，然后写出分数。通过直观教学方法唤起学生对旧知的回忆，让学生在说的过程中初步建立分数不局限在真分数范围内的概念）。

2. 在操作中创造新的分数

上面几个例子都是把一个物体看作一个整体，生活中的许多情况还可以把多个物体看作一个整体，也能得到分数。例如：

（1）出示4支粉笔，引导学生操作。把这4支粉笔看作一个整体，能把它平均分成几份？（2份或4份）根据平均分成的份数，你能说出几个分数？这些分数表示什么意思？组织学生边分边说得出的分数$\frac{1}{2}$，$\frac{1}{4}$…是什么意思。

（2）组织学生把6支粉笔平均分成2份、3份和6份，说出分数，并说说每个分数的意义。

（3）观察直观图，说说把谁看作一个整体，被平均分成几份，每个分数表示什么意义。

（把操作活动与学生的创造性学习有机地结合起来，引导学生在活动中把多个物体看作单位"1"，平均分成不同的份数，通过类比和迁移，创造出新的分数，从而获得对分数的全面认识）。

3. 在阅读交流中构建

（1）师结合下面的板书（见图5-1-1）谈话，引导学生合作讨论，得出分数的意义。

分数的意义			
把单位"1"：	一块饼	1米的线段	8个苹果
平均分成若干份：	2份	10份	4份
表示这样的1份或几份：1份		1份 9份	1份 3份
叫作分数：	$\frac{1}{2}$	$\frac{1}{10}$ $\frac{9}{10}$	$\frac{1}{4}$ $\frac{3}{4}$

图5-1-1

师：举这么多例子都是为了说明什么叫作分数。请大家互相讨论一下，互相说说看，我们把那些物体看作整体，这些整体如果用一个自然数表示你认为用什么数表示比较合适？到底这些整体在数学上叫什么呢？什么叫分数呢？请同学们自学课本，看书上是怎么说的。

然后再有针对性地指着黑板上的一些分数让学生说说是把什么看作单位"1"，平均分成几份，表示这样的几份，分母是多少，分子是多少。

（2）讨论：在分数中分母表示什么意思？分子呢？引导学生结合板书中的分数进行思考总结。请一名学生说出一个分数，并告诉其他同学自己说的这个分数是什么意思。

（交流是一种有效的学习方式，课堂交流可以是教师与学生的信息交流，也可以是学生之间的信息交流，还可以是学生与课本之间的信息交流。这一学习过程就是根据知识学习的需要，合理利用这三种交流方式，让学生在交流过程中展示自己的学习成果，在倾听他人的过程中丰富认识、深化理解）。

（三）分层练习，强化提高

多媒体出示下面各题，逐一指导学生解答。

1. 说出下面各题中的分数所表示的意义。

$\frac{2}{5}$ 是把单位"1"平均分成（　　　）份，表示这样的（　　　）份。说说下面各分数是把谁看作单位"1"，平均分成几份，表示这样的几份。

（1）五年级一班的三好学生占全班人数的 $\frac{3}{4}$。

（2）小明吃了一块饼的 $\frac{4}{7}$。

（3）一块菜地的 $\frac{2}{5}$ 种了西红柿。

（4）地球表面的 $\frac{71}{100}$ 是海洋。

（5）中国用世界 $\frac{1}{20}$ 的耕地养活了世界 $\frac{1}{5}$ 的人口。

2. 把单位"1"平均分成6份，表示这样的1份是（　　　），2份是（　　　）。

3. 看图写分数（见图5-1-2）。

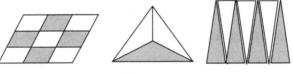

图5-1-2

4. 判断下列说法或表示方法是否正确。

（1）把单位"1"分成5份，其中的3份一定是 $\frac{3}{5}$ 吗？为什么？

（2）图5-1-3的分数对吗？

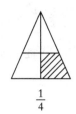
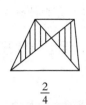

$\dfrac{3}{4}$ $\dfrac{1}{4}$ $\dfrac{2}{4}$ $\dfrac{1}{2}$

图5-1-3

（让学生通过辨析指出必须"平均分"）。

师：课上到这个时候，大家一定累了吧，我看这样，接下来我们来做一个游戏，怎么样？

师（出示一个纸盒）：猜猜看，盒子中有几支铅笔。

生：无法准确判断。

师（取出盒中的2支铅笔）：如果，我告诉大家我拿出的是全部的 $\dfrac{2}{6}$，你知道盒子中有多少支铅笔吗？

师（取出盒中的2支铅笔）：如果，我告诉大家我拿出的是全部的 $\dfrac{1}{2}$，你知道盒子中有多少支铅笔？

（课堂练习是为了检测学生对新知理解的情况，也是为了促进学生在知识与能力上的发展。根据学生不同发展情况，设计层次不同、形式各异的练习，有利于所有学生掌握新知，获得发展。拿粉笔的练习让学生感悟整数与分数的关系，感悟单位"1"不同，所得到的分数不同。）

（四）引导总结，形成网络

这节课你学到了哪些新知识？你认为在分数的意义中哪些词比较重要？

（引导学生再现学习过程，有利于学生进一步理解新知，增强学习能力和学习信心。）

（五）游戏结束，进一步深化

请8名学生到讲台前，每2人一组，然后从左到右分成1～4组，同时在黑板上出示下列分数：$\dfrac{1}{8}$、$\dfrac{1}{6}$、$\dfrac{1}{4}$、$\dfrac{1}{3}$、$\dfrac{1}{2}$。让1～4组学生依次思考：第1组学生是这8名学生的几分之几，应取哪个分数？第2组学生是剩下6个人的几分之几？第3组是剩下4人的几分之几？最后一组学生是2人的几分之几？学生取出分数后引导学生观察思考：都是2人，为什么用 $\frac{1}{4}$、$\frac{1}{3}$ 和 $\frac{1}{2}$ 不同的分数表示呢？

（让学生在新的矛盾冲突中结束本节课学习，能激发学生兴趣，使学生产生进一步学习的动力）。

📖 教学反思

学习背景化就是把教学与学生的真实生活联系起来。教学中应做到以学生熟悉的知识与事实为背景，设计有意义的教学，开展丰富多彩的活动，进行交流与参与，充分发挥学生的特长，从集体合作到个别创新。

学习活动化就是师生共同参与创造性活动，以促进学习；在课堂上设计需要学生共同完成的教学活动，让学生利用自己的经验全程参与到这些活动中，在活动中获得认识，获得进一步学习的经验。

过程交往化就是通过对话进行教学，通过课程发展学生的语言能力，提高学生的素质。在教学中与学生进行教学对话，尊重学生与教师不同的交谈互动方式，提供各种机会促进生生、师生交流；努力在这种课堂交谈中使学生比教师有更多的发言机会。

数学教师的主要任务就是为学生设计学习的情境，提供全面、清晰的相关信息，引导学生在教师创设的教学情境中，开动脑筋进行学习，掌握数学知识。整节课在实际教学过程中要始终坚持做到如下。

（1）在有效的情境中发现新知。重视从学生已有经验出发，抓住新知识的生长点，让学生在解决新旧知识的认知冲突中，完成对单位"1"的认识和扩展，加深对分数的认识。

（2）在丰富的活动中建构新知。让学生通过充分的自主活动，经历分数产生的过程，从大量的具体实例中整体感知分数的意义，形成分数概念。

（3）在恰当的练习中巩固新知。重视有效练习的设计，让学生在应用中巩固、强化对分数意义的理解，提高解决问题的能力。

真分数和假分数

教学内容

人教版《义务教育课程标准实验教科书·数学》五年级下册第四单元第69~70页。

教学目标

（1）通过有效的数学活动，使学生理解真分数和假分数的意义，把握真分数和假分数的本质特征。

（2）使学生经历探究的过程，采用数形结合的方式重点使学生理解假分数的意义，使学生在分类比较中把握真分数和假分数的意义。

（3）使学生感受知识的递进过程，积累画图、分类的学习经验。

教学重难点

深入理解分数的意义，正确把握真分数和假分数的差别；正确地表示假分数。

教学过程

（一）意义重现，温故知新

1. 数域扩展中确定研究方向

在五年的数学学习生活中，我们先后认识了整数、小数、分数，这节课我们就分数来继续深入学习。

2. 在回顾旧知中强化要点

（1）你能举几个分数的例子吗？

（2）从这些分数中选一个喜欢的分数用画图的方式来表示它。

（二）数形结合，完善认知

（1）从形式上推出假分数。

（2）从意义的角度理解假分数。

（3）从线段图扩展的角度理解假分数。

（三）分类推进，细致区分

1. 在对比中生成新概念

（1）根据分数的特点，按一定的标准对分数进行分类。

（2）揭示概念，适时板书。

2. 在联系中理解新概念

（1）从分数与1的关系上理解真分数和假分数。

（2）观察真分数和假分数在线段图上的位置。

（四）巩固应用，培养数感

（1）判断下面的分数，哪个是真分数，哪个是假分数。

$$\frac{1}{12}, \frac{4}{5}, \frac{23}{11}, \frac{6}{6}, \frac{49}{50}$$

（2）看信息说感受（根据实际情况而定）。

（五）总结提升，积累经验

（1）通过这节课的学习，你知道了什么？

（2）对本节课自己的表现进行自我评价。

分数的基本性质

教学要求

（1）使学生理解和掌握分数的基本性质，能应用分数的基本性质，把一个分数化成指定分母而大小不变的分数。

（2）在引导学生参与学习的过程中培养学生动手操作、观察分析的能力，培养学生小组合作的意识与创新精神。

教学准备

将班级学生分成4人一个学习小组，并选出组长，每组同学准备4张同样大的长方形纸。

教学过程

（一）复习引新，明确目标

（1）出示三道算式。

$$2 \div 3 \qquad\qquad 20 \div 30 \qquad\qquad 200 \div 300$$

引导学生思考：①不计算请你说出这3道除法算式的商是什么关系。②你是根据除法中的什么性质看出来的？这个性质的内容是什么？③请你用分数表示这3道题的商。④看到这三道除法和三个分数，你有什么新的发现？

（2）启发学生找出"$\frac{2}{3} = \frac{20}{30} = \frac{200}{300}$"的关系，再引导学生观察思考：这三个分数的分子、分母相同吗，它们的大小一样吗？这是为什么呢？师指出：学完"分数的基本性质"后，你们就会知道其中的道理。

（3）板书课题，引导学生提出问题。

师：看到这个课题，你想了解哪些知识？

（这样复习引入，抓住新旧知识的联系，有利于促进知识的迁移。让学生看课题猜想本节课要学习的主要内容，既培养了学生提问的能力，又帮助学生明确了学习目标，增强了学习动力。）

（二）引导操作，初步探究新知

1. 师讲话调动学生探究的积极性

"分数的基本性质"到底说明分数有什么特征呢？这节课我们就通过自己的学习来探讨这个问题。比比看哪组同学最先发现这里的秘密。

2. 指导操作，分组探索

（1）弄清操作要求：每组4人取大小相同的长方形白纸，分别平均分成2份、4份、6份和8份并分别把其中的1份、2份、3份和4份涂上色，再把表示涂色部分的分数写出来。

（2）出示小组讨论题：①把这几个分数的涂色部分放在一起，比比看，你能发现这几个分数大小有什么关系？②这几个分数的什么变了？怎么变的？什么没有变？③你能用一两句话说说这里的变和不变的规律吗？

（学生在教师创设的操作和讨论情境中，对当前的学习材料进行有目的的加工处理。学生通过小组合作学习的方式交流各自想法，不断充实和完善小组

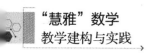
观点。教师可适时地加入各组之中，适当地给予帮助和指导，成为他们探索新知队伍中的一员，促使学生组内形成相对一致的意见）。

3. 组织交流，初步构建新知

（1）每个小组指派代表交流本组研究成果，在各组发言的基础上，教师结合板书 $\frac{1}{2} = \frac{2}{4} = \frac{3}{6} = \frac{4}{8}$ 引导学生逐步归纳出"分数的分子和分母同时乘以或除以一个数，分数的大小不变"。

（2）你认为这句话中哪些词比较重要？对这句话你还有什么要补充的吗？

4. 巧妙练习，形成完整的知识结构

学生运用教师提供的学习材料无法对自己总结的"基本性质"做出"0除外"的补充。这时教师可以组织学生用自己获得的新知做如下判断练习：

（1）一个分数的分子分母都乘以4，分数的大小不变。

（2）一个分数分子、分母都除以5，分数的大小不变。

（3）一个分数分子、分母同时扩大10倍，分数的大小不变。

（4）一个分数分子乘以4，分母除以4，分数的大小不变。

（5）$\frac{6}{7} = \frac{6 \times 3}{7 \times 3} = \frac{18}{21}$。

（6）$\frac{9}{21} = \frac{9 \div 3}{21 \div 3} = \frac{3}{7}$。

（7）$\frac{4}{5} = \frac{4 \times 0}{5 \times 0}$。

（8）$\frac{3}{4} = \frac{3 \div 0}{4 \div 0}$。

学生运用新知可以顺利地完成（1）到（6）题的判断练习，当他们练习到（7）（8）题时，一定能发现应该做怎样的补充。这时再让学生自己补出"零除外"并说明为什么这样补充。

（在学生初步归纳新知获得成功时，教师可通过制造新的认识冲突，激发学生不断求新，并组织学生在练习中运用已有的旧知和新知自觉地扩展和完善知识结构，真正变"教师给予"为"学生主动获取"。教师在整个过程中只充当学习材料的提供者和学生探索活动的组织者、指导者，成为学生的合作伙伴。）

（三）开放性实践性练习，培养学生解决问题的能力

（1）请你用自己发现的分数的基本性质说明：课前 $\frac{2}{3} = \frac{20}{30} = \frac{200}{300}$ 这三个分数为什么相等？你能说出商不变性质和分数基本性质的联系吗？

（2）$\frac{3}{4}$ 和 $\frac{12}{24}$ 这两个分数哪个大，你有几种比较方法？

（3）写出与 $\frac{1}{3}$ 相等的分数，你能写出多少个？

这三道练习题，改变了以往模仿例题的机械练习形式，学生运用新知解决课开始时的悬念，获得成功的喜悦。学生在解答练习（2）（3）前必须先思考解题策略和方法，然后着手解决。这种练习效率高，利于学生巩固新知，更利于培养学生解决问题的能力。

（四）新知总结，形成系统

这节课我们学到了什么新知识？主要内容是什么？我们是怎样学到这些知识的？

（五）分层练习，强化提高

1. 基本练习

（1）运用本课新知解决下面数学问题。

$$\frac{1}{3} = \frac{(\quad)}{6} \qquad \frac{10}{15} = \frac{(\quad)}{3} \qquad \frac{1}{4} = \frac{5}{(\quad)}$$

（2）下面每组分数相等吗？

$$\frac{3}{5} \text{ 和 } \frac{6}{10} \qquad \frac{5}{12} \text{ 和 } \frac{21}{36} \qquad \frac{9}{18} \text{ 和 } \frac{1}{9} \qquad \frac{5}{12} \text{ 和 } \frac{1}{5}$$

（3）把 $\frac{5}{8}$ 的分子乘以3，要使大小不变，分母应怎样变化？

2. 游戏：结束新课

让学生取出课前教师发给他们的分数卡，观察手中分数，与分数相等的同学到前面来告诉大家 $\frac{12}{16}$ 和自己手中的分数是怎样互相转化的，然后离开教室。接着再研究相等的分数，依次类推，最后结束新课。

（改变传统的下课形式，让学生运用新知在游戏中结束活动，有利于激发学生进一步学习数学的内驱力）。

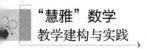

课堂教学过程既是学生在教师指导下的认知过程，也是学生发展的过程，同时也是培养学生创新能力的过程。《小学数学课程标准》要求："通过教学活动，逐步培养学生的创新意识，形成初步的探索和解决问题的能力。"实际教学教师要根据儿童认知规律和小学数学学科特点，使学生在良好的课堂结构和组织活动中，真正成为学习活动的主体，在积极主动参与的学习活动中实现获取新知与增强创新能力的双向发展。在分数基本性质一课中，我努力这样做。

（一）创设情境，激发学生创新意识和兴趣

每节课中的复习铺垫内容已不再是单一的功能，它不但要起到温故而知新的作用，而且还要有利于激发学生的创新意识。因此，教师要选准新旧知识的联系点，创设问题和思维情境，提供诱因，促进知识的迁移，使学生能产生强烈的求知欲和主动探索的兴趣。在教学《分数的基本性质》时，可先出示：

$$2 \div 3 = \qquad 20 \div 30 = \qquad 200 \div 300 =$$

引导学生讨论：

（1）不计算，你能知道这3道题的商是什么关系吗？

（2）你是应用除法中的什么性质判断的？这个性质的内容是什么？

（3）你能用分数表示这三道题的商吗？

当学生写出 $\frac{2}{3}$，$\frac{20}{30}$ 和 $\frac{200}{300}$ 三个分数后，进一步引导，"你有什么新的发现？"这个问题激活了学生的创新思维，调动了他们创新的积极性。当学生发现 "$\frac{2}{3} = \frac{20}{30} = \frac{200}{300}$" 时，教者指出"这三个分数的分子、分母各不相同，但它们大小却一样，这是为什么呢？当我们学习了'分数的基本性质'后，大家就会明白其中的道理"，引出并板书课题，让学生看看课题，说说"看到这个课题，你想了解哪些知识"，帮助学生明确学习目标，进一步调动学生学习的积极性。

（二）引发探究，培养学生的探索精神和创新能力

好胜心是对新、特、奇事物进行探究的一种心理倾向。学生对感知到的新信息会提出各种各样的问题，进而产生深入观察、思考的急切心理。课堂上，我利用学生的这种心理，引发和培养学生主动探索的欲望和求知的精神，在创造激情的积极心理作用下参与实践创造性的活动，逐步增强创新能力。

1. 改进组织形式，引导学生积极探索新知

我将全班学生分成4人学习小组，每组提供相应的学习材料让他们合作研讨，让学生带着问题，通过思考讨论、相互交流、合作学习等方式进行探索。我则适时地加入各组的研讨活动中去，在学生的研究停滞不前时，适当地给予有效的指导和帮助。这样教学给学生足够的思考空间，变学生被动接受为主动探索。

2. 改进交流方式，引导学生主动构建新知

现代教学论认为，课堂上信息的交流不应该只满足于"教师—学生—教师"之间问答型的单一形式，而应该是交互式、立体多向型的交往形式。课堂上，生生之间、师生之间都可以自由地发表自己的见解，可以展开激烈的辩论。要充分体现教学的主体性原则。教师既是组织者，又是参与者，只在关键处给予适当的点拨和指引。在小组研究的基础上，每组指派代表发言，交流本组研究成果，而其余学生则在认真听取他人意见的基础上适当地加以补充，师生共同完成板书。

$$\frac{1}{2} = \frac{2}{4} = \frac{3}{6} = \frac{4}{8}$$

教师逐步引导学生总结、归纳，得出：分数的分子和分母同时乘以（或除以）相同的数，分数的大小不变。初步得出结论后，再让学生说说"你认为这句话中哪些词比较关键？"，帮助学生深入理解，并接着追问："你认为这句话中还有什么需要补充的吗？"学生不能正确补充出"0除外"时，我不是急于告诉他们结论，而是让学生运用他们总结出来的"基本性质"进行判断练习，如 $\frac{5}{9} = \frac{5 \times 0}{9 \times 0}$。

学生在应用过程中有新的发现，这时，可让学生把他们总结的基本性质补充完整。难点突破水到渠成。在学生探索的过程中，我始终作为研讨的组织者、学习材料的提供者，和学生共同学习。新知学习真正变"教师给予"为"学生主动获得"。

（三）改进练习形式，培养学生解决问题的能力

学习知识是为了运用。当学生理解掌握某一新知后，为了强化巩固新知，并在应用过程中培养学生解决问题的能力，教师应该优化和重组教材中安排的各种练习，提高练习效果和质量。在学生归纳出"分数的基本性质"后，引导学生讨论"这个性质有什么作用"，激发学生产生运用新知解决问题的动机。

接着可把教材中安排的"把 $\dfrac{3}{4}$ 和 $\dfrac{12}{34}$ 改写成分母是8，而大小不变的分数"的练习题改成"比较 $\dfrac{3}{4}$ 和 $\dfrac{12}{34}$ 的大小，你有几种方法？"

（这种开放性的习题，变以往学生模仿例题的模式化解题练习，为先探索解决问题的方法和策略，然后再运用知识加以解决的练习，不但学生的新知得到巩固，而且学生解决问题的能力也得到锻炼和提高）。

≪≪ 小数的初步认识 ≫≫

📖 教学内容

人教版《义务教育课程标准实验教科书·数学》三年级下册第88～89页。

📋 教学目标

（1）结合生活经验认识小数，会读写小数部分不超过两位的小数，知道以"元"为单位小数的含义。

（2）结合具体单位知道十分之几可以用一位小数表示，百分之几可以用两位小数表示。

（3）体验数学与生活的联系，增强学习数学的兴趣。在自主探索的过程中，提高学习能力，体会数学的价值。

📑 教学准备

多媒体课件、练习纸每人一张。

教学策略

人教版教材对"小数的认识"编排主要分两个阶段。第一阶段安排在三年级下册,结合元、角、分和长度单位来初步认识小数;第二阶段安排在四年级下册,系统地学习小数的意义。教材这样安排的目的是让学生对小数的认识有一个循序渐进的过程,但在具体的教学中,很有可能出现两个问题:一个是如果这节课只是把用元做单位的小数转化为几元几角几分,这仅仅是一年级下册中"认识人民币"的延续,自然对小数的认识不够到位;另一个问题就是提前对小数的意义进行抽象和提炼。为了避免以上目标过低或过高的情况,准确地定位目标,这节课注意了以下几点。

(1)充分利用学生生活经验,从生活常识过渡到数学表达,使其自然链接。一方面,"以元做单位的小数转化为几元几角几分,几角(1元以内)就是零点几元"等内容,学生在日常生活中有充分的体验,已经转化为学生的生活经验。另一方面,学生对分数已经有了初步的认识,这正是学生的知识基础。在处理教材时,我们让学生在熟悉的商品价格背景中借助直观的图示去体会分数与小数的内在联系,以此激活分数与小数的联结点,从而为后续的"利用分数来理解小数"做充分的准备。我们觉得这样处理教材是为了充分尊重学生知识的起点,达到生活经验和数学经验的自然链接,这应该是我们教学的基本出发点。

(2)先试后教,发挥练习的诊断功能,充分体现学生的主体地位。在本课的设计中,每一个环节都有相应的诊断练习,这些诊断练习将达到多重目的:首先,是巩固强化,诊断上一个环节的教学目标是否达成;其次,是让学生对后一环节的内容有尝试的机会。在进入新的教学环节时,教师可以得到第一手前测资料,根据学生的各种问题情况,灵活调整后续的教学。让教师的角色真正转变为学生学习的引导者,也为优秀的学生提供自主建构的空间,从而体现不同的学生在数学学习活动中所具有的不同发展。

教学过程

（一）利用生活经验导入新课，重点学习小数的读法，解释以"元"做单位的小数的具体意义

材料：

语文作业本定价是0.85元。

一本书的厚度是3厘米。

买一瓶矿泉水需1.09元。

一口挂钟的定价是289元。

一本书的价钱是15.15元。

一只书包的价钱是120.20元。

（二）利用1角和1分突破教学难点，让学生体会分数与小数之间的联系

材料1：

1元钱。

材料2：

$3角 = \dfrac{(\quad)}{(\quad)}元 = (\qquad)元。$

$1分 = \dfrac{(\quad)}{(\quad)}元 = (\qquad)元。$

$7角 = \dfrac{(\quad)}{(\quad)}元 = (\qquad)元。$

（三）利用长度单位完善学生对小数的认识

材料：

$6角 = \dfrac{(\quad)}{(\quad)}元 = (\qquad)元。$

$28分 = \dfrac{(\quad)}{(\quad)}元 = (\qquad)元。$

$1分米 = \dfrac{(\quad)}{(\quad)}米 = (\qquad)米。$

$3厘米 = \dfrac{(\quad)}{(\quad)}米 = (\qquad)米。$

$(\quad)分米 = \dfrac{(\quad)}{(\quad)}米 = (\qquad)米。$

（四）利用趣味比赛，巩固技能、深化理解、拓宽思维

材料：大小蜗牛爬杆比赛

大小蜗牛爬杆高度，见表5-1-1。

表5-1-1

天数	大蜗牛爬的高度	小蜗牛爬的高度
第一天	76厘米=$\dfrac{(\quad)}{(\quad)}$米=（　　）米	3分米=$\dfrac{(\quad)}{(\quad)}$米=（　　）米
第二天	（　　）厘米=$\dfrac{(\quad)}{(\quad)}$米=（　　）米	（　　）分米=$\dfrac{(\quad)}{(\quad)}$米=（　　）米
第三天	（　　）厘米=$\dfrac{(\quad)}{(\quad)}$米=（　　）米	（　　）分米=$\dfrac{(\quad)}{(\quad)}$米=（　　）米

《《《 **1000以内数的认识** 》》》

教学内容

人教版《义务教育课程标准试验教科书·数学》二年级下册第67～69页。

教学目标

（1）在经历数数的过程中体验"千"产生的必要性，知道相邻计数单位间的进率是10。

（2）借助计数器来认、读、写1000以内的数，知道这些数的组成。

（3）在具体的情境中经历知识形成的过程，发展数感，培养学习数学的兴趣。

教学重难点

能正确地读写1000以内的数，建立计数单位"千"的概念；接触整百、整十"拐弯处"的数。

📖 教学准备

课件、演示用的计数器。

🖥 教学过程

（一）创设情境，引入新课

（1）创设情境，学生经历数数的过程。

（2）个别汇报，学生介绍数数的方法。

（3）揭示课题，了解学生学习的需求。

（二）引导探究，解决问题

1. 感受计数单位产生的必要性

$$千 \xleftarrow{\quad 10个 \quad} 百 \xleftarrow{\quad 10个 \quad} 十 \xleftarrow{\quad 10个 \quad} 个$$

2. 拨珠——解决数数过程中的难点

（1）从198起，数到206。

（2）从985数到1000。

3. 感知——数单位"千"

对照计数器。

个、十、百是我们以前就学过的计数单位，现在我们又认识了一个新的计数单位：千。我们把它们之间的关系在计数器上拨一拨。

追问：再拨一个满十了怎么办？

4. 交流——"读""写"与"组成"

让学生自己写一个喜欢的三位数，教师获取认知材料。

（1）读出自己写的数

①学生之间的交流——了解学生读数的错误资源；

②学生素材的分类——中间零和末尾零的读法区别；

③认识整百数——进一步完善对千的认知；

（2）拨出自己写的数

让学生借助计数器来认知数的组成。

① 教师规范演示。例如，186是由1个100、8个10和6个1组成的。

② 学生在计数器上拨出自己所写的三位数，再说出数的组成。

③ 汇报交流。

④ 游戏——用数的组成来猜数。

（3）创设情境读数、写数

① 根据计数器来写三位数。

写作：_____ 写作：_____ 写作：_____

② 教师创设"世界在长高"的文字情境，让学生来写数。

5. 体验1000——培养数感

（1）出示有100张纸的笔记本，几本这样的笔记本就有1000张纸了呢？1000张纸大约有多厚？用手比划一下。

（2）抓黄豆。如果每位同学抓一大把，要抓多少把才能把1000粒黄豆抓完？动手试一试。

（三）走向生活，体会应用

（1）这些数在我们的生活中无处不在：珠穆朗玛峰高约8844米；温州大桥有6977米长……

（2）学生交流课前收集的生活中的数。

生活中的负数

教学内容

人教版《义务教育课程标准实验教科书·数学》五年级下册第87～89页。

教学目标

（1）学生在熟悉的生活情境中，了解负数的意义，初步学会用正、负数表示日常生活中具有相反意义的量；会正确地读、写负数。

（2）使学生在具体的生活情境中，经历数学化、符号化的过程，体会负数产生的必要性。

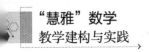

（3）使学生感受正数、负数与生活的密切联系，享受学习数学的乐趣。

教学重难点

了解正、负数的意义；引导学生观察、探索、发现生活中如何用正、负数表示具有相反意义的量；理解"0"的意义。

教学过程

（一）制造矛盾，导入新课

师：要学好数学就要和数字交朋友，你们对我们学过的数熟悉吗？

生：熟悉。

师：有这样一件事儿，前几天，老师去图书室还两本书，恰巧遇到小丽在借书，她借走了两本。你能用数字把这件事简单、明了地记录清楚吗？（出示课件。）

生：可以。

师：很多同学都有自己的想法了，拿出记录单，自己试一试。

（学生自己试着记录。）

（二）经历过程，认识正、负数

1. 出示学生的各种记录方式

学生的记录方式有用原来的数记录的，有加文字的，有加箭头的，有加符号的。学生针对这些记录方式，发表自己的看法，总结概括出：仅仅用以前学过的数不能清楚地表示出相反意义的量，需要一种新的数；加文字的方法记录清楚了，但有时学起来比较麻烦，符号表示的方法比较简便；前面加号的数，与我们已经认识的加、减法的意义相符。

2. 结合负数的历史介绍正、负数

师：相反意义的量究竟怎样表示，历史上的数学家们也颇费了一番周折。他们最先想到了用不同颜色来区分；由于记录时换色不方便，他们又想到了用画斜杠的方法来表示；后来他们想到了用各种各样的符号来区分。（课件出示）直到20世纪初，人们才用到这样的记录方式（出示+2，–2），现在人们就用这样的方式来表示相反意义的量。

还回两本书，我们记作+2，读作正2；借走2本书，我们记作−2，读作负2。很显然，这里的两个符号又有了新的意义，"+"叫正号，"−"叫负号。（指+2）这个数就叫正数，（指−2）这个数就叫负数。

3. 找相反意义的量，用正、负表示

师（出示课件）：这儿还有一些量，你能找到哪两个是相反意义的量吗？

（生试着找出相反意义的量，并连线。）

师：你能把这些量用正、负数表示出来吗？

（生试着填写作业单。）

4. 结合生活中的例子，让学生进一步理解正、负数

出示生活中的几个片段：

（1）上下车的情景。

（2）乘电梯的情景。

（3）存折。

让学生结合刚刚认识的正、负数来说一说"表示"的含义。同时，教师结合存折中的2500元，讲解正数与以前学过的数之间的联系。

师：这里的2500是正数还是负数？

生：正数。

师：它与我们刚才认识的正数有什么不同吗？

生：前面没有正号。

师：你真是一个善于观察的孩子。生活中，人们有时为了记录简便，就把正号直接省略不写。如果我们把这些数前面的正号都省略不写，这些数你们熟悉吗？

生：熟悉，它们实际上就是我们以前学过的数。

师：既然正数前面的正号可以省略不写，负数前面的负号也省略不写了，行不行？

生：不行，省略负号后就区分不开是正数还是负数了，也就不能清楚地表示出相反意义的量了。

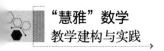

（三）结合实例，理解"0"的意义

1. 激发矛盾

师：你们已经了解了正、负数，有信心读出下面各数，并判断它是正数还是负数吗？（最后出示0）

师：看来对于0的看法，大家有不同意见了。谁来说说你的看法？

生1：我认为0是正数，因为它前面没有负号。

生2：我认为0既不是正数也不是负数。

2. 结合温度，进一步让学生理解正、负数的意义

师：究竟谁的说法正确，只是这样讨论还不行，我们还要找出例子来说明。天气预报看过吗？

生：看过。

师（出示天气预报的温度）：谁来当个小小天气预报员，给大家预报一下这几个城市的天气情况？

（生预报天气情况）。

师：这里有我们刚刚提到的正数和负数吗？为什么这里的温度可以用正数和负数表示？

生：因为这里有零上的温度和零下的温度，意思正好相反，就可以用正数和负数表示。

师：太好了，和我们刚刚学的知识联系起来了。北京气温的–5摄氏度就表示（零下5℃），5℃就表示（零上5℃）。

3. 理解"0"的意义

师：你知道这些温度是用什么测量出来的吗？

生：温度计。

师：老师有个大的温度计模型，我们来了解一下。这里的每个小格表示的是1摄氏度。在这个温度计上，如果想表示5℃和–5℃，你觉得有什么不妥吗？

生：没有0℃，没办法确定5℃和–5℃。

师：要想在温度计上表示出零上的温度和零下的温度，我们必须要找到谁的位置？

生：0℃。

师：看来这个0℃真的很重要，没有了0℃，也就没有了零上和零下之分。温度计中的0刻度线可不是随便定的，科学家们把自然状态下水结冰时，水银柱上升的高度定为0刻度（课件出示0刻度线）。

师：这回你们能在温度计上找到-5℃和5℃了吗？谁能到前面指一指？

生指出相应的刻度后，师移动水银柱，让学生感受到，越往上温度就越高，感觉也就越热；越往下温度越低，感觉也就越冷。

师：观察一下这些温度，这些正数表示的都是（零上的温度），这些负数表示的都是（零下的温度），那这里的0起什么作用？

生：是正数和负数的分界线。

师：0是正数吗？0是负数吗？

生：0既不是正数也不是负数。

（四）结合生活实例，进一步理解"0"的意义

出示海拔高度、两个小朋友向相反方向走、身高的比较等情境，让学生用正、负数表示相反意义的量，并理解哪里是分界点。

（五）巩固练习

1. 你知道下面的温度吗？读一读

（1）开启后的盒装牛奶应储藏于0℃～4℃的环境中，并在48小时内喝完。

（2）水沸腾的温度是100℃，结冰的温度是0℃。

（3）地球表面的最低气温在南极，是-88.3℃。

（4）月球表面的最高气温是127℃，最低气温是-183℃。

2. 在括号里填上合适的数

（1）某服装店上月赢利3000元，记作（　　　）元；本月亏损800元，记作（　　　）元。

（2）六年级上学期转来6人，记作（　　　）人；本学期转走6人，记作（　　　）人。

（3）（出示电梯按钮图）老师家在四楼，车库在地下一楼。如果我要回家，按（　　　）层的按钮；如果要到车库取车，按（　　　）层的按钮；家与车库相隔（　　　）层。

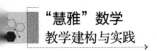

用字母表示数（第一课时）

📖 教学内容

苏教版《义务教育课程标准实验教科书·数学》四年级下册第106页。

📟 教学分析

本节课是用字母表示数的第一课时。教材创设了简单的问题情境，引导学生联系已有知识和经验，初步经历用字表示数到用字母表示数、用日常语言表示数量关系到用符号语言表示数量关系的过程，由易到难、由具体到抽象逐渐符号化；初步理解用字母表示数、用含有字母的式子表示简单的数量、数量关系和计算公式，为后面学习代数知识奠定基础。

学习本课前，学生已经会用字母表示一些计量单位、运算律，比较熟悉简单实际问题中的基本数量关系及长方形、正方形的周长和面积计算公式，会在简单算式中用"（　　）""A"等符号表示未知的值。这个年龄段的学生具有初步的观察、比较、分析、概括能力，思维特点是以形象思维为主，逐步向抽象思维过渡。而本节课知识较为抽象，因此，教学中要创设与学生学习与生活经验贴近的具体情境，引导学生在思考中感悟，在对比中理解，在交流中提升，从而达成本节课的教学目标。

🎞 教学目标

（1）在具体情境中初步理解并学会用字母表示数，会用含有字母的式子表示简单的数量、数量关系和计算公式，会求含有字母式子的值。

（2）经历把实际问题用含有字母的式子进行表达的抽象过程，体会用字母表示数的简洁、便利，发展符号感，培养学生的抽象概括能力。

（3）在用简单符号语言表达交流的过程中，感受数学表达方式的严谨性、概括性，增强对数学的好奇心和求知欲。教学重点：经历由用字表示数到用字母表示数的过程，初步学会在具体情境中用含有字母的式子表示简单的数量、数量关系和计算公式。

教学重难点

用含有字母的式子表示简单的数量、数量关系。

教学准备

题纸、课件。

教学过程

（一）创设情境，探究体验

1. 情境中产生需求

创设问题情境，激发学生探究需求。

2. 观察中发现规律

观察：摆1个三角形用1×3根小棒，摆两个三角形用2×3根小棒。

师：摆3个三角形，用几根小棒？继续摆下去，你发现了什么规律？

3. 探究中体验简洁

师：你能用自己喜欢的方式简洁地表示规律吗？

学生独立思考、讨论，教师收集学生的活动信息。

学情预设：①有的学生想不到具体的表示方法，教师进行引导；②学生可能想到用文字或"……""？"等符号表示，也可能想到用生活中常用的符号表示。

教师有序展示学生的成果，及时捕捉课堂生成，师生互动评价。

师：用字母表示数有什么好处？

学生回答，教师及时评价指导，重点强调用字母表示数具有简洁性和概括性好处。

设计意图：创设情境，产生用简洁方法表示规律的需求。学生在自主探究、合作交流中，经历由具体到抽象逐渐用符号语言表达的过程，体会用字母表示数的必要性。

揭示课题。

4. 回顾中获得提升

师："a个三角形"是指几个三角形，这里的a可以表示哪些数？

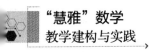

强调：字母可以表示任意数，但要结合不同的情境确定取值范围。

引导学生进一步体会三角形的个数还可以用其他字母表示。

（二）讨论辨析，深化理解

1. 互动交流

了解学生现在的年龄，并让学生推算1年后、5年后他们的年龄。

师：怎样表示你们任意一年的年龄和老师任意一年的年龄？

2. 讨论辨析

同桌讨论：用字母或含有字母的式子表示学生和老师的年龄，哪种方法能一眼看出师生年龄之间的关系？

学情预设：①当学生用表示学生年龄的字母来表示老师的年龄时，引导学生认识：在同一情境中相同字母表示相同的量，不同的量应该用不同的字母表示；②对于字母或含有字母的式子，哪种方法能一眼看出师生年龄的关系，有的学生可能选择字母，及时引导学生辨析。

3. 代入求值

根据表示学生年龄和老师年龄的字母式子和字母所取的值，求老师的年龄。

师：用含有字母的式子既可以表示数量，也可以表示数量关系。

设计意图：引导学生在辨析、求值的过程中，逐步思考、感悟，体会含有字母的式子既可以表示数量，也可以表示数量关系。突破难点，培养学生思维的灵活性。

（三）综合应用，巩固提升

1. 对比感悟

独立完成题纸上的练习。

全班反馈交流。

拓展字母表示数的范围：用字母表示的既可以是自然数，也可以是小数。

设计意图：合理利用教材资源，将练习与例3整合，既及时强化了在不同的情境中，根据量与量之间的关系可用含有字母的式子表示数量，又给学生创造了独立探索用字母表示计算公式的机会，为引出含有字母的乘法式子的简写，提供更多资源。

2. 自主学习

师：在用字母表示正方形的周长和面积计算公式时，使用的字母是数学中已经规定的，不能随意更改。

结合用C表示图形的周长、用S表示图形的面积的规定，简单介绍人们认识用字母表示数的过程。

学生自学含有字母的乘法式子的简便写法，尝试简写板书中含有字母的式子。

交流反馈简写结果，进一步理解简写方法。

学情预设：学生可能把"+""-"都省略，教师应及时引导学生认真阅读简写要求，自我反思并改正。

设计意图：采用自主学习与讲解引导相结合的方法，让学生逐步掌握含有字母式子的简写方法，提升自主学习能力。

3. 掌握方法

教师依次出示题卡$a \times c$，$6 \times d$，$m \times 12$，8×8，$x \times 1$，$x \times x$，要求学生省略乘号，直接说出答案。

学生口答，及时反馈，强调字母和1相乘时，1可以省略不写，进一步完善含有字母的乘法式子的简写方法。

设计意图：练习设计从一般到特殊，分散难点，便于学生掌握含有字母的乘法式子的简写方法，加深理解一个数的平方的意义。

（四）总结回顾，拓展延伸

同学们，在今天的学习中，你们喜欢用字母表示数吗？如果老师对你们今天的表现打一个分——"A"，你认为属于你的"A"应该表示多少分呢？说说原因。

老师认为你们今天的表现都应在90分以上。数学王国里还有一个宝贝。

$$A = X + Y + Z$$

A表示成功，X表示艰苦的劳动，Y表示正确的方法，Z表示少说空话。

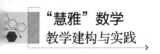

用字母表示数（第二课时）

——用含有字母的式子表示数量

教学内容

人教版《义务教育课程标准实验教科书·数学》五年级上册第47～48页，例4。

教学目标

（1）知识与技能

在具体情境中理解用字母表示数的意义，会用含有字母的式子表示简单的数量和数量关系。

（2）过程与方法

让学生经历把实际问题用含有字母的式子表达的抽象过程，体会用含字母的式子表示数量的简洁性，提高学生的数学抽象概括能力。

（3）情感态度与价值观

使学生在探索知识的过程中感受学习数学的乐趣，了解更多的与数学有关的课外知识。

教学准备

课件、练习纸。

教学过程

（一）师生互动，探索新知

1. 用含有字母的式子表示人的年龄（表示加减关系的量）

（1）猜老师的年龄

老师出示扑克牌（8～Q），说明用这些牌表示8～12岁。请一名学生（小明）从扑克牌中选出属于自己年龄的那张牌，并猜老师的年龄。

（2）用式子表示老师的年龄

① 如果老师比小明大20岁，用算式计算某一年的老师年龄。

② 用含有字母的式子表示老师的年龄。

师：上面的每一个式子只能表示某一年的老师年龄，刚才大家都觉得太麻烦了，你能用一个式子简单地表示出任何一年的老师年龄吗？

小组交流，汇报：用$a+20$表示老师的年龄。

揭示课题：这节课我们就来研究用含有字母的式子表示数量。

③ 当a是一个具体数值时，老师年龄的计算。

出示表示小明年龄的牌面，根据回答完成板书：

当$a=10$时，$a+20=10+20=30$岁。

…………

（3）认识表示年龄的字母在实际情况下是有范围的

师：当$a=1000$时，老师多少岁？

生：1020岁。

师：同学们想一想这两个年龄有问题吗？

提供信息，让学生理解字母表示的数在实际情况下是有范围的。

（4）练习提升

① 如果老师的年龄用6岁表示，小明的年龄是多少岁？

② 想一想爸爸比你大多少岁。用自己喜欢的字母来表示自己的年龄，然后用一个含有字母的式子来表示爸爸的年龄。

2. 用含有字母的式子表示举起物体的质量（表示乘除关系的量）

（1）创设情境，出示例题

在月球上，人能举起物体的质量是地球上的6倍。

师：照这样推算，如果人在地球上能举起质量为1千克、2千克、3千克的物体，在月球上能举起质量为多少千克的物体？

（2）填表并思考问题

填表（学生在练习纸上完成）（见表5-1-2）。

表5-1-2

在地球上能举起物体的质量/千克	在月球上能举起物体的质量/千克
1	
2	
3	
…	

思考：你能用含有字母的式子表示人在月球上举起物体的质量吗？学生汇报：用含字母的式子表示人在月球上举起物体的质量。

（3）教师提供信息让学生理解字母n的取值范围。

师：刚才我们已经知道，字母表示数在实际情况下是有范围的，这里的字母n也不例外。

（4）代入求值练习

课件出示例4主题图信息（在地球上我只能举起质量为15千克的物体）

师：当$n=15$时，$6n$等于多少千克？

教师根据学生的回答进行板书：当$n=15$时，$6n=6 \times 15=90$千克。

3. 看书质疑

师：刚才我们学习了课本第47~48页的内容，同学们打开书本阅读，看有没有疑问。

（学生质疑）。

师：老师有一个疑问请大家帮忙解决一下。如果在月球上人能举起质量为C千克的物体，那么在地球上能举起质量为多少千克的物体？

（二）走进生活，解决问题

（1）用含有字母的式子表示《数青蛙》的儿歌。

（2）完成课本第49页第4题。

（3）用含字母的式子表示行程上的问题。

（三）总结评价，完善认知

师：同学们能把你学到的知识及收获和大家分享一下吗？

学生总结。

教师介绍丢番图和韦达对用字母表示数的贡献。

<<< **乘法分配律** >>>

📖 教学内容

北师大版《义务教育课程标准实验教科书·数学》四年级上册第45~46页。

📋 教学目标

（1）在探索的过程中，发现乘法分配律，并能用字母表示。会用乘法分配律进行一些简便计算。

（2）在探索与发现中，培养学生观察分析、比较归纳的数学能力，渗透"由特殊到一般"的数学思想方法。

（3）通过探索乘法分配律的活动，使学生进一步体验探索规律的过程。经历共同探索的过程，积累数学活动经验，培养解决实际问题和数学交流的能力。

（4）使学生养成主动探索、严谨审慎的学习精神，培养学生独立自主、积极参与、勇于质疑的人格特质。

📑 教学重难点

探索和归纳乘法分配律，学生亲历规律的形成过程；探索和归纳乘法分配律。

📝 教学过程

（一）创设情境，生成算式

1. 创设情境，唤醒经验

师：同学们，数学是从生活中来的，让我们从生活出发，开始今天的数学之旅吧！（课件出示生活情境）

2. 整理信息，提出问题

师：谁来说说，你从屏幕上得到了哪些数学信息？

师：根据这些信息，你能提出一些数学问题来吗？

学情预设：学生一般都能将屏幕所呈现的数学信息整理出来，并且也能提出一些如"王阿姨用了多少钱？""李阿姨用了多少钱？"这样的数学问题。提出问题的过程也是学生对这些信息进行加工的过程，这对于唤醒学生的知识经验是很有帮助的。

3. 整理筛选，呈现问题

课件出示如下三个问题。

（1）王阿姨用了多少钱？

（2）李阿姨用了多少钱？

（3）两个人买裤子一共用了多少钱？

4. 解决问题，激活经验

师：请大家选择自己感兴趣的问题列出综合算式解决问题（要求：用不同的方法解决）。

学生列式计算。

汇报交流，教师根据学生的汇报情况板书出各算式。

设计意图：本环节的设计一方面唤醒学生已有的生活经验；另一方面构造出一个让学生可以类比乘法分配律的生活实例，让学生对乘法分配律的学习有一个鲜活的生活经验作为支撑。

（二）分类整理，生成模型

1. 分类中生成模型

师：黑板上有这么多的算式，你能给它们分类吗？

学情预设： 学生一般都会根据算式的表面特征将 $30 \times 4 + 25 \times 4$，$75 \times 6 + 25 \times 6$，$25 \times 4 + 25 \times 6$ 分成一类；将（$30 + 25$）$\times 4$，（$75 + 25$）$\times 6$，$25 \times$（$4 + 6$）分成一类。

2. 类比中解析模型

师：大家同意他的分法吗？能说一说你们为什么要这样分吗？

3. 分析中生成模型

分析左右两边的算式，引导学生将结果相等的两个算式用等号连接起来。

$25 \times$（$4 + 6$）$= 25 \times 4 + 25 \times 6$。

（$30 + 25$）$\times 4 = 30 \times 4 + 25 \times 4$。

（$75 + 25$）$\times 6 = 75 \times 6 + 25 \times 6$。

设计意图：本环节让学生对算式进行分类的设计一方面进行数学思想方法

的渗透；另一方面学生在分类中自然而然地将关注点放到算式的特征上来，不仅实现了本环节生成模型的教学目标，同时让学生初步感知了数学模型。

（三）意义建构，理解规律

（1）出示算式：$(7+3)\times 38$　　　　$7\times 38+4\times 38$

（2）让学生静静地思考：相等吗？

追问：哪边大？

继续思考：大多少？

学情预设： 当学生能说出"大多少"的时候，其实在他们的心里已经用乘法的意义在做着这样的分析：左边是10个38，右边是11个38，因此右边比左边大1个38。

（3）让学生思考：调整两个算式中的哪个数等式就成立。

（4）让学生通过计算进一步验证调整后的等式是否成立。

设计意图： 本环节通过由学生判断$(7+3)\times 38$与$7\times 38+4\times 38$的大小关系，让学生自觉主动地运用乘法的意义去理解等式成立的内在原因。教学实践证明，从乘法的意义入手，有利于学生深刻地理解乘法分配律，有利于学生对知识的掌握，从而建立数学模型。

（四）发现规律，举例验证

（1）让学生观察这些等式，说说：你有什么发现？

（2）引导学生举例验证。

师：同学们肯定认为自己发现了一个规律，然而就这样的几组算式会不会只是一种巧合呢？你们能再举些例子验证自己的发现吗？

（3）说明举例的要求：

①模仿黑板上的等式，先写出左右两边的两个算式。

②计算两边的算式，看看结果是否相等。

③计算结果相等的，就用等号连接起来组成一个等式。

（4）让学生将举的例子写到黑板上来。

设计意图： 本环节旨在让学生经历"猜想—验证—初步建模"的过程。在大量"算式不同但答案相同"的事实中，学生真切感受到了乘法分配律的真实存在，同时也为下一环节的数学化归纳概括积累更多的感性材料与学习体验。

（五）表示规律，建构模型

（1）个性化的符号表示。

师：能不能将你的发现用图形、文字或是字母表示出来。

（2）交流学生多样化的、富有个性的表示方法。

（3）统一字母。

师总结：习惯上，我们就用 $(a+b) \times c = a \times c + b \times c$ 这种形式表示乘法分配律。

（4）揭示课题：乘法分配律。

（5）即时小练习：填一填。

①（10+7）×6=＿＿×6+＿＿×6。

②8×125+8×7=＿＿×（＿＿+＿＿）。

③7×48+7×＿＿ = ＿＿×（＿＿+52）＿＿。

设计意图：拥有使用符号的能力是小学数学课程的主要任务之一。但是在数学教学中，我们不难发现，符号运算一直都是个难点。究其原因主要是以往教学没有考虑学生经验中的符号世界，没有考虑学生现有的生活经验中已经潜藏着符号意识。因此本环节通过让他们经历"具体事物—个性化符号表示—数学地表示"这一逐步符号化、形式化的过程，从而达到培养学生符号感的目标。

（六）应用深化，感受价值

1. 尝试：试试运用乘法分配律计算下面各题

（1）34×72+34×28。

（2）（40+4）×25。

2. 变式：这样的题你会算吗？试试看

（1）38×29÷38。

（2）99×11。

（七）总结回顾，评价激励

（1）通过这节课的学习，你有收获吗？

（2）还有什么问题吗？

设计思路：

乘法分配律的教学是建立在学生经历了乘法交换律和乘法结合律探索过程基础之上的，是小学阶段学生学习运算律的最后一个内容。由于它不同于乘法交换律和乘法结合律那种单一运算，因此，它的抽象程度较高，一直以来都是学生学习的难点。

本课试图在一种开放的教学环境下，让学生通过"联系实际，感知建模—类比归纳，验证模型—归纳概括，完善认识"的探索过程，逐步形成对乘法分配律的深刻认识，在数学的探索与发现中培养学生积极参与、合作探究、勇于质疑、大胆表现、主动探索的学习精神和人格特质，充分体现了"为解决实际问题而学习数学"的教学理念。

（1）呈现有效情境，利于学生探索

"问题情境不是简单地给数学内容穿上一件外衣"这句话说得很深刻。本课在构筑情境时，一直在寻找一个可以让学生真正去类比乘法分配律的例子，一个在学习乘法分配律之前可以呈现这一运算律内在本质，而在学习之后又能为学生的运用提供生活经验支撑的例子。后来创设的这一个情境让学生说出两种解题方法的不同思路，让学生发现了乘法分配律所隐含的本质特征——改变原来式子的运算顺序而结果不变。这样的情境创设不仅有利于学生体验知识的形成过程，而且有利于学生进行有效的探索与发现。

（2）链接乘法意义，理解运算定律

在教学的实践中，我们发现，学生在学习完乘法分配律一段时间之后，经常在运用时出现诸如"分配不公"等各种各样的错误。究其原因，其实是学生学的、记的只是乘法分配律的外在形式，而没有真正理解乘法分配律内在的数学意义。因而本课试图从乘法的意义入手，让学生将乘法分配律的学习放到乘法意义的框架之下。例如，在建立等式之后，教师追问："这三组算式为什么相等？你能从算式的意义上来说明吗？"经过交流，学生明白了4个25加上6个25等于10个25。这样，学生对乘法分配律的理解不再只停留在外在的"形"上，而是进入了"质"的层面。

（3）寻找数字关联，发展良好数感

"数字之间相互联系的方式、不同的表达形式与不同运算相联系的意义，所有这些在孩子们建立起数字与计算之间的联系中都起着至关重要的作用，而数字与计算之间的联系又恰巧对他们数感的形成有重要影响。"对于乘法分配律的运用学生常常是"拿来主义"，能用就用上，不管其是否有必要用，而用上之后是变繁还是化简则全然不管。这样的结果其实反映学生对乘法分配律这

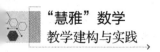

一模型的各数字特点及各数字关联没有真正意义上的理解，这也是一种数感的缺失。本课教学时试图让学生寻找运算中的数字关联，利用"凑整"这一简算的核心思想让学生合理地运用乘法分配律，促进他们数感的发展。

解决问题的策略：倒推

教学内容

苏教版《义务教育课程标准实验教科书·数学》五年级下册第88～89页例1、例2，练一练，练习十六第1题、第2题。

教学目标

（1）使学生在解决实际问题的过程中学会用"倒过来推想"的策略寻求解决问题的思路，并能根据具体的问题确定合理的解题步骤，从而有效地解决问题。

（2）使学生在对自己解决实际问题过程的不断反思中，感受"倒过来推想"的策略对解决特定问题的价值，进一步发展分析、综合和简单推理的能力。

（3）使学生进一步积累解决问题的经验，增强解决问题的策略意识，获得解决问题的成功体验，提高学好数学的信心。

教学策略

解决问题策略的教学，不仅仅把解决某一问题作为教学目标，而是让学生在解决问题的过程中形成对策略的体验，能灵活地、创造性地使用策略解决问题。本课教学通过创造性地使用教材，创设多样连续的问题情境，让学生在解决问题的过程中自主体验、自主探究、自主反思、自主总结策略。通过感知"倒推"策略、明悟"倒推"策略、活用"倒推"策略以及拓展"倒推"策略等过程，着力引导学生感悟策略的价值，领会策略的真谛，深化对策略的本质认识，培养学生自觉应用策略的意识，以达到获得解决问题的成功体验、提高学习数学的信心、不断提升数学思想的目的。

（1）灵活使用教材，服务策略感悟。教材是教学资源，这是不争的事实。教材中例2的问题情境本是："小明原有一些邮票，今年又收集了24张。送给小军30张后，还剩52张。小明原来有多少张邮票？"究竟是按教材的情境好还是整合情境好？尝试对比后，本课教学决定将教材中例2的邮票问题也改编为延续例1的倒果汁问题——"一杯果汁，老师先喝了80毫升，又倒进60毫升，现在有240毫升。这杯果汁原来有多少毫升？"将原本两个割裂的例题巧妙地联系起来，旨在统整问题情境与学生思维的连续性，使得从例1两种数量的一次变化到例2一种数量的两次变化的教材脉络更加清晰，这样不但可以完成教学所规定的内容，也使学生在类似的情境中洞察问题的本质，便于揭示知识之间的联系，给学生预留了较大的思维空间。

（2）留足自主时空，实现策略深化。策略作为一种隐性的、潜在的知识，本身不易为学生清晰地感知与把握。本节课将给学生留足动手、思考等自主学习的时空，利用感知、经历、应用、建构模型、反思内化等活动，使学生对倒推策略有全面而深刻的认识。注重培养学生应用策略的意识。对于小学生而言，在抽象思维还未完全形成的时候理解倒推策略有一定难度；同时在什么样的题目中运用倒推策略也是部分学生的困惑。因此，本课教学有机地融入原有的知识体系，综合应用已学策略——列表、摘录，甚至画图，服务于倒推策略的理解深化，使学生领悟"倒推"策略的意义及其应用特点，建立数学模型，体验在特定问题情境下用"倒推"策略解题的优越性。同时关注解决问题的不同解法，鼓励学生的个性化思考，并借助对比、沟通等方式，自主实现解决实际问题的策略优化，提升思维品质。

（3）多元活动应用，突显策略拓展。本课中的习题与活动都在立足教材本意的前提下，力求题题创新、项项有效。比如，从课始的趣味竞猜到课末的应用拓展，再到对比练习、变式练习等系列练习，都是由浅入深、由表及里地让学生在活动中学数学，在生活中做数学，在对比中思数学，进而领略策略应用的独特魅力和活用策略的深刻内涵，切实为学生的后续学习服务。

教学过程

（一）激活生活经验，解决已有问题，初步感知倒推策略

老师从家到你们学校上课所走的路线，如图5-1-4所示。

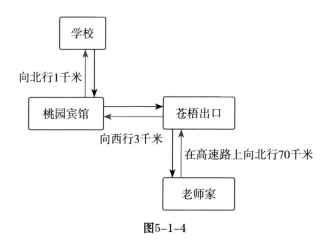

图5-1-4

（1）引导学生说说上完课后老师沿原路返回的路线是怎样的？体会回去的路线与来的路线有什么关系？

（2）生活中这种倒着走的方法在数学上也经常用到，如图5-1-5所示。

原来　　　　　　　　　　　　　　　　　　现在

$(\quad) \xrightarrow{+40} (\quad) \xrightarrow{-30} 20$

$(\quad) \xleftarrow{\div 7} (\quad) \xleftarrow{\times 9} 54$

图5-1-5

原来的数经过两次变化后得到现在的数，请你根据现在的数和变化的情况，求出原来的数。说说你是怎样想的？（引导学生看现在的数和最接近的变化情况，一步一步倒着推想。第一小题结合学生回答完成板书，如图5-1-6所示）。

$(\quad) \overset{+40}{\underset{-40}{\rightleftarrows}} (\quad) \overset{-30}{\underset{+30}{\rightleftarrows}} 20$

图5-1-6

（3）对比揭示课题：对比图5-1-4与图5-1-5。

刚才，我们研究了老师返回的路线和两组计算。大家有没有感觉到，解决这两个问题时都分别使用了一些方法。这些方法之间有什么相同之处呢？（板书：倒过来推想）。

这种"从结果出发，倒过来推想"的策略，在我们的日常生活和数学学习中经常使用，是一种重要的解决问题的策略。请你给这种解决问题的策略起个名字。

（二）共同研究，建立模型

（1）利用已有的经验研究例2。

①请一位同学来读题并说说题中有哪些信息。

②结合学生回答出示例题。

小明原来有一些邮票，今年又收集了24张。送给小军30张后，还剩52张。小明原来有多少张邮票？

从原来到现在的52张，经过了几次变化？是怎样变化的？

③请你用类似5-1-7的图把变化情况整理出来。

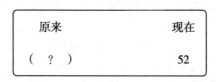

图5-1-7

④你能根据整理出来的条件倒推出原来的数量吗？引导学生整理：

原有？张→又收集24张→送给小军30张→还剩52张。

原有？张←去掉24张←跟小军要回30张←还剩52张。

或用符号表达（见图5-1-8）。

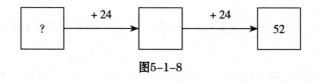

图5-1-8

学生说一说想法。老师追问：要求出小明原来有多少张邮票，整理好条件，你们是用什么策略想这个问题的？

可以怎样列式呢？

第一种：

$$52 + 30 - 24 = 58张。$$

师：先倒推哪一步？再倒推到哪一步？倒推时的过程与原来的变化过程相

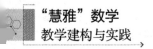

反吗？

第二种：

师：这两个变化的过程可以合二为一吗？先增加24张，接着又减少30张，现在是增加了还是减少了？现在比原来减少多少张？现在有52张，把这少的6张补上就可以得出原来的张数了。52加6的过程是不是用的倒推法。我们把它变成了一步倒推的题目了。

检验：

可以写答案了吗？结果是否正确？该如何验证呢？

（2）知道现在的结果和变化的情况可以用倒推的方法研究。请你利用学习的倒推策略研究展示下题的结果。

有甲乙两杯果汁，把甲杯的果汁倒入乙杯40毫升后，两杯果汁同样多，共400毫升，原来两杯果汁有多少？现在甲乙各有多少毫升？如图5-1-9所示。

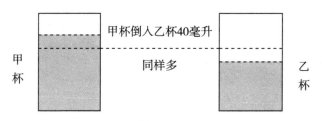

图5-1-9

① 课件逐一展示条件并分析：这里有两杯果汁，从图中你可以了解到哪些信息？（甲多乙少）现在又知道了什么？你能知道甲乙两杯各有多少毫升果汁吗？

如果把甲杯中的果汁倒入乙杯40毫升，这时两杯一样多。你能求出原来各有多少吗？

② 请你把你的想法填写在课本第88页的表格中。填完表后说说你是怎么推算的。

表5-1-3

	甲杯/毫升	乙杯/毫升
现在		
原来		

结合回答演示：甲杯的果汁就在现在200毫升的基础上增加了多少，乙杯呢？

交流：展示学生的表格，说一说想法。

追问：要求出原来的情况，我们是从哪儿开始倒推的？原来的变化过程是甲杯倒入乙杯40毫升，倒推时是怎样变化的？（强调：变化过程相反。）

③回顾反思。

师：回想一下，刚才解决问题的过程中运用了什么方法，我们先算的是什么？我们是从哪里开始倒推的呢？

结合学生回答，完成板书，如图5-1-10所示。

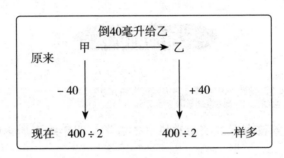

图5-1-10

（三）综合应用形成技能

1. 形成性练习

冬冬和芳芳原来共有60张画片，冬冬给了芳芳5张后，两人的画片同样多。原来两人各有多少张？

2. 拓展性练习

池塘里有一种水草，生长速度很快，每天的面积都是前一天的2倍。现在知道，这个星期三池塘里水草面积是8平方米。这个星期一池塘里水草的面积是多少平方米？

3. 研究性练习

小军收集了一些画片，他拿出画片的一半还多1张送给小明，自己还剩下25张。小军原来有多少张画片？

（四）课堂总结，完成认知

今天我们利用倒推的策略解决了几道数学问题，其实就是我们数学书上第

88和89页的内容，以及第90页的第1题，请大家课后认真复习回顾一下倒推的策略在数学上的应用，用学会的方法解决第90页的第2题、第3题两题。

设计意图：通过谈收获帮助全体学生统揽知识要领，完善认知，使学生对倒推策略和策略选用有更全面、深刻、辩证的理解。

第二节 几何与图形

三角形的认识

📖 教学内容

人教版《义务教育标准实验教科书·数学》四年级下册第80～81页例1、例2。

📓 教学目标

（1）学生通过动手操作和观察比较，认识三角形；掌握三角形高和底的概念，会在三角形内画高。

（2）学生通过操作实验，认识三角形稳定性及三角形稳定性在生活中的实际运用。

（3）在认识图形的过程中，培养和发展学生的空间概念，培养学生观察、操作和概括、抽象的能力以及应用知识解决实际问题的能力，激发学生学习图形的兴趣。

⚒ 教学重难点

三角形的定义；三角形的高；画三角形的高。

教学准备

（1）教具准备：多媒体课件、三角板。

（2）学具准备：小棒、纸片、练习纸。

教学过程

（一）直入课题

师：知道这节课要学什么知识吗？

生：三角形。

师：你怎么知道的？没错，这节课就让我们走进三角形的世界，一起认识它。

板题：三角形的特性。

（二）探究新知

1. 教学"稳定性"

（1）生活质疑

师：同学们，你们在生活中哪些地方见过三角形？

师：你们知道这些地方为什么要做成三角形吗？

（2）实验探究、理解稳定性

师：三角形的稳定性是什么意思呢？下面，咱们一起来做个小实验。请用手中的小棒先试着做一个三角形，然后拉一拉，最后再比一比，有什么发现呢？

（3）三角形稳定性的应用

师：想个办法，使这个平行四边形不变形。

设计意图：考虑学生年龄特点和认识能力，教材安排这一内容目的是让学生通过推拉来感受"三角形稳定性"。但三角形稳定性的实质是什么？就是"只要三角形边长确定，则大小、形状唯一"。如何在学生认知水平与数学本身之间找一个恰当的平衡点呢？本节课做了一些尝试。从小棒围三角形入手，通过推拉、比较让学生感悟三角形的稳定性，将三角形稳定性明确定位为"边长确定，大小、形状也就确定"，从而科学、明确地指向了三角形稳定性的本质，有效避免了理解上的歧义。

2. 三角形的定义

（1）画三角形

师：刚才我们做了一个三角形，那能试着画一个三角形吗？

展示学生作品。

师：谁来介绍，你是怎么画的呢？

（2）说三角形

师：同学们会做，也会画三角形，同桌之间互相说一说，什么样的图形叫三角形呢？

（3）辨三角形

师：这是你们的一些看法，那到底什么样的图形叫三角形呢？我们先来看，这是三角形吗？（图略）

根据生回答，课件动态演变图形。

师：现在谁再来说一说，什么样的图形叫三角形呢？

（生说一说。师据生说板书）。

师：想知道数学书上是怎么说的吗？

师：看数学书上三角形的概念。

师：书上的叙述和我们的说法比较，你有什么想法？

（师完成板书）。

设计意图： 为学生提供"偶：数学"平台。不同学生由于生活经验不同，呈现出来三角形的形状、大小、位置也不同，学生发现了不同中的相同。"做数学"这个活动分三个层次：①用材料"做"三角形（此环节可与三角形的稳定性进行整合）；②"画"三角形；③"说"三角形等。活动由具体到抽象，由生活到数学，逐步让学生亲身经历三角形概念的形成过程，实现学生对知识的主动建构，培养学生语言表达由无序到有序、由凌乱到严密的能力。这一过程体现了活动的数学化。

3. 三角形的名称、命名

（1）三角形各部分名称。

（2）用字母表示三角形。

4. 认识三角形的底和高

（1）认识对边。

（2）以旧孕新。

①师：顶点A到BC边的距离是多少呢？有办法知道吗？

②生画一画，量一量。

③请一名学生上黑板画，边画边介绍方法并引出高。

④议一议：什么叫三角形的高？

⑤据生回答，课件辅助演示，并出示完整概念。

（3）变式、强化。

①课件：旋转△ABC，AB为水平方向。

②让生辨析还是不是三角形的高。

（4）练习、深化。

①生画锐角三角形其他两条边上的高（交流，课件演示）。

②生画指定边上的高。

（5）体验、拓展。

师：同学们刚才画了三角形三条边上的高，如果A水平移动，（课件出示）这样，形成了一个新三角形，现在你还能画出△ABC的边上的高吗？

课件演示新AC边上的高。

师：如果点C继续移动，又形成了一个新的△ABC（直角三角形），请学生比划直角三角形直角边边上的高。

生发现这种三角形直角边边上的高就是三角形的另一条直角边BC。

课件动态演示直角三角形AB边上的高。

师：如果让你移动顶点C，你想往哪儿移？

课件据生回答呈动态变化。

动态演示，生理解底、高。

设计意图： 数学知识往往是新知孕育于旧知，旧知是新知的生长点，所以在学生会用字母表示三角形后，通过问题：顶点A到对边的距离是多少？让学生想到顶点A到BC边的距离就是以A为顶点做BC边的垂直线段，这也是三角形画高的知识原型，也是高的本质所在，对于三角形高的形成呈同化效应。

书本知识是现成的结论，在形式上看起来虽然简单，但教学时应重在提示学生隐含在其中的精彩而又独特的思维过程或变化过程。

所以本环节通过课件旋转三角形，让学生在变式中强化三角形高的本质特

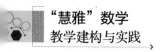

征，再通过画锐角三角形其他两条边上的高来深化学生对高的理解。

在学生画完三角形指定边上的高以后，用课件展示一个顶点移动变化过程，让学生经历数学知识之间的变化与联系的过程，体验变与不变的数学辩证思想。这样的教学着眼于后续发展的大教学观，学生对三角形的高的理解是深刻的。

（三）全课小结

略。

（四）课外小实践

略。

《《 三角形三边的关系 》》

教学目标

（1）让学生通过猜测、想象、操作、实验，在经历探究数学的过程中，知道三角形任意两边之和大于第三边。

（2）根据三角形三边的关系解释生活中的现象，提高学生运用数学知识解决实际问题的能力。

（3）让学生在活动中获得成功的体验，提高思考能力、抽象概括能力和动手操作能力。

教学重难点

理解、掌握"三角形任意两边之和大于第三边"的性质；引导学生探索三角形的边的关系，并发现"三角形任意两边的和大于第三边"的性质。

教学准备

多媒体课件、吸管、小棒、实验记录表、作业纸。

教学过程

（一）导入

同学们请看这是什么？（吸管）对，这就是一根普通的吸管。你们看，（师截成三段）我把吸管截成了三段，首尾相连能围成什么图形？（三角形）确定吗？（学生说自己的看法）没有经过验证，只能说是你们个人的一点猜测。仅凭猜测可不行，数学是一门严谨的学科，我们还是亲自动手试一试，好吗？

（二）动手操作，提出问题

数学实验：每名同学的桌子上都有一根吸管，请同学们把它任意剪成三段，并首尾相连，围一围。（学生动手围）请一名围成三角形的同学到讲台前展示，再请一名没有围成三角形的同学来展示。

小结：任意的三段吸管，有的时候能围成一个三角形，有的时候却围不成。看来，并不是随随便便三段吸管就可以围成一个三角形。

猜测：那么请同学们猜一猜，能否围成三角形跟什么有关系呢？这节课我们就来探索三角形三边的关系（板书）。

（三）实验操作，探究学习

（1）请看大屏幕（课件出示）。现有两根小棒，一根长3厘米，一根长6厘米，再配一根多长的小棒，就能围成一个三角形？

（2）课件出示实验要求：略。

（3）学生活动，教师巡视指导。

（4）汇报交流。

（四）集体探究三边关系

（1）下面请同学们把能围成和不能围成三角形的三条边分分类，填写在表中，并观察比较，看看你们有什么新的发现。

（小组合作并汇报）。

（2）（课件演示）（出示3，6，1）。说明了什么？（出示3，6，9）这又说明了什么？通过刚才的验证我们发现两边之和大于第三边能围成三角形是正确的，可是拿这组3，6，1来说。3+6大于1，那么也就是说在判断三条线段能否围成三角形时，只通过计算一组算式可行吗？那应该计算几组呢？你觉得应该

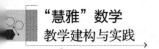

在这条结论前加上一个什么词，就更准确了呢？（任意）

（3）是不是任意一个三角形的三边都具备这样的关系呢？请同学们在本上任意画一个三角形，并量出三条边的长度，算一算，是否符合这一结论。

小结：同学们通过观察、操作探索出了三角形三边的关系。下面老师想考考你们会不会运用本节课所学的知识解决实际问题。敢接受挑战吗？

（五）深化知识，联系实际，拓展应用

（1）基本题。

快速判断三条线段能否围成三角形（发现判断窍门）。

（2）变式题。

（3）解决问题。

（4）发展题。

（六）总结

这节课你有什么收获？

《《 **三角形的内角和** 》》

教学内容

人教版《义务教育课程标准实验教科书·数学》四年级下册第85页。

教学目标

（1）学生通过测量、剪拼、折叠等活动，全面经历探索和发现"三角形的内角和等于180度"的过程。

（2）会用"三角形的内角和等于180度"这个结论，进行一些简单的计算和推理。

（3）学生在动手实验、探索发现、讨论交流的过程中，体验成功的喜悦，进而培养探索精神和归纳能力。

教学重难点

探索和发现三角形的内角和等于180度；利用折和拼的方法探索三角形的内角和。

教学准备

多媒体课件、学具篮（内装三角形、长方形、正方形，量角器，剪刀，直尺）、作业纸。

教学过程

（一）创设情境，引出课题

1. 课件播放一大一小两个三角形争论的动画

师：他们在争论什么呀？这样争论下去，有结果吗？有没有什么好办法帮帮他们？（学生可能知道把三角形的三个角加起来再比较）。

2. 认识"内角""内角和"

师（结合课件演示说明）：三角形内的这三个角叫作三角形的内角，把三个内角的度数加起来就叫作三角形的内角和。

3. 揭示课题

师：这节课，我们就一起来研究三角形的内角和（板书课题）。

（二）实验探究，发现规律

1. 操作要求

师：要想知道三角形的内角和是多少，怎么办？（学生可能会想到量、剪等方法）。

师：老师给每个小组准备了一些工具和材料，各小组先在组内商量一下，看看你们组想选择哪一种方法进行研究（学生讨论）。

师：如果选择测量的方法，量的时候要认真仔细，量好后将度数写在三角形上，注意要实事求是，量出多少就写多少，然后算出内角和，写在中间。如果选择剪拼的方法，为了便于观察和交流，剪的时候要剪大一点。清楚了吗？开始吧。

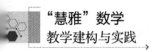

2. 操作过程

学生分组活动，教师参与其中。

3. 汇报交流

（1）量

学生上台展示汇报。

师：你们是用什么方法研究的？有什么发现？（学生通过测量和计算，可能会发现它们的内角和是179度、181度……）

师：有不同意见吗？或者有什么问题提出来，让他们解释解释（引发学生质疑、交流）。

师：在测量过程中有一些误差是正常的，看看你们的计算结果都比较接近多少？（180度）

（2）剪拼

派两名代表上台介绍。

师：你们有问题想问吗？（引发学生对拼成的"平角"产生质疑，从而想到用直尺或量角器去验证）。

（3）折拼

学生上台展示汇报。

师：用折的方法，也把三角形的三个内角拼成了平角，由此说明三角形的内角和是180度。

（4）分

学生上台展示汇报：将长方形或正方形沿对角线剪开分成两个三角形。

师：你们发现了什么？

师：我们知道长方形、正方形的内角和都是360度，将它们平均分成两个三角形，由此得出三角形的内角和是180度。

4. 小结

师：由此看来，无论三角形是什么形状，它们的内角和都是180°（板书）。

5. 回到课开始的情境，解决争论问题

师：现在，我们来看看它们的内角和是多少。（一样大）每个三角形的内角和都是180度，所以它们的内角和相等。运用这个知识我们就可以解决一些数学问题。

（三）练习应用，巩固深化

（1）算一算，如图5-2-1所示。

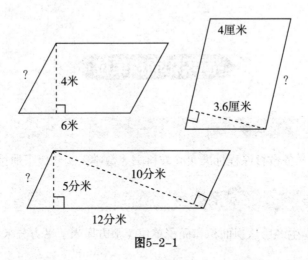

图5-2-1

（2）乐乐的爸爸买了一个等腰三角形的风筝，已知一个底角是43度，你能算出顶角的度数吗？

（学生独立列式计算。师巡视指导。生汇报思路与结果）。

（3）判断题。

① 等边三角形每个内角的度数都是60度。（　　）

② 把一个三角形放大2倍，它的内角和也扩大2倍。（　　）

③ 把一个三角形剪成两个三角形，每个三角形的内角和是90度。（　　）

④ 把两个完全相同的三角形拼成一个大三角形，大三角形的内角和是180度（　　）。

（4）把一个三角形剪去一个角，剩下图形的内角和是多少度？

① 学生在学具篮里拿一个三角形动手试一试。

② 学生在实物展台上演示讲解（两种剪法，剩下图形的内角和可能是180度，也可能是360度）。

③ 拓展：五边形、六边形的内角和是多少？

师：它们的内角和是多少？你是怎么想的？

（5）拓展练习。

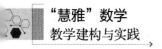

（四）全课总结，概括提升

略。

面积和面积单位

教学内容

人教版《义务教育课程标准实验教科书·数学》三年级下册第70~74页。

教学目标

（1）使学生经历认识面积和面积单位（平方厘米、平方分米、平方米）的过程。

（2）结合实例认识面积，体会并认识面积单位平方厘米、平方分米、平方米，建立1平方厘米、1平方分米、1平方米的表象，会用面积单位表示物体表面或图形的大小。

（3）在经历观察、操作、比较等学习过程中，感受建立统一面积单位的重要性，发展学生的空间概念。

教学重难点

认识面积，认识面积单位平方厘米、平方分米、平方米；让学生感受建立统一面积单位的重要性；建立1平方厘米、1平方分米、1平方米的表象。

教学准备

生：学生学具1套，自备棋子。

师：教具1套，课件，1平方米纸1张。

教学过程

（一）创设情境，引出课题

教师创设春游买鞋的生活情境，让学生判断鞋的主人，引出本节课的课题——面积。

设计意图：引出"面积"，同时为学生认识封闭图形的大小埋下伏笔。

（二）认识面积

设计意图：使学生在活动中感知面积的含义，将抽象的面积含义变为形象的找、摸、说等活动。在活动中，学生对面积这一概念的感知逐渐丰满，逐渐清晰明朗。使学生经历认识面积的过程。

1. 认识物体的面积

教师介绍课桌、课本、手掌面的表面，并让学生摸一摸，充分感受这三种物体表面的大小。随后教师揭示面积的第一层含义，并随机让学生找出自己身边某一物体的面积。

设计意图："物体的表面"这一说法比较抽象，不容易在学生头脑中形成具体的表象。因此，在本环节中着重设计了让学生摸一摸、找一找的活动，让学生在摸和找的过程中，充分体验物体的表面，建立有关面积的知识结构。

2. 认识封闭图形的面积

课件出示大小不同的两个圆形和两个正方形，让学生感受图形的大小，进而揭示图形的大小就是它们的面积。让学生进行随机练习，认识什么是封闭图形，完善面积的概念。

设计意图："封闭图形的大小是它的面积"是面积的另一层含义。本环节让学生感知封闭图形的面积，使学生明确只有封闭的图形才有面积。

（三）认识面积单位

1. 感受建立统一面积单位的重要性

（1）用重叠法比较两种物体的面积

教师出示课本、与课本封面面积不同的练习本，让学生比较它们面积的大小。

设计意图：用重叠的方法比较大小是学生原有的生活经验，设计此环节的目的是使学生运用已有经验比较两个物体表面面积的大小，为学生感受建立统一面积单位埋下数理逻辑思维的伏笔。

（2）运用较小的测量单位测量、比较2个长方形纸片（用重叠法不方便进行比较）的面积

①教师指导学生用较小的测量单位测量它们的面积。

② 学生在操作的过程中意识到要知道"一个物体的面积究竟有多大，必须统一面积单位"。

设计意图：沿着学生"用重叠法可以比较不同面积的大小"这一思路，教师创设不能用重叠法比较面积大小这一问题情境，进而产生让学生用较小测量单位测量面积，比较面积大小的需求。当学生汇报用不同测量单位得出的不同测量数据时，感受到用统一面积单位测量的重要性。

2. 认识面积单位

（1）介绍统一的面积单位平方分米。

（2）在让学生用1平方分米测量较小物体面积的过程中，认识1平方厘米。

（3）在让学生用1平方厘米、1平方分米测量地面面积的过程中，认识1平方米。

设计意图：根据学生的生活实际活化教材，先让学生感知平方分米，然后通过一系列活动，向学生具体介绍每个面积单位所表示的含义，引导学生说出1平方厘米、1平方分米、1平方米所表示的实际意义，有利于学生进行知识间的联系，初步形成1平方厘米、1平方分米、1平方米的表象。

（四）实际应用

1. 选择合适的面积单位测量数学课本封面的面积

设计意图：考查学生是否会用统一的面积单位测量物体表面或图形的大小。

2. 考考你的眼力

教师出示课件，让学生说出方格纸上各个图案的面积，并通过观察，使学生发现面积的大小与图案的形状无关。

设计意图：本环节这样设置的目的是为了让学生体会封闭图形所包含的面积单位个数相同，面积就相同，封闭图形的面积与它的形状没有关系。

3. 让学生自己在方格纸上设计面积为9平方厘米的图案

设计意图：设计图案为学生提供了广阔的创造想象的空间，在进一步巩固面积和面积单位知识的同时，锻炼了学生的发散思维。

平行四边形的面积

教学内容

人教版《义务教育课程标准实验教科书·数学》五年级上册第80～81页。

教学分析

（1）教材分析

平行四边形的面积计算教学是在学生掌握了平行四边形的特征以及长方形、正方形面积计算的基础上进行的，同时又是进一步学习三角形面积、梯形面积的基础。教材在编写时注意培养学生的实际操作能力。教材以平行四边形的面积计算为重点，把一个平行四边形转化为一个与它面积相等的长方形，把新旧知识联系起来，使学生明确图形之间的内在联系，便于从已经学过的图形面积计算公式推导出新的图形面积计算公式。在引导学生动手操作的基础上，初步培养学生的空间想象力、思维的灵活性、逻辑性和探索精神，使他们从"学会"到"会学"，培养学生良好的学习习惯和学习品质。教学以长方形的面积公式为基础，通过让学生比一比、数一数、剪一剪、想一想得出平行四边形的面积公式，并在实际生活中用一用。教学中贯穿"观察—思考—猜想—验证"这条主线，向学生渗透了数学转化的思想。

（2）学情分析

学生已经掌握了平行四边形的特征和长方形面积的计算方法。这些都为本节课的学习奠定了坚实的基础。但是小学生的空间想象力不够丰富，对平行四边形面积计算公式的推导有一定的困难。因此本节课的学习就是要让学生充分利用已有知识，调动他们多种感官全面参与新知的产生、发展和形成过程。

教学目标

（1）让学生充分利用手中的学具，在动手操作推导平行四边形面积公式的过程中，理解并掌握平行四边形面积的计算方法，能正确计算平行四边形的面积。

（2）让学生在操作和推导平行四边形面积公式的过程中，充分体验转化的数学思想，发展初步的推理能力。

（3）通过活动，激发学生的学习兴趣，培养学生思维的灵活性、逻辑性和探索精神。

教学重难点

探索并掌握平行四边形面积的计算方法；使学生经历并理解平行四边形面积公式的推导过程和方法。

教具准备

课件、平行四边形纸片，三角尺、剪刀、平行四边形纸片，等等。

教学过程

（一）创设情境，设疑引入

为庆祝中华人民共和国成立69周年，全国各地花团锦簇。请看大屏幕。（课件呈现）

师：同学们，这两个花坛，哪个面积大呢？（比一比）

（生答案不一）

师：看来，仅凭我们的肉眼难以比较哪个花坛的面积大。有没有更好的办法呢？

生：先计算出它们的面积，再来比较。

师顺势给出长方形花坛的长和宽，学生利用公式口算出长方形花坛的面积，但不会求平行四边形花坛的面积。

师：今天这节课，我们就来研究平行四边形的面积（板书课题）。

设计意图：学生在现有知识水平上无法通过计算来比较两个花坛的面积大小，以此来激发学生积极探求知识的欲望。由观察图形和提问很自然地把学生带入新知的学习环节，使学生完成了学习新知的心理准备——成为一名探索者，为充分发挥学生的主体作用奠定了基础。

（二）操作探索，推导公式

1. 用数格子法探求平行四边形面积

师：请大家回忆一下，我们是用什么方法得出长方形面积计算公式的？

生：数格子。

师：出示平行四边形，要知道它的面积，你们有什么办法？

生：也可以用数格子的方法来数一数。

多媒体出示教科书第80页的方格图（见图5-2-2）。

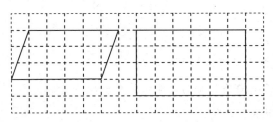

图5-2-2

师：平行四边形不像长方形那样规则，怎样数出这个平行四边形的面积呢？

说明要求：图5-2-2中一个方格代表1平方米，不满一格的都按半格计算。数一数并完成表5-2-1。

表5-2-1

平行四边形	底	高	面积
长方形	长	宽	面积

生汇报。

师：刚才我们用数格子的方法数出了图中平行四边形的面积。大家数完后有什么感受？

生：略。

师：因此我们非常有必要探求平行四边形面积计算的一般方法。

师：观察表格，你们发现了什么？

生1：平行四边形的底等于长方形的长，平行四边形的高等于长方形的宽，平行四边形的面积等于长方形的面积。

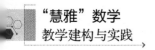

生2：平行四边形面积=底×高。

师：你的这个猜想很好，但需要验证。

设计意图：让学生数一数，说一说，感受一下平行四边形与长方形面积的联系，这样的教学设计符合小学生的思维特点，同时为下一步的探究提供思路，做好铺垫。

2. 应用转化，引入剪拼法

怎么验证呢？我们能不能把平行四边形转化成容易计算的面积图形呢？请大家试一试。

（1）动手操作。（剪一剪）

（2）学生汇报。（课件辅助演示）

设计意图：通过操作，每名学生都能体验把平行四边形"剪—平移—拼成一个长方形"的演示全过程。

（3）建立联系，推导公式。（想一想）

师：同学们真能干，把平行四边形转化成了长方形，现在请大家认真观察，思考，原来的平行四边形和拼出的长方形有什么联系，从中你能推导出平行四边形面积的公式吗？（小组合作）

生：原来平行四边形的面积等于拼出的长方形的面积；原来平行四边形的底等于拼出的长方形的长；原来平行四边形的高等于拼出的长方形的宽。因为长方形的面积=长×宽，所以平行四边形的面积=底×高。学生一边说，教师一边板书：

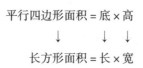

平行四边形面积 = 底 × 高

↓　　　↓　↓

长方形面积 = 长 × 宽

师：如果用S表示平行四边形的面积，a表示底，h表示高，怎样用字母来表示这个公式呢？（板书：$S=ah$）

师：通过大家的共同努力，我们找到了平行四边形面积的计算方法。要计算一个平行四边形的面积，必须知道它的什么？

生：略。

设计意图：创设探究的空间和时间，采用自主探索、合作交流等学习方式，让学生了解平行四边形与剪拼得到的长方形之间的关系，从而推导出平行四边形面积的计算方法，充分体验数学转化的思想。

（三）实践应用

1. 基本练习

口算图5-2-3中平行四边形的面积。

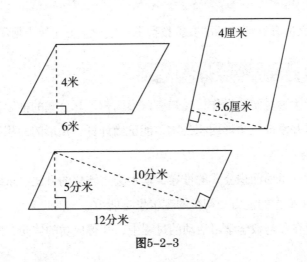

图5-2-3

2. 创新练习（机动练习）

想一想，面积为12平方厘米的平行四边形，底和高有可能是多少厘米？（取整厘米数）

设计意图：解决问题的过程能让学生进一步理解和掌握平行四边形面积的计算方法，还能让学生感受到学习数学的价值。更重要的是练习设计由浅入深，层层递进，学生在练习中思维得到了发展，能力得到了提高。

（四）课堂总结

略。

（五）板书设计

略。

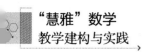
三角形的面积

📖 教学内容

人教版《义务教育课程标准实验教科书·数学》五年级上册第84～86页。

📷 教学目的

（1）使学生通过实验操作，感知三角形面积计算公式的推导过程。

（2）理解并掌握三角形面积公式，能正确计算三角形的面积，能解决一些简单的实际问题。

（3）通过三角形面积公式的推导，学生会用转化的方法寻求解决问题的办法，并培养动手操作的能力和初步的逻辑思维能力。

（4）学生在参与数学学习活动的过程中，获得成功的体验，感受探索数学规律的乐趣。

📑 教学重难点

三角形面积计算公式的推导和运用；三角形面积公式的推导过程。

📖 学具准备

多媒体课件，锐角、直角、钝角三角形硬纸片。

📝 教学过程

（一）以旧引新，激发思维

（1）上节课我们已经学过了平行四边形的面积，请同学们说一说，平行四边形的面积公式是怎样的？

（2）请同学们回忆一下，平行四边形的面积公式是怎样推导出来的？（把平行四边形转化成已经学过的长方形的面积）。

（3）出示3个三角形，提问：①这些三角形按角分，它们分别是什么三角形？②你能想办法求出这些三角形的面积吗？

（二）实验探究，推导公式

（1）根据上面的第②个问题，要求学生分成四人小组说一说。

（2）学生反馈交流的结果（学生可能会说把三角形转化成学过的长方形或平行四边形的面积来计算）。

（3）根据刚才学生所说的把三角形转化成我们学过的长方形或平行四边形的面积来计算，是不是可以呢？请同学们用学具里的三角形来操作实验。

（4）学生进行操作，教师巡视并指导。

（5）学生利用展台反馈操作结果。

第一，学生先汇报用两个完全一样的锐角三角形拼成平行四边形的过程，然后教师将学生操作的学具贴在黑板上，引导学生思考：所拼成的平行四边形面积与一个锐角三角形的面积有什么关系？

第二，学生分别汇报用两个完全一样的直角三角形和钝角三角形拼成长方形或平行四边形的过程，并说明所拼成的图形面积与三角形面积的关系。

引导学生小结：两个完全一样的三角形可以拼成一个平行四边形，每个三角形的面积是所拼成的平行四边形面积的一半。

（6）刚才我们通过操作实验，运用转化的思想，把三角形转化成我们已经学过的平行四边形。请同学们仔细观察自己拼出的平行四边形，想一想，拼成的平行四边形的底和三角形的底有什么关系？拼成的平行四边形的高与三角形的高又有什么关系？

（7）同学们，根据实验的结果，你能自己写出三角形面积的计算公式吗？

（学生反馈，得出公式，教师板书公式：三角形的面积=底×高÷2。）

如果用S表示三角形的面积，用a和h分别表示三角形的底和高，怎样用字母表示三角形面积的计算公式呢？（学生回答，教师板书：$S=ah\div2$）

（8）我们一起来回忆一下，在求平行四边形面积的时候，我们用的是剪一剪、拼一拼的方法将平行四边形转化成了长方形（多媒体课件展示）。而今天我们求三角形的面积，是将两个完全一样的三角形运用转化的方法来拼成一个已经学过的平行四边形（多媒体课件展示）。

（9）运用公式，解决问题。

例2：红领巾的底边是100厘米，高是33厘米，它的面积是多少平方厘米？

①引导学生审题，寻找条件和问题。

② 学生运用公式独立解答。

③ 学生反馈，教师板书。

（三）巩固练习强化新知

（1）计算三角形的面积。（把复习部分3个三角形分别标出底和高的数据，如图5-2-4所示）

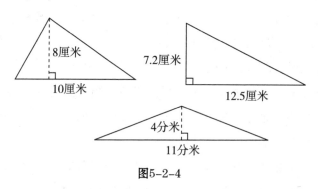

图5-2-4

（2）选择正确答案前的序号填在括号内。

① 用两个完全一样的三角形拼成一个平行四边形。已知每个三角形的面积是8平方分米，拼成的平行四边形的面积是（　　　）平方分米。

A. 4　　　　　　　　B. 16　　　　　　　　C. 64

② 已知平行四边形的面积是24平方厘米，与它等底等高的三角形的面积是（　　　）平方厘米。

A. 48　　　　　　　　B. 12　　　　　　　　C. 6

③ 哪一个算式可以计算出图5-2-5中三角形的面积？（　　　）

A. 12×9　　　　　B. $11 \times 9 \div 2$　　　　　C. $12 \times 9 \div 2$

图5-2-5

（3）已知一个三角形的面积和底，如图5-2-6所示，求高。

176平方厘米

22厘米

图5-2-6

（四）全课小结

同学们，这节课你们都学到了哪些知识？

体积和容积

教学内容

苏教版《义务教育课程标准实验教科书·数学》六年级上册第19～20页。

教学分析

（1）教材分析

"体积和容积"的教学安排了两个例题。例6通过三个层次的操作活动引导学生初步认识体积的意义。第一层次的操作活动让学生感知水果占去了杯中的一些空间；第二层次的操作活动让学生通过观察倒进两个杯里水的多少，感知两个水果所占的空间是有大有小的；第三层次的操作活动通过让学生判断哪个杯里水占的空间大，来推理验证对两个水果所占空间大小的判断。通过3个层次的操作活动，不仅能让学生体会物体总是占有一定的空间，而且能够让学生体会物体所占空间是有大有小的，物体所占空间的大小是可以比较的。接着再揭示体积的概念。

例7及随后的"试一试"教学容积的意义。教材先让学生比较两个大小不同的书盒中所装书的体积，形象直观地揭示了容积的概念。接着让学生想办法比较两个玻璃杯的容积，引导学生实际操作，进一步体会玻璃杯所能容纳水的体积，也就是玻璃杯的容积。同时也让学生初步认识到容积的大小是可以比较的。

（2）学情分析

体积与容积对学生来说是两个新的概念，在此之前，学生只学习掌握了平面图形的面积和长方体、正方体的表面积的意义与计算方法，体积概念的初步建立是学生空间概念的一次飞跃。虽然在生活中学生已经积累了一些有关物体大小和容积多少的生活经验，会用"占位置""大小""装的多少"等词语描述这一概念。但是从学生的认知水平看，这部分内容从平面到空间，认知跨度大；从已有经验到形成抽象概念，是学习的一个难点。

教学应从学生已有的生活经验出发，引导学生参加观察实验、动手操作、猜一猜等游戏活动，让学生在充分体验的基础上理解体积与容积概念的含义。

学习目标

（1）学生通过具体的实验活动，了解体积和容积概念的含义。

（2）在实验、观察、操作、交流的过程中，发展学生的空间观念，提高学生应用数学的意识。

（3）增强合作精神，发展学生数学学习的积极情感。

教学重难点

学生通过具体的实验活动，初步理解体积和容积的意义，以及体积和容积的联系和区别。

教学方法

观察法、实验法、演示法、谈话法、动手操作法等。

教学用具

多媒体、橡皮泥、小正方体盒子、杯子、水等。

教学过程

（一）情境导入

激趣：由学生给妈妈洗脚的事激发兴趣导入，使学生初步感受物体占有空间，同时渗透思想教育。

激疑：为什么妈妈的脚放进装满水的盆子里，水就会溢出来呢？

设计意图：利用学生给妈妈洗脚的事引入，生动而贴近生活的录像画面吸引学生观察水从盆中溢出来的情景，将学生引入学习的情境。这样不仅能激发学生的学习兴趣，同时对学生也是一种思想教育，还为后面的体积概念的学习埋下了伏笔。

（二）认识体积的意义

1. 通过实验，使学生体会物体是占有空间的

（1）感知苹果占有空间

课件演示：（实验录像）出示两个完全一样的杯子，杯中装有同样多的水。接着拿走一个杯子，再将苹果放入留下的杯中，水升高了。

观察思考：为什么水面会升高呢？

比划：用手势比划苹果所占空间。

（2）再次感知猕猴桃占有空间

课件演示（实验录像）：将猕猴桃放入杯中，水面升高了。

交流：水面升高的理由（让学生再次发现猕猴桃占有空间）。

比划：用手势比划猕猴桃占空间。

（3）进一步体验身边的物体占有空间

学生举例进一步体验身边的物体所占有的空间。

2. 学生通过实验，体会物体所占空间是有大有小的

课件演示（实验录像）：把两个装有水果的杯子放在一起。

比较：使学生明确苹果占的空间比猕猴桃占的空间要大。

3. 进一步直观判断，验证物体所占空间的大小

课件出示：苹果、猕猴桃、桂圆3个水果图片。

判断：哪个水果占有的空间大？

验证：图片出示实验。

体会：通过这个实验，我们知道物体不仅占有空间，而且占有的空间有大有小。（大小）

4. 揭示体积的意义

举例：找一找我们身边的物体，说说它们的体积。

5. 摆一摆、捏一捏、说一说

（1）用8个同样的小正方体摆成不同形状的物体，说一说体积有什么变化？

（2）将一块橡皮泥，捏成各种形状，观察体积有没有发生变化。

设计意图： 在整个过程中，学生经历了实验、观察、比较、交流、举例子等探究过程，在亲身体验中感悟出体积的意义。

（三）认识容积的意义

（1）认识容器。

（2）揭示容积的意义。

① 由具体实物认识容积。

出示实物：甲乙两盒书。

比较：甲乙两个盒里书的体积的大小。

揭示：甲盒子里面书的体积大一些，也可以说甲盒子的容积大一些。

② 通过实验进一步感悟容积。

操作演示（盒子装沙）：将一个盒子装沙子，先装一半；再继续装沙子，直到堆得像小山一样；最后去掉多余的沙子。

③ 揭示容积的意义。（板书容器所能容纳物体的体积，叫作这个容器的容积）

④ 练习：课件出示容器，说说容器的容积指的是什么。

（3）学生实践操作，比较容积大小。

操作材料：两个不同的玻璃杯、两瓶矿泉水。

操作要求：利用提供的材料，设法比较两个杯子容积的大小。

设计意图： 从初步感知书盒的容积到体验盒子装沙，再到揭示容积概念的含义，最后学生实践操作，比较容积大小。师生互动，循序渐进地形成概念，遵循了学生的认知规律，同时培养了学生自己解决问题的意识和能力。

（四）体积和容积的联系与区别

游戏：（猜一猜）出示一个被布盖起来的盒子。

猜一猜1：这个物体有体积吗？

猜一猜2：这个物体有容积吗？

猜一猜3：比较盒子的容积和盒子的体积的大小。

设计意图： 采用学生喜欢的游戏活动，让学生在积极主动的参与过程中，进一步掌握体积和容积的概念，在比较中感知体积和容积的区别与联系。

（五）实践与应用

1. 选择合适的词

（1）茶叶是婺源的四大特产之一。（　　　　）的体积就是（　　　　）的容积。（盒子　茶叶）

（2）酱是马鞍山的三大特产之一。（　　　　）的体积就是（　　　　）的容积。（瓶子　酱）

2. 辨一辨

（1）正方体是有体积的，正方形也是有体积的。（　　　　）

（2）电冰箱的容积就是电冰箱的体积。（　　　　）

3. 想一想

学校买来了两箱科学实验仪器，从外面看两个箱子同样大。它们的体积相等吗？容积呢？（图略）

设计意图： 通过用所学知识解决生活中的实际问题，巩固新知，提高学生应用数学的意识与能力。

（六）全课小结

略。

（七）板书设计

略。

第三节　统计与概率

摸球游戏

教学内容

北师大版《义务教育课程标准实验教科书·数学》五年级上册"摸球

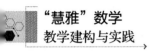

游戏"。

教学分析

本节课是北师大教材五年级上册"可能性"单元中的教学课。在三年级的学习中，学生已经通过摸球游戏认识了可能性的大小；在四年级的学习中，他们又认识了等的可能性，知道了在有可能发生的事件中存在可能性大、可能性小、可能性相等的情况。而本学期所学的知识是用分数表示可能性的大小，所以说本学期的内容是在前两个年级的基础上的一个延伸与发展。

教学目标

（1）通过活动，学生进一步认识客观事件发生的可能性大小，体会用数表示可能性大小的必要性。

（2）能用数表示事件发生的可能性大小。

（3）在游戏中体会影响可能性大小变化的因素，激发学生参与活动的积极性。

教学重难点

会用数表示可能性的大小；通过活动体会用数表示可能性大小的必要性以及影响事件发生可能性大小变化的因素。

教学用具

课件、实物投影。

教学过程

（一）复习旧知，感受用数描述可能性的必要性

1. 复习旧知

（出示课件：5个盒子里分别装有不同数量的红球和黄球）分别说一说每个盒子里任意摸出一个球，摸到黄球的可能性。

2. 感受用数据描述可能性的必要性

（出示课件：第六个盒子）比较第五个和第六个盒子哪个盒子摸到黄球的

可能性更小？小到什么程度？想办法准确描述从这两个盒子中摸到黄球的可能性。

（1）独立思考。

（2）小组交流。

（3）汇报。

设计意图：创设摸球活动，调动学生已有的知识经验，产生认知冲突，从而使学生认识到用数描述可能性大小的必要性。

（二）探究如何用数描述可能性的大小，并感受可能性的范围

1. 用举例法计算摸到黄球的概率

尝试用数来表示在刚才剩余的4个盒子摸到黄球的可能性是多少，并说一说是怎样想的。

2. 观察线段图，感受可能性大小的范围

（1）（出示课件）把5个盒子按摸到黄球的可能性的大小从小到大排列，并把这些数字标在数轴上。

（2）观察数轴，想一想事情发生的可能性在什么范围内？可能性最小是多少？最大是多少？

设计意图：使学生掌握用数表示事件发生的可能性大小的方法以及可能性大小的范围。

（三）体会影响可能性大小变化的因素

1. 初步体会，引起思考活动一：盒中有1个黄球7个红球

增加1个黄球，摸到黄球的可能性会怎么样？是多少？

再增加1个黄球，摸到黄球的可能性会怎么样？是多少？

再增加1个黄球，摸到黄球的可能性会怎么样？是多少？

感受：摸到黄球的可能性大小与什么有关？

想一想：摸到黄球的可能性大小变了，摸到红球的可能性变了吗？

感受：增加黄球的个数，不仅改变了摸到黄球的可能性，也改变了摸到红球的可能性。

2. 再次体会，加深认识活动二：摸奖游戏

9个笑脸后面藏着3个奖品，想一想如果任意摸出一个，中奖的可能性是多少？

请同学参与摸奖游戏，摸前观察中奖的可能性，说一说此时的心情。

游戏结束后请学生说一说中奖的可能性与什么有关。

设计意图：在有趣的活动中，使学生熟练地掌握用数表示可能性大小的方法，并逐步体会影响可能性大小变化的因素。

（四）练习

1. 扑克牌游戏（出示课件）

请学生用数来表示摸出扑克牌1，2，3，4的可能性。

2. 猜一猜游戏（出示课件）

请学生根据结果来猜如何放红球与白球。

想一想：两种颜色的球的个数会有什么关系？你是怎样知道的？

3. 猜一猜游戏（出示课件）

如果再增加一种颜色的球，问题变得更复杂了，再请学生根据结果来猜如何放这三种球。想一想：三种颜色的球的个数会有什么关系？你是怎样知道的？

设计意图：在变化的活动中，使学生巩固、掌握用数表示可能性大小的方法，并不断体会可以根据事件发生的可能性大小来进行一些较合理的猜想。

（五）联系生活，体会生活中用数表示可能性大小的价值

设计意图：使学生联系生活中的事件，体会学习用数表示可能性大小的价值。

（六）总结与反思

设计意图：培养学生的自我反思能力。

（七）作业设计练习册

相关内容。

（八）梯度作业设计

搜集生活中应用可能性大小解决问题的例子。

用分数表示可能性的大小

教学内容

苏教版《义务教育课程标准实验教科书·数学》六年级上册第94～96页。

教学分析

教材中例1教学用几分之一表示事件发生的可能性。学生在四年级（上册）已经初步认识游戏规则的公平性。教材以此为切入点，呈现"乒乓球比赛时争夺发球权"的现实场景，组织学生讨论"用猜左右的方法决定由谁先发球公平吗？为什么？"在此基础上，使学生初步认识可以用分数表示简单事件发生的可能性，并体会用分数表示可能性的基本思考方法。"试一试"利用学生熟悉的摸球活动，帮助学生进一步明确用几分之一表示可能性大小的思考方法。

教材中例2教学用几分之几表示事件发生的可能性。第（1）题让学生继续学习用几分之一表示摸到每张牌的可能性。第（2）题教学用几分之几表示事件发生的可能性。最后，通过练习巩固用分数表示可能性的大小。

教学目标

（1）理解并掌握用分数表示可能性大小的基本思考方法，会用分数表示简单事件发生的可能性，进一步加深对可能性大小的认识。

（2）进一步体会数学知识间的内在联系，感受数学思考的严谨性与数学学习的趣味性。

（3）认识数学与生活的联系，使学生明确生活中任何幸运和偶然的背后都是有科学规律的。

教学策略

充分利用生活素材，优化整合教材内容，将数学学习活动化。

从实际生活入手，利用游戏活动中的数学元素唤醒学生知识储备中的"可

能、一定和不可能",让学生从公平的角度修改游戏规则,装入袋中。利用课
件让学生直观感知,自主探究出用分数表示可能性的方法和意义;优化整合教
材内容和生活素材,通过提供丰富的研究材料和生活现象,交替使用活动与课
件,引导学生动手做、用眼看、动口说和动脑想等,多种感官参与学习过程,
自主建构知识。教学关注知识在生活中的应用。课堂学习中有生活材料的引
入,课后还把家庭作业布置成"利用学习的知识理解体育彩票的规则和奥妙并
计算获一等奖的可能性,以此来帮助家长决定购买彩票的经济投入,也帮助同
学王也家设计抽奖规则"。把知识用于生活的实践性作业,提高学生应用知识
的意识和实践能力,激发学生进一步学习的动力,努力将课堂学习有机地延伸
到课外,拓展学习的时间和空间,提高学生的学习能力。

📝 教学过程

(一)在活动中体验,初步感知

请一名同学与老师做摸球游戏,回顾"不可能、一定和可能"的知识。

(1)出示如图5-3-1所示的一个不透明的袋子,里面放着两个红球,选择
一名学生与老师一起做摸球游戏。

图5-3-1

投影出示游戏规则:摸到红球老师胜,摸到黄球学生胜。

连续摸3次后,师得意地说:"想知道老师三连冠的秘密吗?"

老师从不透明的袋中取出透明塑料袋,揭示答案。

请你用"可能、一定、不可能"3个词语把老师摸球和同学摸球的情况说一
句话。

(师板书:不可能一定)。

(2)过渡:刚才老师和同学的摸球游戏公平吗?为什么?要想使这个游戏
公平,我们应该怎样放球?让学生取出一个红球再放入一个黄球。为什么这时

就公平了呢？

如果老师从中摸一个球，可能摸到什么球？也可能摸到什么球？摸到哪种球的可能性大？

摸到红球的可能性可用怎样的数来表示？

生（$\frac{1}{2}$）。这个$\frac{1}{2}$中的2是什么意思？1呢？

（3）如果老师往袋子里再放一个黄球，这时摸到红球的可能性是多大？你是怎样想到这个数的？

请帮老师解决一个问题。多媒体出示图5-3-2。

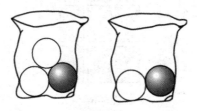

图5-3-2

两个袋子里都是1个红球，为什么摸到红球的可能性有时是$\frac{1}{2}$，有时是$\frac{1}{3}$？

进一步体会用分数表示可能性的分母和分子的意义。

（二）在情境中感受，自主建构

（1）你会用分数表示从图5-3-3中的几个袋子摸到红球的可能性吗？

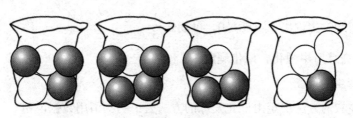

图5-3-3

（2）多媒体出示图5-3-4：把牌洗一下反扣在桌子上，从中任意摸一张。请你用分数说出红A、红2、红3……摸到每一张牌的可能性都是多少。

奇数　　偶数　　质数

图5-3-4

（3）把如图5-3-5所示的数字卡片打乱顺序反扣在桌上，从中任意摸一张。

图5-3-5

① 请你围绕今天学习的主题说一句话。

② 如果摸到奇数算学生赢，摸到偶数算老师赢，你认为这样的游戏规则公平吗？你能用今天学到的知识解释一下吗？

（4）出示5张反扣着的扑克牌。提问：从中任意摸一张，摸到红A的可能性是多少？你认为可能性是？

依次引导学生说出不可能是0、可能是$\frac{1}{5}$，$\frac{2}{5}$，$\frac{3}{5}$，$\frac{4}{5}$。

（三）在练习中强化，深化理解

1.解释生活现象

用猜左右的方法决定由谁先发球的方法公平吗？请用数据说明。

2.猜同学的生日

猜对月份的可能性是（　　　），猜对日期的可能性是（　　　），猜对是哪一天的可能性是（　　　）。

提醒一下月份是大月还是小月，这时猜对月份的可能性是（　　　），猜对日期的可能性是（　　　），猜对哪一天的可能性是（　　　）。

3. 有奖竞猜

我们学校教师篮球队上次在全县教师篮球比赛中获得第二名的好成绩。这次参加比赛的运动员是：刘校长、王老师、相老师、张老师和田老师。

（1）请你猜我们学校5名运动员每人的位置（大前锋、小前锋、中锋、得分后位、控球后位）。

（2）我们先来确定大前锋，请大家写下一个名字，请问猜对的可能性是（　　　）。

（3）猜对了没？请大家课后到刘校长那儿兑奖。猜中的将得到刘校长签名的一只篮球。

（4）还要请你算一算，猜对的可能性是（　　　）。

（四）在生活中应用，提高数学学习能力

（1）从这里可以看出可能性在生活中很普遍。请大家课后查阅江苏体育彩票的相关知识，算一算获得一等奖的可能性有多大，并用算出的数据帮家长参谋购买彩票的经济投入。

（2）2011年元旦即将临，王也家的"欧曼"连锁店要进行促销活动，每消费88元就可以转动一次抽奖转盘，请你帮王也家设计获得一、二等奖的规则。

出示如图5-3-6所示的转盘。

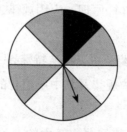

图5-3-6

（3）这节课你学到了什么？

（4）取出课前的袋子。

老师有个疑问：摸到红球的可能性是 $\frac{1}{2}$，是不是摸两次就一定有一次摸到红球呢？请同学来摸摸看。

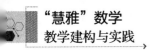

第四节　综合与应用

教学内容

人教版《义务教育课程标准实验教科书·数学》六年级下册第114～115页内容。

教学分析

（1）教材分析

"有趣的平衡"是人教版实验教材小学数学六年级下册总复习单元"综合应用"中的学习内容，也是小学阶段的最后一次综合实践活动。教材由"制作实验用具；探索规律，体会杠杆原理；应用规律，体会反比例关系"三个部分四幅图示组成，其编写意图主要有：

① 借助生活中简易的实验装置，按从特殊到一般的顺序，通过实验，让学生自主探究，发现杠杆平衡的规律及其中所蕴含的比例关系，积累活动经验，学习探究方法。

② 能运用杠杆平衡的规律解释生活中的有关现象并解决一些简单的实际问题。

③ 在探究活动中体会数学的趣味，感受数学与其他学科的联系和数学在实际生活中的应用价值。

（2）学情分析

由于本课题需要借助杠杆装置进行探究学习，因此，一方面，要求学生了解杠杆装置、杠杆的平衡，获得杠杆平衡的实验经验。学生对杠杆装置的了解在科学课中已有初步的认识；杠杆的平衡现象，学生在生活中也有较多的接触;学生可通过天平平衡的实验经验获得杠杆平衡的实验经验,因为天平是特殊的杠杆。因此可以说学生已经具有一定的实验经验,这为探究实验有效地开展提供了保证。另一方面,从探究活动的过程看,需要学生协同进行操作和思维活动。这对学生来说有难度,所以在教学过程中,教师应注意在不失探究意义的前提下,恰当设计探究问题难度的梯度,并给予必要的引导。另外,由于本课题所探索的规律是4个量之间的等量关系,学生接触较少,有一定的挑战性。故教学中应注意利用学生对平衡现象与等式的关系和用等式反映数量之间的相等关系的学习经验。

教学策略

《新课标》倡导动手实践、自主探索与合作交流的学习方式。"教师应激发学生的学习积极性,向学生提供充分从事数学活动的机会,帮助他们在自主探索和合作交流的过程中真正理解和掌握基本的数学知识和技能、数学思想和方法,获得广泛的数学活动经验。"本着这样的理念,我对本课教学做如下总体设想:

（1）突出自主探究。本课设计在学生初步感知、体验平衡的基础上,遵循学生的认知规律,组织学生借助塑料管从特殊到一般逐步进行实验操作活动,以观察平衡现象（提出问题）—探究数量关系（分析问题）—建立数学模型（发现规律）—适度应用拓展（解决简单问题）为活动主线,精心设计一系列的活动,激发学生的探究兴趣,引导学生在实验的同时,注意观察、分析与推理,从而发现平衡规律,学习探究方法,获得数学活动的经验。

（2）关注规律应用。本课在应用与拓展环节安排一些练习,通过资源整合,让学生深化对平衡规律的认识、丰富认知经验、拓宽知识视野,同时感受知识间的内在联系,增强应用数学知识的意识,产生积极的情感体验。

教学目标

（1）通过探究并发现杠杆平衡的规律,左边硬币数×左边刻度数=右边硬币数×右边刻度数,了解它与比例关系的联系,积累数学活动经验,体验探究过程,学习探究方法。

（2）能运用杠杆平衡的规律解释生活中的有关现象并解决一些简单的实际

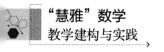

问题；感受数学与其他学科的联系和数学在实际生活中的应用价值。

教学重难点

探究并发现杠杆平衡的规律：左边硬币数×左边刻度数=右边硬币数×右边刻度数。

教学用具

塑料管、硬币、绳子、支架、课件等。

教学过程

（一）设境与导入

（1）学生观察"跷跷板"游戏情境。（课件出示）

（2）现场小游戏：学生起立，张开双臂，单脚保持平衡10秒钟；学生伸出食指，将一支笔平放在食指上保持平衡，然后坐下。

（3）根据上面的活动让学生猜测今天学习的主题，引出课题——有趣的平衡。

（二）探索与发现

活动一：演示实验，初步感知

（1）演示并介绍杠杆装置的构成。

（2）探索杠杆平衡与哪些量有关。

① 师设问：两边挂上物体，塑料管还能保持平衡吗？引导学生猜测。与学生合作操作演示，验证猜想。

② 两边的刻度数相同，进行增减一边硬币的实验演示。要求学生观察思考：平衡与什么量有关？（初始结论：平衡与两边的硬币数有关。）

③ 师追问：平衡是否只与硬币数有关？引导学生通过实验获得猜测。实验演示：两边的硬币数相同，刻度数变化。（结论：平衡还与两边的刻度数有关，即平衡与左、右两边硬币数和左、右两边刻度数这4个量有关）

活动二：分组实验，归纳探究

（1）课件出示"活动一"中的不平衡状态，提问：有什么方法能让它恢复平衡呢？

（2）组织学生讨论交流，然后分组验证。

（3）反馈验证结果，板书后交流：观察左右两边的刻度数与硬币数，你有什么发现？引导学生提出猜想：左边硬币数×左边刻度数=右边硬币数×右边刻度数。

活动三：验证猜想，发现规律

（1）教师设问：如何验证？

（2）学生讨论验证方案，必要时教师予以点拨。

（3）学生进行验证活动，教师巡视指导。

（4）学生实验汇报，证实猜想。

（5）教师指出当把上面式子中，左、右硬币数换成左、右硬币的质量时，就有：左边硬币的质量×左边刻度数=右边硬币的质量×右边刻度数。

这就是科学课上所讲的杠杆原理，是由著名科学家阿基米德发现的。

（三）沟通与联系

问题1：杠杆平衡时，左边刻度数为1，右边刻度数为2，这时左边硬币数与右边硬币数有什么关系？（成正比例关系：左边硬币数×右边硬币数=2）

问题2：杠杆平衡时，左边刻度数为4，左边硬币数为3，这时右边刻度数与右边硬币数有什么关系？（成反比例关系：右边刻度数×右边硬币数=12）

（四）应用与拓展

（1）猜一猜（略）。

（2）选一选（略）。

（3）用一用。

出示称菜的图片，引导学生观察，并解决下列实际问题：

① 这个商贩称得准吗？

② 如果提纽到秤钩处的长度为10厘米，到秤杆末端的长度为80厘米，秤砣重2千克，那么，提着这个提纽，这杆秤最多可称多重的物体？

（五）回顾与总结

（1）与学生一起回顾探究的过程，得出规律，提炼探究的方法：观察—实验—猜想—验证规律。

（2）延伸：课后与同学们一起试着做一杆简易的秤，说不定你会有更大的收获。

（六）板书设计

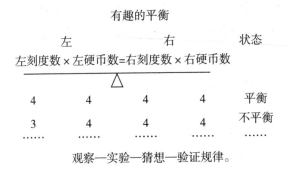

有趣的平衡

左		右		状态
左刻度数×左硬币数=右刻度数×右硬币数

4	4	4	4	平衡
3	4	4	4	不平衡
……	……	……	……	……

观察—实验—猜想—验证规律。

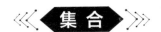

集 合

教学内容

人教版《义务教育课程标准实验教科书·数学》三年级下册第九单元第108页例1。

教学目标

（1）知识与技能

让学生在已有知识的基础上经历集合思想的形成过程，初步理解集合知识的意义。结合具体情境体会用韦恩图解决有重复部分问题的价值，理解集合图中每部分的含义，并能解决简单的有重复部分的问题。

（2）过程与方法

通过观察、猜测、操作、交流等活动，让学生在合作学习中感知集合图的形成过程，体会集合图的优点，能用集合图分析生活中简单的有重复部分的问题。

（3）情感态度与价值观

在解决实际问题的过程中，让学生感受选择解决问题策略的重要性，养成善于思考的良好习惯，体会数学的严谨性，感受数学与生活的联系，提高学习数学的兴趣。

教学重难点

理解集合图各部分的意义，能用集合图分析生活中简单的有重复部分的问题。

教学用具

课件、带有学生姓名的小卡片。

教学过程

（一）问题情境，导入新课

出示表5-4-1，阳光小学三（1）班第一组同学名单。

表5-4-1

男生（8）人	杨明	陈东	卢强	朱晓东	王志明	张伟	陶伟	赵军
女生（6）人	李芳	刘红	丁旭	王爱华	于丽	周晓		

师：从表中你了解到什么数学信息？

师：你能根据这些信息，提个数学问题吗？

师：老师对阳光小学三（1）班第一组的同学进行了一项调查，这是调查的结果。

第一组参加语文、数学课外小组学生的名单，见表5-4-2，出示例题中的统计表。

表5-4-2

语文（8）人	杨明	李芳	刘红	陈东	王爱华	张伟	丁旭	赵军	
数学（9）人	杨明	李芳	刘红	王志明	于丽	周晓	陶伟	卢强	朱晓东

师：同学们看清楚了吗？请算算第一组参加语文、数学小组的一共有多少名同学？

（二）探究新知，交流汇报

师：请同学们充分发挥你的智慧重新整理名单。

要求：既能清楚地看出哪些同学参加语文小组，哪些同学参加数学小组，

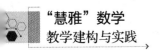

又能让人很明显地看出一共有多少名同学。

师：谁愿意给大家展示你的方法？

师：你能跟大家说说你是怎么想的吗？

（三）列式计算，掌握算法

师：同学们都能看明白这幅图了。现在我们根据这幅图列式，算一算参加语文、数学小组的一共有多少名同学吧？

生1：5+3+6=14。

生2：8+9-3=14。

生3：8-3+9=14。

生4：9-3+8=14。

…………

（四）对比体验，揭示课题

课件出示两个统计表与韦恩图。

师：名单中没有重复，用统计表呈现，我们一目了然，直接相加就能算出总人数，当有重复部分出现的时候，大家觉得用哪种方式呈现更便于分析问题？

师：今天，我们共同研究了有重复部分的问题，这是课本《数学广角》中的内容。（板书：《数学广角》）

（五）练习巩固，扩展提升

（1）同学们去采集标本。采集昆虫标本的有32人，采集花草标本的有25人，两种标本都采集的有16人。去采集标本的共有多少人？

（2）某班36个同学在一次数学测验中，答对第一题的有25人，答对第二题的有23人，两题都对的有15人。问有多少同学两题都不对？

（六）总结

谈收获。

植树问题

教学内容

人教版《义务教育课程标准实验教科书·数学》四年级下册第117~118页"数学广角"。

教学目标

（1）知识与技能

① 利用学生熟悉的生活情境，通过动手操作的实践活动，让学生发现间隔数与植树棵数之间的关系。

② 学生通过小组合作、交流，能理解间隔数与植树棵数之间的规律。

③ 能够借助图形，利用规律来解决简单植树的问题。

（2）过程与方法

① 让学生经历和体验"复杂问题简单化"的解题策略和方法。

② 进一步培养学生从实际问题中发现规律，应用规律解决问题的能力。

③ 渗透数形结合的思想，培养学生借助图形解决问题的意识。

④ 培养学生的合作意识，养成良好的交流习惯。

（3）情感态度与价值观

通过实践活动激发热爱数学的情感，感受日常生活中处处有数学、体验学习成功的喜悦。

教学重难点

学生理解棵树与间隔数之间的关系，会应用植树问题的模型解决一些相关的实际问题；教师渗透数形结合思想，帮助学生发现问题实质，总结规律并进行辨析。

教学过程

（一）创设情境，揭示课题

师：数学就在我们身边，伸出你的一只手，你看到了数字几？

根据学生的回答教学"间隔"。

师：（揭示课题）今天这节课我们就一起来学习跟间隔有关的植树问题。

（板书：植树问题）

（二）经历探究，尝试解决

出示课件：同学们在全长1000米的小路的一边植树，每隔5米栽一棵（两端都栽），一共需要多少棵树苗？

（1）学生理解了题意，尝试解答。

（2）学生汇报列出的算式。

（3）引导学生用直观的方法来验证究竟谁的想法是正确的。

（4）教师引导学生经历化繁为简的过程。

（三）活动探究，发现规律

（1）出示活动要求。

（2）学生自主探究。

（3）小组汇报，展示学生的研究方法与成果。

（学生汇报时，重点引导学生说出把这条路平均分成了多少个间隔，用了多少棵树苗。）

（4）引导学生发现两端都栽的规律，建立模型。

（5）运用规律验证例题。

（四）继续探究"只栽一端"和"两端都不栽"的规律

（1）出示一端有房子和两端都有房子的图（见图5-4-1）。

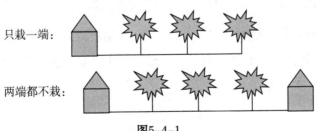

图5-4-1

（2）引导学生观察与两端都栽有什么不同？

学生自主探究"只栽一端"和"两端都不栽"的规律。

（3）汇报结果，发现规律。

小结：引导学生对三个规律进行小结。

（五）运用规律，解决问题

（1）判断（对的打"√"，错的打"×"）。

① 在相距60米的两楼之间栽树，每隔3米栽一棵，共栽20棵。（　　）

②有一条100米长的石子路，在石子路的一侧每隔2米栽一棵树（只栽一端），需要准备50棵树苗。（　　）

③ 在全长60米的小路的一边种树，每隔3米种一棵（两端都栽），一共能种20棵树。（　　）

（2）让学生举例说说生活中类似植树问题的现象。

（3）运用规律，解决实际问题。

① 在一条全长2000米的街道两旁安装路灯（两端也要安装），每隔50米安一座。一共要安装多少座路灯？

② 一根木头长10米，要把它平均分成5段。每锯下一段需要8分钟，锯完一共要花多少分钟？

（六）回顾总结

通过今天这节课的学习，你有什么要和大家分享的？

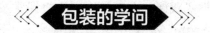

包装的学问

教学内容

北师大版《义务教育课程标准实验教科书·数学》五年级下册第82～83页。

教学目标

（1）知识与技能

了解不同的包装方法，利用表面积等有关知识，探索多个相同长方体叠放后使其表面积最小的最优策略。体验策略的多样化，发展优化思想。

（2）过程与方法

发展学生的动手操作能力和空间想象力，培养学生积极思考、探究规律的能力，能用不同的方法解决简单的实际问题。引导学生体验解决问题的基本过程和方法，提高学生解决问题的能力。

（3）情感态度与价值观

弘扬民族精神，渗透节约的意识。了解包装的学问在生活中的应用，体会数学与生活的联系，提高学习数学的兴趣。

教学重难点

利用表面积等有关知识，探究多个相同长方体叠放最节省包装纸的包装方法；理解最节省包装纸的道理，探索最节省包装纸的策略。

教学策略

指导学生进行小组合作、自主探索；在实践活动中引导学生观察、比较、分析、交流，体验策略的多样性，渗透节约意识，优化思想。

教学用具

课件1份、长方体盒子若干。

教学策略

本节课是一节数学实践课。在教学中，我将课堂按谈话导入——揭示课题、合作探究——学习新知、实践应用——拓展提高、总结全课四大环节进行组织。

课始，我联系生活，创设学生喜闻乐见的"给同学们送纪念品"的教学情境引入新课，激发学生学习数学的乐趣，激起学生对学习包装的热情和探索最佳方法的欲望，并通过包装1个长方体礼物盒复习长方体表面积的计算，为接下来的探索、创新打下良好的知识基础。在"合作探究—学习新知"这一环节，让学生先通过摆一摆探索两个盒子包装的多种方案，体验包装方法的多样化。再通过计算、比较得出最节约包装纸的包装方法。在"实践应用—拓展提高"

环节，我设计了2个层次的练习，一是包装世博会礼物的4个盒子，二是辨析生活中的包装，目的是让学生更清晰地认识包装多个相同长方体，为了节约包装纸，除了要考虑重叠最大的面，也要考虑重叠最多的面。最后，带领学生一同回顾课堂学习的内容，总结全课。

教学过程

（一）谈话导入，揭示课题

（1）欣赏教师的包装，引发思考：你会怎样包装？

（2）包装中有什么学问呢？我们这节课就来一起研究。

（二）合作探究，学习新知

1. 出示活动一

（1）要想包装这个盒子，需要多大的包装纸呢？（接口处不计）

（2）（出示数据）能列出式子吗？（学生汇报算式及结果）

（3）教师小结。

2. 出示活动二

（1）将两个这样的盒子包成一个整体，你会怎样包装呢？（学生动手摆，得出三种包装方案。）

（2）这三种方案各用了多大的包装纸呢？我们来算一算。（分组计算，算完后汇报结果。）

以方案一为例：重点讲解以下两种思路。

算法①：看作整体。（$10 \times 6 + 10 \times 8 + 8 \times 6$）$\times 2 = 376$平方厘米。

算法②：有两个重叠面。（$10 \times 6 + 10 \times 4 + 6 \times 4$）$\times 2 \times 2 - 10 \times 6 \times 2 = 376$平方厘米。（学生发现的其他计算思路，指名展示。）

（3）都是把两盒包成一个整体，为什么用的包装纸不一样多呢？

（4）教师引导学生得出：重叠部分的面积越大，物体的表面积就越小。

3. 出示活动三

（1）出示：三个糖果盒包成一个整体，怎样包装最节约包装纸？

（2）独立思考，通过想象，得出最优方案。

（3）汇报结果：重叠4个大面时最节省包装纸。

（三）实践应用，拓展提高

1.研究4个盒子的包装问题

（1）请同学们做小小设计师，将4个盒子包成一包，怎样包装更节省包装纸呢？

（2）学生活动，分组或独立研究。

（3）汇报设计方案（个别学生上台展示）。

重点探讨以下两种方案：

方案一：可以把4个摆成一排，如 █████ 。让学生计算它的表面积。

方案二：可以把4个摆成这样 █ 。让学生计算它的表面积。

通过计算对比，学生很快发现当大面积重叠时表面积是最小的。

（4）教师小结。

2.辨析生活中的包装

（1）让我们走进生活去看一看，包装中还有哪些学问呢？（出示几个典型图例，学生观看。）

（2）你有什么新的收获？

（四）总结全课与板书设计

> 包装的学问
> 重叠的面积越大→表面积越大→节约

教学内容

人教版《义务教育课程标准实验教科书·数学》二年级下册第115页情境图

及例1。

教学目标

（1）知识与技能

发现图形的变化规律，培养学生观察、操作及归纳推理的能力。

（2）过程与方法

学生通过观察、猜想、实验、推理等活动，发现图形的循环排列规律。

（3）情感态度与价值观

培养学生发现和欣赏数学美的意识，学生能知道生活中事物有规律的排列隐含着数学知识。

教学重难点

学生在活动中认识物体的简单排列规律；会运用规律并能用图形的排列规律去创造美。

教学策略

学生在一年级下学期已经学习了一些图形和数的简单规律，本册的找规律相对复杂一些，难度较大。本节课根据学生已有的知识和经验，以"参观动物王国中小动物的新家"为问题情境，让学生通过观察、猜测、动手操作、小组讨论交流等活动，发现图形的排列规律。以"比一比谁记得快"导入，唤起学生的求知欲望，同时又沟通了新旧知识的联系。

"墙面图形"是本课教学的重点。先让学生独立思考，小组交流合作，再让学生在谈论中找出规律，教师鼓励和肯定方法的多样化，同时在教学中又着重强调横着看的方法，实现了方法的最优化。学好这部分的知识也为后面的学习打下了扎实的基础。

摆水果、小小设计师等情境的创设都是围绕着找规律设计的一系列练习。目的是让学生在具体的探索活动中，发现和欣赏数学美，培养运用数学去创造美的能力。

（1）教法：谈话、指导相结合等。

（2）学法：小组合作研讨法。

教学准备

多媒体课件、教学学具、学生分成4人小组等。

教学过程

（一）温故知新，导入新课

比一比，看谁记得又快又准！（课件出示三幅有规律的图形。）

（二）创设情境，合作探究

师：今天，老师要和大家一起走进动物王国，去小动物的家中看看，好不好！

出示房间的布置图，让学生谈谈感受，适时引出课题。

（1）感知规律：出示主题图——墙面图案，如图5-4-2所示。

○	◇	△	☆
◇	△	☆	○
△	☆	○	◇
☆	○	◇	△

图5-4-2

学生通过4人小组合作观察，并在小组中相互交流。

鼓励学生从多个方面、多个角度观察发现图形的排列规律。

（2）通过谈论，把你们的发现告诉大家吧！

①从左上方看，每一排的图形都是一样的。

②横着看时，都是把上一行的第1个图形移到下一行的最后一个，其他图形依次前移1格。

③竖着看时，都是把第1行的第1个图形移到最下面，其他图形依次向上移动1格。

通过多媒体演示其中图形的排列规律。

在这幅图中，我们从横向、竖向、斜向都能发现规律。看来，只要我们从不同的角度去观察，就能发现不同的规律。

（4）出示地面图形（见图5-4-3），学生自主探究发现颜色图形的变化规律。

绿	蓝	红	黄
蓝	红	黄	绿
红	黄	绿	蓝
黄	绿	蓝	红

图5-4-3

（5）根据地面图形，你能摆出第5行吗？

（三）学以致用，巩固提升

（1）动物王国运动会开始了，看小动物们前三队已经排好了，同学们，谁来帮帮他们排出第四队呢？和你的同桌先说说吧！

（2）看到同学们这么聪明，帮我解决了问题，就用水果来招待大家吧。

（3）按前3个水里盘摆放的规律，如图5-4-4所示，第4盘该怎么摆呢？

图5-4-4

（四）师生小结，升华规律

这节课，你们精彩的表现给老师留下了深刻的印象。你们有什么收获？

（五）自主设计，创造规律

小小设计师：今天我们认识了新的规律，也用规律解决了一些问题，同学们能不能自己设计一些习题表明一些新的规律？那么同学们可以用老师发给你们的学具，发挥你们的想象力，创造出漂亮的图案吗？

注意：先想好规律，再动手。开始吧！

（六）联系生活，欣赏图片

数学源于生活，生活中无处不存在数学规律美，让我们一起来欣赏吧！

教师寄语：希望同学们能用今天所学的知识，去创造美好的明天！

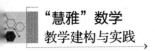

"慧雅"数学
教学建构与实践

<<< **烙饼中的时间问题** >>>

📖 教学内容

人教版《义务教育课程标准实验教科书·数学》四年级上册第七单元数学广角第一课时"烙饼中的时间问题"。

💬 教学策略

数学教学要注重培养学生的数学应用意识和解决问题的能力，从而使学生体会数学的价值，并让学生初步体会数学思想方法在解决问题中的运用。"烙饼中的时间问题"通过日常生活中的简单事例向学生渗透优化思想，并让学生从中体会优化思想在解决问题中的作用。本节课的设计就从学生身边的事例出发，让学生尝试从数学的角度运用所学知识和方法寻找解决问题的策略，形成多种方案，然后引导学生通过自主探索、动手操作、合作交流、相互启发、思维碰撞，寻找出最优化的方案。学生在操作的过程中，感悟到怎样合理安排操作最节省时间，体会到了在解决问题中优化思想的应用，并学会了用优化的策略解决问题。教师引导学生找到解决问题的不同策略的同时，关键是要让学生理解优化的思想，形成从多种方案中寻找最优方案的意识，提高学生解决问题的能力。

📓 教学目标

（1）通过简单事例，使学生初步体会优化思想在解决问题中的应用，形成寻找解决问题最优化方案的意识，并尝试寻找解决问题的最优方案。

（2）让学生在观察、操作、思考、讨论等活动中寻找规律，培养学生解决实际问题的能力和科学探究的精神。

（3）通过探究活动，使学生不断获得成功的体验，感受数学的魅力，进一步养成合理安排时间的良好习惯。

260

教学重难点

体会优化思想的应用；寻找解决问题最优方案，提高学生解决实际问题的能力。

教学用具

多媒体课件，锅、饼的模拟学具图片若干。

教学过程

课前谈话：师生相互介绍，提出问题，你都是怎么合理安排自己的时间的？表扬学生节约时间的良好习惯。

（一）创设情境，提出问题

生活和我们的数学有着很密切的联系，生活中处处充满着数学，处处使用数学，数学里有很大的学问。

今天我们就来学习"烙饼中的时间问题"（板书课题）。

（二）自主探究，解决问题

1. 初步了解学情，看学生是否知道烙饼的方法

师：同学们，你知道怎样烙饼吗？

教学预设：①学生知道。教师请学生说一说，用手比划比划，说明注意事项。②学生不知道。教师播放一段生活中有关制作烙饼的视频资料，让学生观察发现：要烙熟一张饼就要先烙饼的正面，再烙饼的反面；让学生发现视频里一口锅里只能同时烙两张饼。

2. 探索两张饼的最优烙法

师：同学们会烙两张饼吗？如果烙熟一面需要3分钟，那烙两张饼至少需要多长时间？

教学预设：学生可能有两种答案：12分钟或6分钟。

请回答用了6分钟的学生演示并说说理由，教师肯定学生的想法并指出：两张饼同时烙，这样就节省了很多时间。

3. 探索三张饼的最优方案

（1）定格视频情境图，如图5-4-5所示。

图5-4-5

如果每次只能烙两张饼，两面都要烙，每面3分钟，爸爸、妈妈和我每人一张饼，怎样才能尽快吃到饼？

（2）学生独立思考，然后利用手中的学具摆一摆。

（3）小组内合作交流，可能有以下两种方法：

① 先同时烙第一张饼和第二张饼，用了6分钟，再烙第三张饼，用了6分钟，共用了12分钟。

② 先烙第一张饼和第二张饼的正面，用了3分钟，再烙第一张饼的反面和第三张饼的正面，又用了3分钟，最后烙第二张和第三张饼的反面，用了3分钟，共用了9分钟。

（4）集体交流，对比择优：

① 学生汇报第一种方案后，教师课件配合演示需要12分钟的过程，如图5-4-6所示。

1正　　2正　　　1反　2反　　　3正　3反

图5-4-6

② 学生汇报第二种方案，教师课件配合演示需要9分钟的过程，如图5-4-7所示。

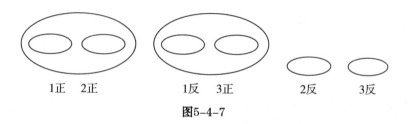

1正　　2正　　　1反　　3正　　　2反　　　3反

图5-4-7

烙3张饼的最优方案,见表5-4-3。

表5-4-3

次数	1号饼	2号饼	3号饼	用时（分钟）
第一次	正	正		3分钟
第二次	反		正	3分钟
第三次		反	反	3分钟
一共需要几分钟				9分钟

③ 引导学生通过对比两种方法明确,第二种方法充分利用了锅内的空间,每次烙时都没有空余,这样最节约时间。

4.探究规律

(1)请学生小组合作,自由烙一烙,想烙几张就烙几张,如果饼数不够,可以组内合作。在烙的时候注意引导学生算一算用了多长时间。

(2)学生汇报。

教师根据学生的回答（见表5-4-4）,在引导学生思考烙饼方案的同时,让学生寻找烙饼的具体规律。

表5-4-4

烙饼的张数	烙饼方案	所用最短时间（分钟）
1张		6
2张		6
3张		9
4张	2张烙法	12
5张	2张烙法+3张烙法	15
6张	2张烙法	18
7张	2张烙法+3张烙法	21
……		

在烙6张时引导孩子比较两种烙法的实际意义:

方法一:用烙3张饼的方法,烙2次,共要烙18分钟。

方法二:用烙2张饼的方法,烙3次,也要烙18分钟。

师生小结:两种烙法用的时间虽然一样,但3张饼的最佳烙饼法在这里没有

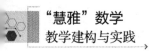

明显的优势，对于这两种烙法，2张饼的烙法更容易操作。

7张饼最少要烙多长时间？你是怎么想的？怎么烙？

总结烙法：现在你有什么发现？

如果要烙10张饼，至少需要多少时间？那么20张、100张呢？

如果要烙11张饼，至少需要多少时间？那么13张、15张呢？

其实烙饼时，如果要烙的饼的张数是双数，2张2张地烙就可以了；如果要烙的饼的张数是单数，可以先2张2张地烙，最后3张饼按上面的最优方法烙，最节省时间。

5.介绍华罗庚的"优选法"及"双优法"在生活中的神奇应用

优选法是尽可能地少做实验，尽快找到生产和科研最优方案的方法。优选法的应用在我国从20世纪70年代初开始，首先由我国的数学家华罗庚等推广并大量运用，优选法也叫最优化方法。

（三）巩固新知，拓展应用

完成教科书"做一做"。

美的奥秘

📋 **教学目标**

（1）让学生初步了解黄金比，感受黄金比带来的美，初步学会运用黄金比解释生活中的现象，并应用于生活实践。

（2）在用数学解释生活现象的过程中，激发学生学习数学的热情，体会数学的价值。

📑 **教学重难点**

认识黄金比，感受黄金比的神奇作用；体会黄金比的运用。

教学过程

（一）感受"美"与和谐的比例

1. 从数学角度寻找影响美的因素（出示图片）

（1）发现人体上身和下身的高度影响了人体的美观。

哪张照片中的杨老师比较好看？能说说理由吗？

（2）发现动物前身和后身的长度影响了动物的美观。

哪匹马好看呢？请说说理由。

（3）感受建筑物中的黄金比。

这座塔看起来比例很协调，是吗？这座塔的第二层平台的位置，是经过精密计算后才确定的，把它放在这个位置，使整个塔的上下两部分比例特别协调，看起来美观大方。

2. 组内合作，探索发现黄金比的存在

刚才，老师和同学们一起看了几张图片，有美的，也有丑的。不管是人、动物、建筑物还是图形，你认为让人感到美的关键是什么？看来，凡是让人感到美的东西，它各部分间必定有一个合适的比。这个合适的比究竟是一个怎样的比呢？想找到它吗？请根据老师提供的数据，看看能不能找到这个特殊的比。

3. 组织交流，总结规律

有发现了吗？谁能把你们的发现和大家交流一下？

看来真是有规律的，这些比的比值都是零点六几，这样的比能给人带来美感。同学们，你们的这个发现太有价值了。其实早在2500年前，古希腊的数学家就已经发现了这个比。数学家们经过精密计算，最终得到了这个比的比值大约是0.618，这个比被称为黄金比。

不管是人还是其他物体，他们各部分之间的比越接近黄金比，看起来就越美。这三个比很接近黄金比，因此那三张图片看起来比较好看。

（二）欣赏各个领域中存在的黄金比

1. 建筑领域

我们先到建筑中看一看。这是法国的巴黎圣母院，同学们计算一下第二层和第一层高度的比是多少，接近黄金比吗？其实，在很多著名建筑中，也都存

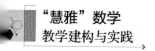

在黄金比，黄金比能给建筑物带来整体的和谐之美。

2. 植物领域

我们再到植物中看一看。

这是什么？这是长玉米穗的地方，请你计算一下下面和上面高度的比值。接近黄金比吗？科研人员发现，玉米果穗长在这个部位，有利于增强玉米的抗倒伏性，也就是玉米不容易倒下。

再来看，这是什么？（向日葵）这是向日葵种子排列的图案。这样看，是顺时针排列的；这样看，是逆时针排列的。科研人员发现，一般情况下，按顺时针排列的有34条，按逆时针排列的有55条。快速算一下，这两种排列的比值是多少？（0.618）这种排列中也蕴含着黄金比。知道这种排列有什么好处吗？通过计算得知，这种排列，可在最小的面积上排列最多的种子。

科研人员还发现，不仅是玉米、向日葵，许多植物都存在黄金比。（疑惑的表情）难道植物也懂得黄金比？（叙述的语气）目前这还是一个没有被解开的谜。

3. 人体中的黄金比

再回到我们的人体，前面我们知道了人体的上身和下身的比接近黄金比。其实，人体的其他部分也存在黄金比。我们来看一下。这是咽喉，咽喉到头顶和咽喉到肚脐两部分的比也很接近黄金比；再来看，这是眉心，从眉心到发际和眉心到咽喉两部分的比，同样很接近黄金比。人体中还有很多黄金比，有兴趣的同学课后可以自己去查阅相关的资料。

4. 再到我们日常生活中看一看

知道空调温度设定为多少度，人体感觉是最舒服的吗？（学生回答）我们来看一下这与黄金比有没有关系。人体的正常体温是多少度？拿计算器算一下 37×0.618，结果保留整数，是多少度？23摄氏度左右的温度，也就是22摄氏度~24摄氏度，这恰恰是人体感觉最舒服的温度，因此空调的温度设定在这个范围是最理想的，这与黄金比也有关系。

其实，应用黄金比的领域还远远不止这些，人们还在音乐、美术、医学，甚至在天体中都发现了黄金比。真是让人感到不可思议啊！

（三）应用黄金比，解决实际问题

1. 计算妈妈上身高度和下身高度的比

我们认识了黄金比，了解了黄金比的神奇，现在知道妈妈为什么喜欢穿高跟鞋了吗？其实，一般人上身和下身的高度之比不能正好符合黄金比，所以女士们喜欢穿高跟鞋来进行弥补。那妈妈到底穿多高的高跟鞋上身和下身的比才符合黄金比呢？请帮妈妈计算一下吧。

2. 交流计算结果

哪名同学愿意把你计算的方法和结果跟同学们交流一下？

老师需要提醒同学们的是，穿过高的高跟鞋对健康甚至安全是不利的，因此选择高跟鞋的时候，在关注黄金比的同时还要综合考虑舒适和健康等各种因素。

（四）课堂小结

同学们，今天我们认识了黄金比，感受了黄金比给我们带来的美妙和神奇。原来，美是需要用数学的眼光来发现的。关于黄金比，你们还有什么问题想问吗？这节课马上要结束了，其实，在我们周围还有很多地方也存在黄金比，但我们对黄金比的探索才刚刚开始，同学们愿意在课后继续去寻找它们吗？

神奇的"莫比乌斯带"

📖 教学内容

人教版《义务教育课程标准实验教科书·数学》四年级上册第77页。

📷 教学目标

（1）让学生认识"莫比乌斯带"，并会制作"莫比乌斯带"。

（2）引导学生通过"猜想——验证——探究"的活动感受"莫比乌斯带"的神奇变化，感受数学的神奇魅力。

（3）让学生在猜想与现实的差距中，培养探究精神，进一步激发学生学习数学的兴趣。

教学准备

师：准备若干长方形纸条。

生：每人准备剪刀，水彩笔和若干长方形纸条。

教学策略

数学课程标准指出：有效的数学学习活动不能单纯地依赖模仿与记忆，动手实践、自主探索与合作交流也是学生学习数学的重要方式。本课是小学数学人教版四年级上册的一节数学活动课。教学中，教师遵循学生的认知特点，为学生提供大量的观察、猜测、思考、操作、合作、验证、交流、质疑、探索等的时间与空间，使学生在自主探索和合作交流中，感受"莫比乌斯带"的神奇，体会数学的思想方法并获得广泛的数学活动经验。

教学过程

活动一：认识"莫比乌斯带"

1. 制作圆形纸带

（1）观察：一张普通长方形纸片，它有几条边？几个面？

（2）思考：你能把它变成两条边，两个面吗？

学情预设：学生把纸条两边粘起来，就是两条边，两个面。

（3）操作：学生动手，取长方形纸片，制作成圆形纸带。

（4）验证：用手摸一摸，感受两条边，两个面。

（5）再思考：你能把它的边和面变得更少一些，把它变成一条边、一个面吗？

设计意图：先用有趣的魔术激起学生的兴趣，再用有趣的问题促使学生思考和探究，由"一张普通长方形纸片，它有几条边？几个面"到"你能把它变成两条边，两个面吗"再到"想想办法，你能把它的边和面变更少一些，把它变成一条边、一个面吗"。问题层层深入，一步步激发学生探究的兴趣。

2. 制作"莫比乌斯带"

（1）操作：学生动手，尝试制作"一条边、一个面"的纸带。

学情预设：个别学生能将纸带旋转180度，制作成"莫比乌斯带"。

（2）介绍做法，强调：一头不变，另一头拧180度，两头粘贴。

（3）验证。

① 质疑：这个纸圈真的只有一条边、一个面吗？怎么验证"一条边、一个面"？

② 学生动手验证，教师指导验证方法。

③ 交流验证结果：真的只有一条边、一个面。

④ 动态展示，加深认识。

⑤ 感受：用手摸一摸它的面，感受一下只有一条边、一个面。

（4）小结。

① 介绍：这个"怪圈"是德国数学家莫比乌斯在1858年研究时发现的，所以人们把它叫作"莫比乌斯带"。

② 出示课题："莫比乌斯带"。

设计意图：从纸条到普通纸圈再到"莫比乌斯带"，学生经历了一个从熟悉到陌生，从普通到神奇的知识形成过程，初步感受到"莫比乌斯带"的神奇，并产生了继续探究的欲望。

（5）比较：圆形纸带和"莫比乌斯带"的区别。

① 同一张纸，是什么原因，使"莫比乌斯带"只有"一条边、一个面"呢？

教师揭示"莫比乌斯带"只有"一条边、一个面"的原因。

② 和普通的纸圈相比，"莫比乌斯带"只有"一条边、一个面"又有什么好处呢？

课件展示"莫比乌斯带"在生活中的应用。

设计意图：不仅感受到"莫比乌斯带"的神奇，还要知道神奇的原因。了解它在生活中的应用，就更能让学生体会到数学就在我们身边，正在为我们服务。

活动二：研究"莫比乌斯带"

1. 剪"莫比乌斯带"（二分之一）

（1）猜一猜：如果沿着"莫比乌斯带"的中间剪下去，剪的结果会怎样？

学情预设：①一分为二成两个圈；②断开成两段。

（2）剪一剪：学生动手，沿着"莫比乌斯带"中间剪，验证猜测。

（3）交流：沿着纸带中间剪下去，会变成一个两倍长的圈。

（4）揭秘：为什么没有一分为二变成两个圈？而是变成一个两倍长的圈？

（5）质疑：这个大圈还是"莫比乌斯带"吗？

设计意图：老师设计这个简单的操作，让学生能很快入门，通过动手操作认识"莫比乌斯带"，并能为新课做好铺垫。

2. 剪"莫比乌斯带"（二分之一的二分之一）

（1）猜一猜：刚才我们沿着莫比乌斯带的中间剪下去，竟然是一个两倍长的圈。再猜一猜，如果再沿着它的中间剪下去，你觉得会变成什么样？

学情预设：①一个更大的圈；②两个圈。

（2）剪一剪：学生动手，验证猜测。

（3）交流：发现变成两个套在一起的圈。

（4）揭秘：同样从中间剪，为什么第一次剪成一个原来两倍大的圈，而第二次却剪成两个套在一起的圈？

设计意图：用剪纸导入新课，让学生先会做"莫比乌斯带"，然后教学原理。

3. 剪"莫比乌斯带"（三分之一）

（1）猜一猜：如果我们沿着三等分线剪，剪的结果又会是怎样的呢？

学情预设：①变成一个大圈；②两个套在一起的圈。

（2）剪一剪：取长方形纸片，再做一个"莫比乌斯带"，学生动手，验证猜测。

（3）交流：发现变成一个大圈套着一个小圈。

（4）揭秘：和你的猜测一样吗？为什么会变成一个大圈套着一个小圈？

设计意图：通过让学生动手，沿着"莫比乌斯带"的二分之一、二分之一的二分之一和三分之一剪，让学生经历了一个从猜测到验证的过程，在学生一次又一次感受到神奇的同时，也潜移默化地渗透了猜测——验证——探究的数学思想方法。

活动三：介绍"莫比乌斯带"在生活中的应用

（1）交流"莫比乌斯带"的原理及其在生活中的应用。

（2）延伸：后来科学家们通过对"莫比乌斯带"的深入研究，慢慢形成了一门新的学说——拓扑几何学。

活动四：自由剪"莫比乌斯带"

如果不是旋转180度，而是360度，或者沿离纸条边四分之一、五分之一的宽度剪开"莫比乌斯带"，又会有什么新的发现呢？大家不妨和同桌一起先猜猜，再动手试试，最后验证你们的猜测。

活动五：课堂小结

这节课你学到了什么？有什么感受？这节课对你今后的学习有什么帮助？

打电话

教学内容

人教版《义务教育课程标准实验教科书·数学》五年级下册第132～133页。

教学策略

"打电话"属于综合应用课。通过这个综合应用，可以让学生进一步体会数学与生活的密切联系以及优化思想在生活中的应用，培养学生应用数学知识解决实际问题的能力。

本课试图以学生喜爱的童话形象和趣味故事，创设"怎样打电话通知他人最省时"的问题情境，激发学生急切探究相应方案的欲望，引导学生通过独立思考与合作研究，形成"打电话省时"的最优方案，并发现其中隐含的规律（第n分钟接到电话的人是前$n-1$分钟接到电话人的总和加1；前n分钟接到电话人的总和是2^n-1）。本课力图渗透优化意识，培养学生的归纳、推理能力，促进学生思维能力的发展和综合解决问题能力的提升。

教学目标

（1）通过引导学生寻求"最省时的打电话"方案，让学生亲身经历解决问题的全过程。

（2）通过操作、画图、填表等方式引导学生发现事物隐含的规律，促进学生对数学的思考，培养学生分析、归纳、推理的能力。

（3）通过综合应用让学生进一步体会数学与生活的密切联系，体会优化思想在实际生活中的应用，培养学生运用数学知识解决实际问题的能力。

教学重难点

学会用图示法记录"怎样打电话省时"思考过程；辨析各个方案，从中选出最优方案，并发现事物隐含的规律。

教学过程

（一）创设情境

1. 创设故事情境

设疑：村长需要尽快通知7位选手，用什么方法通知呢？

2. 选择方法

学生汇报各种方法，对比各种方法，并选择最快捷的方法：打电话既方便、快捷，又能准确无误地传达消息。

3. 揭示课题

打电话（板书）。

（二）探究打电话省时的最优方案

1. 用图示法记录打电话通知他人的方式

（1）假定村长给一位选手打电话需要1分钟时间，打给7位选手需要几分钟？

（2）学生汇报打电话的过程。

（3）用自己喜欢的方式把打电话的过程记录下来。

（4）学生汇报并在展台上展示各自的记录方法。

（5）课件展示图示记录法。

2. 方案探究

学生汇报、展示自己设计的打电话方案。

3. 观察比较

逐一理解不同方案。

（1）"4分钟方案"。理解：原来的逐一打电话方案需要7分钟，现在的方案只需要4分钟，节省了时间，其原因是同时打电话（板书"同时打"）。

（2）对比"3分钟方案"与"4分钟方案"，思考"3分钟方案"为什么会少1分钟，并寻找更省时的原因（板书"不空闲"）。

（3）通过讨论从各打电话方案中寻找最优的方案，得出"给7位选手打电话至少需要3分钟"。

（4）小结：省时的关键是同时打电话，且得到消息的选手都不闲着。

（三）寻找规律

（1）回顾最省时方案。课件用图示法逐步展示最省时的方案，让学生再次理解"同时打，不空闲"，进一步体会优化思想。

（2）完成表5-4-5。

表5-4-5

时间（分）							
知道消息总人数							
已通知的总人数							

（3）寻找规律。

（四）应用规律

（1）规律运用：通知完7位选手后，村长还要通知93位观众，如果也用电话通知，至少需要多少时间？

（2）拓展延伸，解决生活问题。

后记 ▶

　　书稿的成功凝集，让我们体悟到快乐与幸福的惬意！这些文字，是我7年来和罗锐校长一起研究慧雅数学的过程阐述，也是一次阶段性研究成果的总结。

　　作为一名扎根小学数学教学实践的工作者，我深知小学数学教学往往带给一线教师的是很强的枯燥感，但我习惯于变换角度思考问题，我把教好小学数学当成一门艺术，一门始终带有缺憾感的艺术。因此，我热爱并一直研究了20余年。

　　2012年，我调入罗锐校长的长江路小学工作。2013年，我们就组建了以罗锐校长为组长的小学数学骨干教师研修团队，一起植根慧雅数学的研究工作。我们紧紧依托学校创建成功的省市小学数学课程为契机，建设以慧雅数学为主题的校园场景文化与实践体验馆、拟定慧雅数学课程纲要、提炼慧雅数学教学主张、实践慧雅课堂主旨要素、开展慧雅数学的动态评价改革试验等……经过较长一段时间的实践后，我们先后有2项课题被省教研室和省教科院予以立项，研修团队中有5位教师获得市小学数学优课竞赛一等奖，有2项教学研究成果获得市一等奖，发表慧雅数学系列论文20余篇。

　　本书的撰写和出版，首先要感谢长江路小学数学研修团队的老师们几年来的辛勤实践；其次，我们要感谢省市教研室、县教师发展中心各位专家一直以来对慧雅数学教学研究的指导与支持。

　　需要特别说明的是，本书参考和借鉴了一些小学数学研究领域各位同仁的研究成果，在此一并表示诚挚的谢意！同时也敬请读者和专家赐教，提出您宝贵的意见和建议，以激励我们进一步研究和探索。

付祥

2019年11月20日